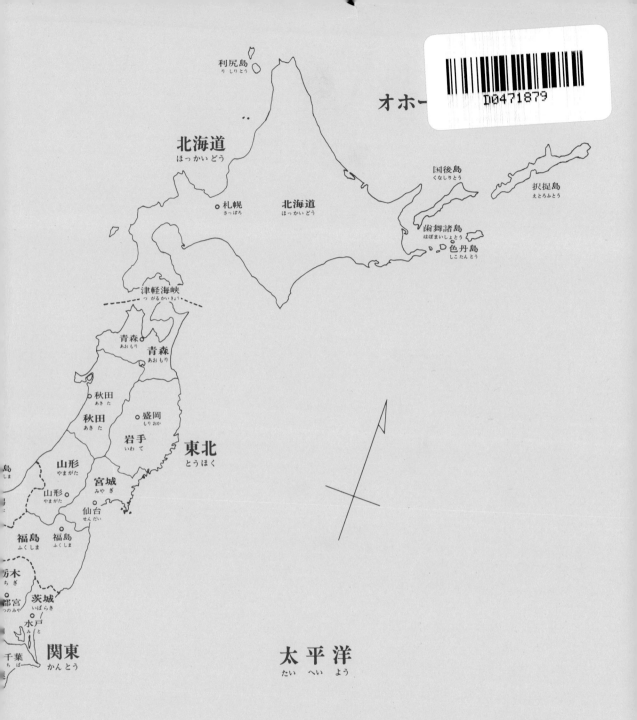

利尻島
りしりとう

オホー

北海道
ほっかいどう

国後島
くなしりとう

択捉島
えとろふとう

札幌
さっぽろ

北海道
ほっかいどう

歯舞諸島
はぼまいしょとう

色丹島
しこたんとう

津軽海峡
つがるかいきょう

青森
あおもり

青森
あおもり

秋田
あきた

秋田
あきた

盛岡
もりおか

岩手
いわて

東北
とうほく

山形
やまがた

山形
やまがた

宮城
みやぎ

仙台
せんだい

島

福島
ふくしま

福島
ふくしま

木
ぎ

宮
つのみや

茨城
いばらき

水戸
と

関東
かんとう

千葉
ちば

太 平 洋
たい へい よう

0　40　80　120　160　200km

JAPANESE FOR BUSY PEOPLE

III

JAPANESE FOR BUSY PEOPLE

Kana Version

Association for Japanese-Language Teaching

KODANSHA INTERNATIONAL
Tokyo ▪ New York ▪ London

Distributed in the United States by Kodansha America, Inc., 114, Fifth
Avenue, New York, New York 10011, and in the United Kingdom and con-
tinental Europe by Kodansha Europe Ltd., 95, Aldwych, London WC2B 4JF.

Published by Kodansha International Ltd., 17-14, Otowa 1-chome, Bunkyo-
ku, Tokyo 112 and Kodansha America, Inc.
Copyright © 1997 by the Association for Japanese-Language Teaching.
All rights reserved.
Printed in Japan.
ISBN 4-7700-2052-X

First Edition 1990
Revised Edition 1994
Kana Version 1997
97 98 99   10 9 8 7 6 5 4 3 2 1

CONTENTS

Preface   vii

About the *Kana Version* of *Japanese for Busy People III*   viii

Lesson 1: Job Hunters   1

Lesson 2: A Cancelled Reservation   14

Lesson 3: A Message from Chang   25

Lesson 4: Shopping for Pottery   40

Lesson 5: House for Rent   52

Lesson 6: Meeting Preparations   62

Lesson 7: A Save-the-Trees Campaign   72

Lesson 8: Sightseeing at Edo Village   84

Lesson 9: A Complicated Contract   99

Lesson 10: The Shinkansen   109

Lesson 11: Anniversary Party   117

Lesson 12: A Broken TV Set   130

Lesson 13: A Thank You Phone Call   144

Lesson 14: Late for a Date   156

Lesson 15: A Transfer, A Resignation   166

Lesson 16: Suzuki Caught Loafing   176

Lesson 17: Weight Control   191

Lesson 18: A Rock Concert   200

Lesson 19: "Floating-World" Pictures   212

Lesson 20: Edo-Period Education   225

で"giving Reasons
はず

Appendices   231

    A. Plain Forms and Connective Patterns   231

    B. Grammatical Patterns and Common Constructions   232

    C. Verb Conjugations   237

Quiz Answers   238

Japanese-English Glossary   247

English-Japanese Glossary   259

Index   268

Full Text with Kanji   271

Preface for the *Kana Version* of *Japanese for Busy People*

When *Japanese for Busy People I* was first published in 1984, many non-native learners, particularly from non-*kanji* cultures, considered Japanese one of the world's most difficult languages because of its seemingly inaccessible writing system. *Japanese for Busy People* was designed especially for such learners—be they businessmen from English-speaking countries or learners of Japanese-as-a-second-language from other parts of the world—people wished to learn natural, spoken Japanese as effectively as possible in a limited amount of time. To this end, romanized Japanese was included in the *Japanese for Busy People* series so that learners both inside and outside Japan, as well as non-native instructors, could use the textbook to its full extent without the need to read Japanese script. As a measure, however, *kana* and *kanji* were progressively introduced through volumes I to III.

But in the decade since *Japanese for Busy People's* first publication, there has been a growing increase in the number of people learning Japanese-as-a-second-language throughout the world. Many of them are now interested in studying Japanese in a more comprehensive way, and wish to learn to read and write as well as speak and understand what is said to them. Educationalists have pointed out the problems of teaching and learning accurate and natural pronunciation through romanization, as well as the inconvenience of not being able to read and write at an early stage. AJALT has received many requests to drop romanization and include more exercises in *kana* and *kanji*. In this, the *Kana Version* of *Japanese for Busy People*, all romanization has been omitted so that the learner can now learn Japanese directly through native script from Book I.

We sincerely hope that the book will be of much use for the many people interested in Japan and the Japanese language.

September 1995
Association for Japanese-Language Teaching (AJALT)

About the *Kana Version* of *Japanese for Busy People III*

How can *Japanese for Busy People* help you learn Japanese?

The aim of *Japanese for Busy People* is to help you learn essential Japanese quickly as possible, so that you can actually communicate with native speakers in their own language. It has been prepared under the guidance of a working group of AJALT's experienced and specially-trained language instructors who have tested and revised the material in a classroom environment. *Japanese for Busy People III* aims to help you learn Japanese by increasing your awareness of just what *kind of language* Japanese actually is through basic conversation patterns.

The *Kana Version* is a basic textbook for students who intend to master the native *kana* and *kanji* scripts early on in their studies. This edition is designed so that it can be used by those attending a course in Japanese and for self-study in combination with either the cassette tapes or compact discs (and indeed all other components in the *Japanese for Busy People* series).

What does *Japanese for Busy People III* cover?

Japanese for Busy People III carries on from where Book II leaves off, and as in the first volume, covers "survival Japanese." This means all the language that you learn—conversation patterns, sentence structures, grammatical principles, and vocabulary—can be put to immediate use in conversational situations with native speakers.

Unlike many other textbooks that overwhelm the beginner with an excessive and all-to-often irrelevant amount of information, *Japanese for Busy People III* limits vocabulary and grammar patterns to what is essential for the most common situations in which non-native speakers need to communicate in Japanese. Simplistic or even juvenile ways of expression that abound in most introductory texts have been abandoned in favor of uncomplicated *adult* speech. Much more than simple grammatical accuracy, emphasis has been placed on natural and authentic linguistic patterns actually used in Japanese communication.

These then are the specifications that we believe make *Japanese for Busy People III* the essential textbook not only for busy, working people who want to learn basic Japanese, but also for people who already know some Japanese but wish to review the phrases they know and reconfirm that they are using them in the correct situation.

What *Japanese for Busy People III* does not include

The *Kana Version* assumes that you are thoroughly familiar with *hiragana*, *katakana*, and the twenty *kanji* introduced in Appendix M of Book I. Learners should also be confident with the grammar and vocabulary in Books I and II. We recommend that anyone who has difficulty with the first lessons in this book should review before proceeding to the more advanced material.

The structure of *Japanese for Busy People III*

Each lesson is based on one distinct conversational situation, and in a total of twenty lessons are included two reading reviews in Lessons 10 and 20. At the back of the book you will find three appendices covering among other things, particles and verb conjugations. We have also included suggested answers to the Quiz sections, two glossaries, and a full index of the main grammatical items introduced in this book. The Opening Dialogues are presented in the standard vertical form of Japanese writing in the Supplement. The map of Japan printed on the front endpapers and the list of new *kanji* used in this textbook printed on the back endpapers should also prove useful to your studies.

An idiomatic English translation of the dialogue or reading passage appears immediately after the Japanese text. New vocabulary and new usages of previously learned vocabulary are introduced in a list with their English equivalents. Note that new vocabulary is treated in exactly the same way when it appears for the first time in the Practice section.

New sentence patterns are explained in Grammar & Lesson Objectives. Since the same constructions may appear at earlier and advanced levels, grammatical explanations are not always treated comprehensively in one place and may to some extent be repeated. When appropriate, explanations include related constructions and patterns.

More detailed analysis of important words and phrases is included in the Notes section of each lesson. Here, we aim to explain, as accurately and briefly as possible, points that many non-native learners commonly find difficult to grasp. Although we have concentrated chiefly on offering linguistic information, in some cases we thought it necessary to add some social or cultural references.

The Practice section reinforces the main points of the topic. Key Sentences are given in both Japanese and English to provide further examples of language patterns and vocabulary usage. Many non-native learners will find these examples useful for reference even after completing all twenty lessons. Exercises encourage you to learn new vocabulary, to practice conjugating verbs, and to acquire many other communication skills. Short Dialogues summarize all new points introduced in the lesson through variations on the main situation.

Finally we have included a selection of problems in the Quiz section to enable you to check how well you have acquired the new language skills.

The two reading review lessons (Lessons 10 and 20) are somewhat different from other lessons in that they are presented in the form of written Japanese. In our experience, students learn Japanese most effectively when studying both conversational and written Japanese from the very beginning. The underlying rationale being that the two modes of communication, oral and written, are different, and it is thought best to highlight the difference at an early stage. When simply talking, speaker and listener share much information that could be omitted from the conversation without detriment to communication. In a story, report, or letter, however, it is essential to be more organized, structured, and explicit in order to communicate effectively.

The *kanji* in Books II and III

Modern Japanese is written primarily with three scripts: *kanji*, *hiragana*, and *katakana*. Arabic numerals and the English alphabet are also used when needed. Japanese is typically written as a mixture of *kanji* and *hiragana*, although the number of words written in *katakana* is increasing. *Katakana* is used for words borrowed from other languages, the names of foreign people and places, the names of plants and animals, and so on.

The Opening Dialogues in Book I are written only in *hiragana*. A few *kanji* are introduced in Appendix M of Book I, but from Lesson 1 of Book II they are introduced systematically. While *hiragana* is a phonetic writing system in that each symbol represents a specific sound, *kanji* are ideographic, that is, the characters represent ideas. Each one has its own meaning, and a glance at the *kanji* in a printed text will often reveal the content of the piece. Learning *kanji* is an essential element in learning the Japanese language.

In total, there are over 50,000 *kanji*, but the number used in daily life is between about 2,500 and 3,000. Many newspapers, magazines, and textbooks restrict themselves to the 1,945 *kanji* (called *jōyō kanji*) designated by the Japanese government in 1981 for writing Japanese.

Japanese *kanji* have two types of readings: the *on* and the *kun*. *On* readings are the Japanese versions of the Chinese pronunciations that were introduced into Japan from China together with characters themselves. The original Chinese pronunciations varied depending on the era and the region they originated from, so some *kanji* have two or more *on* readings. In most cases, though, only one *on* reading is used. *Kun* readings are Japanese words with meanings similar or identical to those of their associated *kanji*. Some *kanji* have several *kun* readings, while others have none. There are also a few *kanji* called *kokuji* that were created in Japan, and some of these lack *on* readings. In ordinary *kanji* dictionaries, when *furigana* is attached to *kanji*, the *on* readings are generally written in *katakana* and the *kun* readings in *hiragana*. Combinations of *kanji*, called *jukugo*, usually consist of only *on* readings or only *kun* readings. Some *jukugo*, however, include mixtures of *on* and *kun* readings.

The new *kanji* that appear at the end of each lesson are presented in the following form:

1. 会社

Both 会 *kai* and 社 *sha* are the *on* readings, so the *furigana* are written in *katakana* as カ イ シ ャ. Since 社 has no *kun* reading, no *furigana* are given next to the boxes showing the stroke order. The *kanji* 会 also has the *kun* reading *au*, which is given under the *kanji* in *hiragana*. Since *au* is a verb, the verbal suffix appears in parentheses.

The complete stroke order for every *kanji* is shown progressively in the boxes, with the total number of strokes appearing in parentheses to the right. The stroke order is important both for writing and in order to know the number of strokes in a *kanji*. When looking up a word in a dictionary, even if you do not know the meaning or reading of a *kanji*, you can find it in the index listing characters by the number of strokes.

Some 220 *kanji* are introduced in Book II which together with the 120 new *kanji* in Book III makes a total of 340 characters. Additional *kanji* are also used throughout the text to write personal and place names as well as to refer to everyday words such as 駐車禁止 "No Parking." These characters are only provided for recognition and the learner need not remember how to write them, only to read them.

The *kanji* chosen focus on the core requirements of Levels 3 and 4 of the Japanese

Language Proficiency examination, augmented with a few characters that are widely used in business and everyday life. This means that learners who have mastered the 340 *kanji* covered in Books II and III, are well prepared to pass Level 3 of this internationally recognized Japanese language qualification.

This *Kana Version* has been designed so that learners are required to master an average of eleven *kanji* per lesson in Book II and six *kanji* per lesson in Book III. *Furigana* (pronunciation guides in the phonetic *hiragana*) are printed below a *kanji* the first time that it appears on a page. An exception to this rule is made in the Vocabulary, Grammar & Lesson Objectives, and Notes sections where *furigana* has been added to all *kanji* regardless of how many times that a *kanji* is repeated.

Abbreviations

aff.	affirmative
neg.	negative
ex.	example
A*a*	answer, affirmative
A*n*	answer, negative
い adj.	い adjective
な adj.	な adjective

ACKNOWLEDGMENTS for *Japanese for Busy People III*
Four AJALT teachers have written this textbook. They are Ms. Miyako Iwami, Ms. Shigeko Miyazaki, Ms. Masako Nagai, and Ms. Kimiko Yamamoto. They were assisted by two other teachers, Ms. Kumiko Endo and Ms. Chikako Ogura.

ACKNOWLEDGMENTS for the *Revised Edition* of *Japanese for Busy People III*
We would like to express our gratitude to the following people for preparing the new editions of Books II and III: Mss. Miyako Iwami, Shigeko Miyazaki, Masako Nagai, and Kimiko Yamamoto. They were assisted by Ms. Mikiko Ochiai.

ACKNOWLEDGMENTS for the *Kana Version* of *Japanese for Busy People II*
We would like to express our gratitude to the following people: Mss. Kimiko Yamamoto, Mikako Nakayama, Kyoko Tsurumi, and Toshiko Takarada.

JOB HUNTERS
会社訪問
かいしゃ ほう もん

Mr. Johnson is puzzled by the young men in dark suits who are lined up in front of a building.

ジョンソン： ビルの　前に　こんの　せびろを　着た　人が
たくさん　並んでいますが、あれは　何を　して
いるんですか。

加藤： ああ、あれですか。今日から　学生の　会社訪問
が　始まったんです。

ジョンソン： みんな　若くて、大学生のような　ふんいきです
が、服そうは　サラリーマンのようですね。

加藤： あの　人たちは　来年の　春　卒業する　大学生
なんですよ。しゅうしょくしたい　会社へ　面接
を　受けに　来たんですよ。

ジョンソン： 今、いっぱん的な　けいこうとして、会社は　ど
んな　人物を　もとめているのですか。

加藤： 前は　"こんじょうの　ある　人" と　言ってい

ましたが、今は "個性的な 人" を もとめて

いるそうですよ。

ジョンソン： そうですか。でも 服そうは せい服のようで、

ちっとも 個性的じゃ ありませんね。ところで、

学生の ほうは どんな 会社に 入りたがって

いるんですか。

加藤： 給料とか、やりがいの ある 仕事とか、人によ

って えらぶ きじゅんは いろいろだと 思い

ますよ。

ジョンソン： 外資系の 会社の ひょうばんは どうですか。

加藤： 外資系の 会社は 女性の 間で 人気が ある

ようです。

ジョンソン： なぜでしょう。われわれ 外人男性が ハンサム

だからですか。あはは・・・。

加藤： あはは・・・。外資系の 会社では、のうりょく

が あれば 男性と びょうどうに 仕事の チ

ャンスが あると 言っている 人も いますよ。

Johnson: Many people in navy suits are lined up in front of a building. What are they doing?

Katō: Ah, that. From today, students begin company visits.

Johnson: They're all young and look like students, but their dress is like office workers.

Katō: Those people are students who will graduate from college next spring. They came to have interviews at a company where they want to get a job.

Johnson: As a general trend, what kind of people do companies look for now?

Katō: Before it was said (they wanted) people with fighting spirit, but now they look for people with originality, I hear.

Johnson: Really? But in clothes (looking) like uniforms there's no individuality at all. Incidentally, as for the students themselves what kind of firms do they want to join?

Katō: Salary, worthwhile work, things like that—depending on the person, I suppose there are various criteria for making a choice.

Johnson: How is the reputation of foreign firms?

Katō: It seems foreign firms are popular among women.

Johnson: Why, I wonder? Is it because we foreign men are so handsome? Ha, ha, ha!

Katō: Ha, ha, ha! There are people who say that in a foreign company there's a chance (for women), if they have ability, to do work (on a level) equal with men.

❑ Vocabulary

こん	dark blue, navy
せびろ	(man's) suit
並ぶ なら	be lined up
訪問 ほうもん	visit
大学生 だいがくせい	college student
よう（な／です）	like, seem
ふんいき	(Lit.) "air, atmosphere, ambience"
服そう ふく	(style of) dress
しゅうしょくする	get a job
面接 めんせつ	interview
いっぱん的（な） てき	general
いっぱん（の）	general, widespread
けいこう	trend, tendency
人物 じんぶつ	person, character, figure
もとめる	look for, want, seek
こんじょう	fighting spirit, willpower, disposition
個性的(な) こせいてき	original, individual
個性 こせい	individuality
～そうです	I hear, they say
せい服 ふく	uniform
ちっとも・・・ない	not at all
～たがる	want to
～とか　～とか	things like... or...
やりがいの　ある	worthwhile (doing)
～によって	depending on
きじゅん	criterion, standard
外資系 がいしけい	foreign capital affiliation
外資 がいし	foreign capital

～系 _{けい}	origin, lineage, system
ひょうばん	reputation
～の　間で _{あいだ}	among, between
人気 _{にんき}	popularity
われわれ	we
外人 _{がいじん}	foreigner
のうりょく	ability
びょうどうに	equally
チャンス	chance

GRAMMAR & LESSON OBJECTIVES

- ### ようです

Style of dress

大学生のような　ふんいきですが、服そうは　サラリーマンのようですね。
_{だいがくせい}

More literally, this would be, "They seem to have the air of college students about them, ..."

外資系の　会社は　女性の　間で　人気が　あるようです。
_{がいしけい　かいしゃ　じょせい　あいだ　にんき}

ようです comes after verbs, nouns and adjectives as follows:

After a verb: かれは　おなかが　すいているようです。"He seems to be hungry."

After a noun: あの　ビルは　病院のようです。"That building looks like a hospital."
_{びょういん}

After い adj.: 父は　病気ですが、今日は　少し　いいようです。"My father is sick,
_{ちち　びょうき　きょう　すこ}
but he seems a little better today."

After な adj.: 東京では　地下鉄が　便利なようです。"In Tokyo, subways would seem
_{とうきょう　ちかてつ　べんり}
to be (the most) convenient."

This pattern may be used metaphorically.

ex. あの　人は　スーパーマンのようです。"That man is like Superman."
_{ひと}

Within a sentence, よう is like a な adjective.

ex. 1. 雪のように　白いです。"(It's) white like snow."
_{ゆき　しろ}
2. 人形のような　子ども "a child like a doll."
_{にんぎょう　こ}

- ### そうです

個性的な　人を　まとめているそうです。
_{こせいてき　ひと}

によると

Another way of conveying reported information is by adding そうです after plain forms of adjectives, です or verbs. The source of information can be identified by the expression によると "according to."

ex. 天気よほうによると　あしたは　雨だそうです。
_{てんき　あめ}
FORCAST

"According to the weather forecast, it'll rain tomorrow."

• たがる

学生の　ほうは　どんな　会社に　入りたがっているんですか。

たい basically expresses one's own or ask another's wishes or desires in a direct manner. As noted in Book I (p. 175), as a predicate it cannot refer to the desires of a third person. For this purpose たがっている, "to act as if one desires," can be used, but somewhat limitedly, i.e., when the person under discussion is a child, a subordinate or an equal.

ex. 子どもたちは　外に　出たがっています。 "The children want to go outside."

たい can occur before expressions like と言う, と思う, etc., and is used freely to modify nouns, as in しゅうしょくしたい　会社.

NOTES

1. こんの　せびろを　着た　人

Phrases ending in the た form of a verb can be modifiers with the same meaning as the ている pattern, as in these examples.

1. めがねを　かけた　人 "the person wearing glasses"

2. こわれた　テレビ "a broken TV set"

3. まがった　道 "a winding road"

In some cases, the meanings differ.

    ex. 1. 朝ご飯を　食べている　人 "The person eating breakfast."

          2. 朝ご飯を　食べた　人 "The person who ate breakfast."

2. 学生の　会社訪問

In Japan, the school year runs from April to March, and job recruitment begins in late summer or early autumn. Business and industrial circles agree on a date for the first interviews to take place, but the desire on the part of companies for good recruits and on the part of students to join the best companies is quite strong. In this competitive atmosphere, jumping the gun and meeting secretly occurs rather frequently.

3. 今は　"個性的な"　人を　もとめています。

Quotation marks have recently appeared in written Japanese to suggest the idea, "so-called."

4. ところで　学生の　ほうは...

One usage of ところで is to change the topic of conversation.

の　ほうは gives the statement the sense of "from the students' viewpoint," the conversation having shifted from what the companies expect to what the students might be interested in.

5. 給料とか　やりがいの　ある　仕事とか
   きゅうりょう　　　　　　　　しごと

   The particle とか is repeated as a colloquial way of mentioning or suggesting examples.

6. 人によって　えらぶ　きじゅんは...
   ひと　　　　　ChosE　NoRm

   Here is another example of によって:

   大阪に　行く　ときは　新幹線で　行きますか、ひこうきで　行きますか。
   おおさか　い　　　　　しんかんせん

   "When you go to Osaka, do you go on the Shinkansen or by plane?"

   時と　場合によって、新幹線も　ひこうきも　使います。
   とき　ばあい　　　　しんかんせん　　　　　　つか

   "Depending on time and circumstances, I use either the Shinkansen or a plane."

PRACTICE

❏ **KEY SENTENCES**

1. 会議室の　電気が　ついています。会議は　まだ　終わっていないようで
   かいぎしつ　でんき　　　　　　　かいぎ　　　　　　お
   す。

2. 加藤さんは　あした　大阪へ　行くそうです。
   かとう　　　　　　　おおさか　い

1. The conference room lights are still on. The meeting isn't over yet, it seems.
2. I hear Katō is going to Osaka tomorrow.

❏ **Vocabulary**

つく   be lit/ignited

EXERCISES

I **Make dialogues by changing the underlined parts as in the examples given.**

    A. *ex.* **Q:**   <u>佐藤さんは　どくしん</u>ですか。
             さとう

        Aa: ええ、<u>どくしんの</u>ようです。

        An: いいえ、<u>どくしんでは</u>　ないようです。

            1.　　あしたは　雨だ
                   あめ

            2.　　あの　医者は　ひょうばんが　いい
                  いしゃ

3. 東京で　安くて　いい　アパートを　見つけるのは
むずかしい

4. 先月　ドイツから　来た　部長は　日本語が　上手だ

B. ex. **Q:** 鈴木さんは ねつが あるんですか。 ~FEVER~

A: ええ、ねつが あるようですよ。

1. ブラウンさんは　来年　国に　帰ります ~HAI かえるそうです~

たら = IF/WHEN/AFTER 2. 電車は　9時 すぎたら すいています ~ええ すく そうだ~ ~empty~

3. 部長は もう 出かけました ~ALL READY LEFT~

4. 加藤さんも　ギリチョコを　もらいました

C. ex. **Q:** となりの　部屋に　だれか　いますか。

A: いいえ、だれも いないようです。

1. だれか　来ましたか

2. かのじょは　何か　買いましたか

3. だれか　となりの　部屋を　使っていますか

4. かれは　あした　どこかに　行きますか

D. ex. **Q:** どんな 服そうですか。

A: サラリーマンのような 服そうです。

1. 味、薬

2. 人、子ども

3. 天気、春

II **Practice the following pattern by changing the underlined parts as in the example given.**

ex. 今日は 春のように あたたかいですね。

1. あの　山、富士山、美しいです

2. あの　人、せんもん家、くわしいです

3. あの　子、魚、はやく　およぎます

4. 今日、山、仕事が あります
   きょう やま しごと

III Make dialogues by changing the underlined parts as in the examples given.

A. *ex.* **Q:** 田中さんは いつ 行きますか。
           たなか   い

   A: あした 行くそうです。

   1. 本社に 帰ります、来週
      ほんしゃ かえ   らいしゅう
   2. こちらに 来られます、あさって
              こ
   3. けっこんします、来年の 3月
                   らいねん がつ
   4. べんごしに 会いました、先月
             あ   せんげつ
   5. りゅうがくしていました、大学生の とき
                       だいがくせい

B. *ex.* **Q:** 何か あったんですか。
           なに

   A: 電車が 動かないそうです。
       でんしゃ うご

   1. ひこうきが とびません
   2. 電気が つきません
      でんき
   3. コンピューターが 使えません
                  つか
   4. 子どもが 見つかりません
      こ   み
   5. ひこうきに 間に合いませんでした
             ま あ

C. *ex.* **Q:** ブラウンさんは すしが 好きですか。
                        す

   Aa: ええ、好きだそうです。

   An: いいえ、好きでは ないそうです。

   1. テニスが 上手です
            じょうず
   2. 学校の 先生でした
      がっこう せんせい
   3. 都合が 悪いです
      つごう わる
   4. きのう 忙しかったです
            いそが

D. *ex.* **Q:** 私は 会社を やめたいと 思っています。
           わたし かいしゃ   おも

   B: そう言えば、山田さんも やめたがっていますよ。
         い   やまだ

   1. 日本中を 旅行する
      にほんじゅう りょこう

2. ゴルフを　習う
   なら

3. 図書館で　働く
   としょかん　はたら

4. 外資系の　会社に　入る
   がいしけい　かいしゃ　はい

E.　*ex.*　**Q:** 田中さんは　どの　人ですか。
       たなか　　　　　ひと

　　　A: あの　<u>こんの　せびろを　着た</u>　人です。
　　　　　　　　　　　　　　　　　　き

　　　　1. サングラスを　かけています

　　　　2. 白い　ぼうしを　かぶっています
　　　　　　しろ

　　　　3. グリーンの　ズボンを　はいています

　　　　4. せが　高くて　やせています
　　　　　　　たか

F.　*ex.*　**Q:** <u>ざんぎょうは　多いんでしょうか。</u>
　　　　　　　　　　　　おお

　　　A: そうですね。仕事によって　ちがうと　思います。
　　　　　　　　　しごと　　　　　　　　　おも

　　　　1. 大学きょうじゅの　定年は　何さいですか、大学
　　　　　だいがく　　　　　ていねん　なん

　　　　2. 道は　いつも　こんでいますか、時間と　曜日
　　　　　みち　　　　　　　　　　じかん　ようび

　　　　3. 会社では　いつも　ていねいな　ことばを　使うんですか、
　　　　　　　　　　　　　　　　　　　　　　つか

　　　　　時と　場合
　　　　　とき　ばあい

　　　　4. 給料は　どのくらいでしょうか、ねんれいや　けいけん
　　　　　きゅうりょう

❏ **Vocabulary**

どくしん	single
見つける み	find
すぎる	pass
かのじょ	she
味 あじ	taste, flavor
せんもん家 か	specialist, professional
りゅうがくする	study overseas
りゅうがく	studying overseas
すし	sushi
そう　言えば 　　い	speaking of...

サングラス	sunglasses
ぼうし	hat, cap
かぶる	wear, put on (headgear)
グリーン	green
ちがう	be different, be wrong
定年 ていねん	retirement age
曜日 ようび	day of the week
ていねい（な）	polite
ねんれい	age
けいけん	experience

SHORT DIALOGUES

1. A: このごろ　学校に　行きたがらない　子どもが　ふえているようですね。
   B: そうだそうですね。困った　問題です。

   A: The number of children who don't want to go to school seems to be on the increase these days.
   B: That's what I hear, too. It's a tough problem.

2. A: テレビによると　メキシコで　地震が　あったそうです。
   B: そうですか。ひがいは　大きかったんですか。
   A: ええ、おおぜい　人が　死んだそうです。

   A: According to the TV, it seems there was an earthquake in Mexico.
   B: Is that so? Was there much damage?
   A: I heard that a lot of people were killed.

❏ Vocabulary

このごろ	these days, recently
〜によると	according to
メキシコ	Mexico
ひがい	damage

I Read this lesson's Opening Dialogue and answer the following questions.

1. サラリーマンのような せびろを 着(き)て、ビルの 前(まえ)に 並(なら)んでいる
    人(ひと)は どういう 人たちですか。

2. 会社(かいしゃ)の ほうは 前も 個性的(こせいてき)な 人を もとめていましたか。

3. 学生(がくせい)の ほうは どんな 会社に 入(はい)りたがっていますか。

4. 外資系(がいしけい)の 会社は 女性(じょせい)の 間(あいだ)で 人気(にんき)が あるようだと だれが
    言(い)いましたか。

II Put the appropriate words in the parentheses.

1. 新(あたら)しい だいとうりょうは 若(わか)い 人（　　）間（　　）人気（　　）
    あります。

2. これは うちゅうひこうし（　　）よう（　　）服(ふく)そうですね。

3. 女性も 男性(だんせい)と びょうどう（　　）、仕事(しごと)（　　）チャンスが あり
    ます。

4. 新聞(しんぶん)（　　）アメリカ（　　）地震(じしん)が あったそうです。

5. 会社（　　）学生を えらぶ きじゅんが ちがいます。

6. 夏休(なつやす)み（　　）どこかに 行(い)きたいんですが。
    北海道(ほっかいどう)（　　）日光(にっこう)（　　）、すずしい 所(ところ)は どうですか。

III Complete the questions so that they fit the answers.

1. そちらの 天気(てんき)は（　　）ですか。
    春(はる)のように あたたかいです。

2. （　　）会社に 入りたいんですか。
    外資系の 会社に 入りたいと 思(おも)います。

3. あの 黒(くろ)い ズボンを はいた 人は（　　）ですか。
    林(はやし)さんです。

4.　（　　）外資系の　会社に　しゅうしょく　したいんですか。

外国に　行く　チャンスが　多いと　思ったからです。

IV Complete the sentences with the appropriate pattern using the words in the parentheses.

1.　課長は　（　　　）ようです。（どくしんです）

2.　ニュースによると　しゅしょうは　（　　　）そうです。（病気です）

3.　課長は　英語が　（　　　）ようです。（上手です）

4.　リンダさんは　日本語が　（　　　）そうです。（にがてです）

5.　この　会社は　あまり　ひょうばんが　（　　　）ようです。（よくないです）

6.　ブラウンさんの　話によると　リンダさんは　子どもが　（　　　）そうです。（ありません）

7.　加藤さんの　むすこさんは　去年　大学の　試験を　（　　　）そうです。（受けました）

8.　山田さんは　京都の　支社で　（　　　）たがっています。（働きます）

V Choose a statement appropriate to the situation described.

A. You tell your section chief that Kimura called and said he'd be late.

1.　木村さんは　遅れるそうです。

2.　木村さんは　遅れたそうです。

3.　木村さんは　遅れる　ことも　あります。

B. You hear snoring and wonder who's taking a nap.

1.　だれか　ねたがっています。

2.　だれか　ねるそうです。

3.　だれか　ねているようです。

NEW KANJI

1. 卒業
ソツギョウ

卒  (8)

業  (13)

2. 訪問
ホウモン

訪  (11)

たず(ねる)

3. 面接
メンセツ

接  (11)

4. 給料
キュウリョウ

給  (12)

5. 個性的
コ セイテキ

個 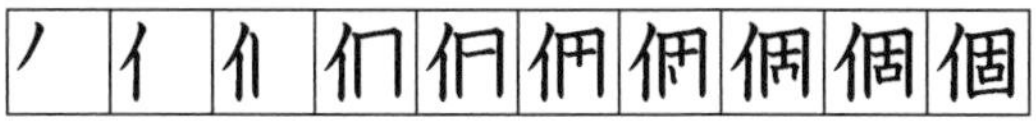 (10)

Kanji for recognition: 系
ケイ

LESSON
2

A CANCELED RESERVATION
旅館のキャンセル
りょ かん

Mr. Smith has to change his plans.

① スミス： もしもし、東京の　スミスですが、あしたの　予約を
とうきょう　　　　　　　　　　　　　　　　よ やく
とりけしたいんですが。

② 予約係： あしたでございますか。
よ やくがかり

③ スミス： ええ、台風で　ひこうきが　とばない かもしれないん
たいふう　　　　　　　　　　　　　　PRObAbLy WON'T
です。

④ 予約係： はあ。申しわけありませんが、前日の　おとりけしの
もう　　　　　　　　　　　ぜんじつ
場合は　キャンセルチャージが　５０パーセント　か
ば あい
かりますが・・・。

⑤ スミス： ５０パーセントも！　私の　都合では　ないんです
わたし　　つ ごう
よ。台風で　行けないんです。
い

⑥ 予約係： はあ。まことに　申しわけありませんが、そういう
決まりなので・・・。
き

⑦ スミス： そうですか。

14

⑧ 予約係： お客様、後日　こちらに　お泊まりの　ご予定は　あ
りませんか。

⑨ スミス： 先に　のばす　場合は　キャンセルチャージは　払わ
なくても　いいんですか。

⑩ 予約係： はい、けっこうでございます。来週なら　お部屋が
ございます。

⑪ スミス： 日本に　いたら　行くんですが、来週から　海外出張
で　むりなんです。また、電話して　予約し直します。

⑫ 予約係： お願いいたします。今　シーズン中で　こんでいます
ので、なるべく　早く　ごれんらくください。

⑬ スミス： わかりました。それから　内金の　18,000円は　届き
ましたか。4、5日前に　送りましたから、もう　届
いている　はずですが・・・。

⑭ 予約係： はい、昨日　たしかに　いただきました。内金は　お
泊まりの　ときの　料金から　お引きします。では、
お電話を　お待ちしています。

Smith:　Hello. This is Smith in Tokyo. I'd like to cancel the reservation (I made) for tomorrow.

Reservation
Clerk:　For tomorrow, was it?
Smith:　Yes. Because of the typhoon, planes probably won't be flying.
Clerk:　Well, I'm sorry, but in the case of a previous-day cancellation, a 50-percent cancellation charge is necessary.
Smith:　Fifty percent! It's not for personal reasons! I can't go because of the typhoon.
Clerk:　Yes, well, I really am sorry, but since there's a rule like that...
Smith:　Oh.
Clerk:　Do you have any plans to stay here at a later date, sir?
Smith:　If it's postponed (to the future), is it OK not to pay the cancellation charge?

Clerk:	Yes, that's all right. If it's next week, we have rooms.
Smith:	If I were going to be in Japan I'd go. But next week is an overseas business trip, so that's out of the question. I'll telephone you again and change the reservation.
Clerk:	Please do. But (we're) in the (tourist) season now and we're full so please get in touch with us as soon as possible.
Smith:	I see. By the way, did the ¥18, 000 deposit reach (you)? I sent it four or five days ago, and it should have arrived (by now).
Clerk:	Yes, we received (it) yesterday (I'm) sure. The deposit will be deducted from the room charge when (you) stay (here). We'll be expecting your call.

❑ Vocabulary

とりけす	cancel
台風 たいふう	typhoon
で	because of
はあ	yes, I understand
前日 ぜんじつ	previous day
（お）とりけし	(your) cancellation
キャンセルチャージ	cancellation charge
パーセント	percent
も	(particle for emphasis)
まことに	really
決まり き	rule, decision
後日 ごじつ	later date, another day
（お）泊まり と	(your) stay
先 さき	future
のばす	postpone, extend
海外 かいがい	abroad, foreign countries, overseas
し直す なお	redo
いたす	do (humble)
シーズン中 ちゅう	in (high) season
なるべく	as... as possible
はず	should, be expected to
昨日 さくじつ	yesterday (less colloquial than きのう)
お引きする ひ	deduct
引く ひ	deduct, discount, subtract
お待ちする ま	wait (humble form of 待つ. See Lesson 13.) ま

- で, giving reasons

台風で
<small>たいふう</small>

来週から　海外出張で
<small>らいしゅう　かいがいしゅっちょう</small>

今　シーズン中で
<small>いま　ちゅう</small>

Guidelines for the various patterns expressing reason or cause can be summarized as follows. (For から, ので, and て, see Book I, p. 73, Book II, p. 128, and p. 138, respectively.)

For requests or suggestions, that is, sentences ending in, for example, てください, ませんか or ましょう, or statements of the speaker's intention, neither the patterns with the connective て form or noun plus で are ever used. The preferred patterns are formed with ので or なので. And of the patterns introduced so far, から, as well as ので and なので, can be used.

To express the meaning "(We) won't go for a drive because it's snowing," do not say, 雪が ふって／雪で ドライブに 行きません. In this case use 雪が ふるので／雪なので...

If the meaning is "(We) can't go for a drive because it's snowing," then 雪が ふって／雪で ドライブに 行けません is acceptable.

- はずです

[handwritten: dependent] *[handwritten: should/must have ARRIVED]*

4、5日前に　送りましたから　もう　届いている　はずです。
<small>にちまえ　おく　とど</small>

Like つもり, はず is a noun and, rather than supposition, is a way of saying something is deducible on a factual basis even though this is not always explicit. It can come after verbs, adjectives, or other nouns plus の. (See Appendix A.)

ex. 1. この　ニュースは　何回も　テレビで　言っていたから、多くの　人が　知っている　はずです。
<small>なんかい　おお　ひと　し</small>

[handwritten: 何回も - time and time again]

"Since this news has been on TV many times, a great many people must be aware of it."

2. 手紙は　先週　出しましたから、鈴木さんは　読んだ　はずです。
<small>てがみ　せんしゅう　だ　よ</small>

[handwritten: PAST VERB forsure]

"I sent the letter last week, so Suzuki must have (already) read it."

3. 手紙は　きのう　出しましたから、鈴木さんは　まだ　読んでいない　はずです。
<small>てがみ　だ　すずき　よ</small>

"I sent the letter yesterday, so Suzuki can't have read it yet."

4. その　家は　ベッドルームが　四つ　ありますから、十分　広い　はずです。
<small>いえ　よっ　じゅうぶん　ひろ</small>

"Since that house has four bedrooms, it should be roomy enough."

5. 毎月の　会議は　第2木曜日ですから、つぎは　6月12日の　はずです。
<small>まいつき　かいぎ　だい　もくようび　がつ　にち</small>

"The monthly meeting is on the second Thursday, so the next one will be on June 12."

(handwritten at top: います)

1. 日本に いたら 行くんですが…。
   The implication of this sentence is, "I'm afraid I can't go." In other words, one function of the conditional form（たら，ば，なら）is to say that the situation is the opposite of what has been supposed.

2. 予約し直します。
   直す added to the ます stem of a verb gives the meaning "re-" or "do again." The same type of compound word can be made with 終わる, 始める and certain other verbs.

   ex. 食べ終わる, "finish eating," 読み始める, "start reading," 書き直す, "rewrite."

3. 内金は お泊まりの とき 料金から お引きします。では お電話を お待ちしています。

   The pattern with the honorific お attached to the ます stem and followed by する plays down the importance of one's own, or one's group's actions. For certain verbs the same polite effect comes from use of an alternative word. As noted in the vocabulary list, the humble word for する is いたす. お願いします (verb 願う) is an example of the one pattern; お願いいたします is an example of both formations.

PRACTICE

❑ KEY SENTENCES

1. 渡辺さんは きのう かぜで 会社を 休みました。
2. スミスさんは 8時の 新幹線で 東京を 出ましたから、11時ごろ そちらに 着く はずです。

1. Watanabe had a cold and was off work yesterday.
2. Smith left Tokyo on the eight o'clock Shinkansen, so he should arrive there about eleven o'clock.

EXERCISES

I Make dialogues by changing the underlined parts as in the example given.

   (handwritten: MATCH)

   ex. Q: どうして 野球の 試合が できないんですか。

   A: 雨で できないんです。

   1. エレベーターが 使えません、ていでん

   (handwritten: Q. どうして↗
   A。ていでん でうごきません。ていでんですか。)

どして くるまが"

とおる PASS by to go thRU

火事で"車が"通れません。

2. 車が　通れません、火事　*contact*

　　くるま　　とお　　　　かじ

せんそうで"くにのかぞうくと
WAR　れんらくが"
で"きません

3. 国の　家族と　れんらくが　できません、せんそう

　　くに　　かぞく

4. 電車が　動きません、じこ　*Accident*

　　でんしゃ　うご

うごく ― to OPERATE, TO RUN

II Practice the following pattern by changing the underlined parts as in the example given.

FULL House　　　　　　　　　*FIND*

ex. まんいんで　入れませんから　別の　所を　さがしましょう。

　　　　　　　はい　　　　　　　べつ　ところ

STRIke

1. スト、電車も　バスも　動きません、歩いて　帰らなければ　な

　　　　　でんしゃ　　　　　　　　　　　ある　　かえ

りません

AMBULence

2. 火事、けがを　した　人が　います、救急車を　よんでください

　　かじ　　　　　　　ひと　　　　きゅうきゅうしゃ

3. 雪、テニスが　できません、室内プールで　およぎませんか

　　ゆき　　　　　　　　　しつない

4. 仕事、行けないと　思います、旅館の　予約を　とりけします

　　しごと　い　　　　おも　　　りょかん　よやく

III. Make dialogues by changing the underlined parts as in the example given.

ex. Q: 会議は　いつ　終わりますか。

　　　かいぎ　　　　　お

　　A: 8時ごろ　終わる　はずです。

　　　　じ　　　　お

1. Linda-san は 成田に 着きまか。
土曜日の 夜着く はゞて"す。

1. リンダさん、成田に　着きます、土曜日の　夜

　　LINDA　　なりた　つ　　どようび　　よる

? ― 2. お客さん、来ます、この　会議が　終わる　ころ

　　　きゃく　き　　　　*かいぎ*　お

3. せんきょの　けっか、わかります、今晩　遅く

　　　　　　　　　　　　こんばん　おそ

4. 田中さん、日本に　もどりました、先週の　土曜日に

　　たなか　　にほん　　　　　　せんしゅう

IV. Practice the following pattern by changing the underlined parts as in the example given.

ex. 田中さんは　出張ですから　来ない　はずです。

　　　　　　しゅっちょう　　こ

SURGERY　　　*Just*

1. しゅじゅつしたばかりです、たくさん　食べられません

　　　　　　　　　　　　　　　た

OVERSeas

2. きのう　いませんでした、知りません

　　　　　　　　　し

海外
に
行

3. 海外に　行っています、今日は　来ていません

　　かいがい　　　　きょう

4. 入院していました、出席しませんでした

　　にゅういん　　　　しゅっせき

entered　　　5　*ATTEND*
Nospital

手じゅつしたばかりですから

EXERCISES　19

V. Make dialogues by changing the underlined parts as in the examples given.

A. *ex.* **Q:** いつ <u>田中さんに　会えますか。</u>
たなか　　あ

        A: あした　<u>来れば</u>　<u>田中さんに　会える</u>　はずです。

(handwritten note left margin:) 9日寺のSHINKANSEN のれば 昼ごろに UOSAKA に着く HAZu で"す

1. 昼ごろ *(handwritten: NOON ～く)* までに　大阪に　着けます、9時の　新幹線に　の
ひる　　　　　　　おおさか　　つ　　　　じ　　しんかんせん
ります *(handwritten)*

2. 車で　1時間ぐらいで　行けます、朝　早く　出ます
くるま　　じかん　　　　　　　　　　あさ　はや　　で

3. この　へんで　新聞が　買えます、駅に　行きます
しんぶん　　か　　　えき

4. 半年で　やせられます *(handwritten: get thin)*、運動を　して　たくさん　食べま
はんとし　　　　　　　　　　　　うんどう　　　　　　　　　　た
せん

B. *ex.* **Q:** 佐藤さんは　<u>英語が　上手</u>でしょうか。
さとう　　　　えいご　じょうず

        A: ええ、<u>上手な</u>　はずです。<u>アメリカに　いました</u>から。

1. しあわせです、けっこんしたばかりです

2. ひまです、こうちゃを　飲みながら　新聞を　読んでいます
の　　　　　　　　　　よ

3. あした　忙しいです、会議が　あります
いそが　　　かいぎ

4. 都合が　悪いです、大阪に　行かなければ　なりません
つごう　わる

5. まだ　学生です、おととし　大学に　入りました
がくせい　　　　　　　だいがく　はい

6. るすです、さっき　加藤さんと　いっしょに　出かけました
かとう

C. *ex.* **Q:** <u>この　本を</u>　読みますか。
ほん

        A: いいえ、<u>読みません</u>。　<u>時間が　あったら</u>　<u>読む</u>んですが。

1. 今晩の　パーティーに　行きます、ひまです
こんばん

2. コンピューターを　使います、使い方が　やさしいです
つか　　　　つか　かた

3. もっと　食べます、やわらかいです

VI. Make compound verbs like the one in the example for the following sentences.

ex. 予約する、直します→予約し直します。
よやく　　　なお

1. 手紙を　書く、直します
てがみ　　か

LEARN

2. スライドを　見る、終わりました
   _み　　　　　_お

3. 先月から　日本語を　習う、始めました
   _{せんげつ}　　_{に ほん ご}　　_{なら}　　_{はじ}

4. うら口の　ドアを　閉める、わすれました
   _{ぐち}　　　　　_し

5. 一週間　雨が　ふる、続いています
   _{いっしゅうかん}　_{あめ}　　　　_{つづ}

❏ Vocabulary

野球 _{やきゅう}	baseball
試合 _{し あい}	game, match, bout
エレベーター	elevator
ていでん	power failure
火事 _{か じ}	fire
救急車 _{きゅうきゅうしゃ}	ambulance
室内 _{しつない}	indoor, interior
せんきょ	election
遅く _{おそ}	late
もどる	come/go/be back
しゅじゅつする	undergo a surgical operation
しゅじゅつ	surgical operation
入院する _{にゅういん}	go into hospital
入院 _{にゅういん}	hospitalization
半年 _{はんとし}	six months (Lit. "half year")
しあわせ（な）	happy
やわらかい	soft
書き直す _{か なお}	rewrite
続く _{つづ}	continue

SHORT DIALOGUES

1. A:　この　コップ、使っても　いいですか。
   _{つか}

   B:　ええ、どうぞ。今　洗ったばかりだから、きれいな　はずです。
   _{いま}　_{あら}

   A:　Can I use this cup?
   B:　Yes, please (do so). That one should be clean as I've just washed it.

2. A: 佐藤さんは　あした　会議が　ある　ことを　知らないと　言っていましたよ。
   B: 鈴木くんから　聞いている　はずですが、かれ、言いわすれたんでしょうか。

   A: Mr. Satō said he didn't know that we have a meeting tomorrow.
   B: Really? He should have heard about it from Mr. Suzuki. Mr. Suzuki must have forgotten to tell him.

QUIZ

I Read this lesson's Opening Dialogue and answer the following questions.

1. スミスさんは　どうして　旅館に　電話を　しましたか。

2. スミスさんは　車で　旅行する　つもりでしたか、ひこうきで　出かける　つもりでしたか。

3. 泊まる　予定を　先に　のばす　場合も　キャンセルチャージを　払わなければなりませんか。

4. どうして　スミスさんは　もう　内金が　届いている　はずだと　思っていますか。

II Put the appropriate words in the parentheses.

1. きのうは　かぜ（　　）会社（　　）休みました。

2. 主人は　2時間　前（　　）うち（　　）出ました（　　）、もう　そちらに　着いている　はずです。

3. 野球の　試合を　1週間　先（　　）のばしましょう。

4. 5（　　）3を　引くと　2（　　）なります。

III Complete the questions so that they fit the answers.

1. （　　）電車が　動かないんですか。

   じこで　動かないんだそうです。

2. 社長は（　　）帰りますか。

   来月の　初めに　帰る　はずです。

3. キャンセルチャージは（　　）かかりますか。

   前日の　とりけしの　場合は　50パーセント　かかります。

4. けっこんしきは（　　）に　始まりますか。

10時ごろ　始まる　はずです。

IV Complete the sentences with the appropriate form of the words indicated.

1. 病気で、かれは（　　）　はずです。(来られません)

2. あの　ワープロは（　　）にくかったので、別のに（　　）はずです。(使います、かえました)

3. 京都は　今　夏まつりで（　　）　はずです。(にぎやかです)

4. 今日・手紙を（　　）ば、あした（　　）　はずです。(出します、着きます)

5. きのうは　一日中（　　）から、田中さんは　大使館に（　　）・はずです。(会議でした、行きませんでした)

6. 時間が（　　）たら　行くんですが、忙しくて（　　）だろうと　思います。(あります、行けません)

7. 今日は　土曜日で　会社は（　　）　はずです。(休みです)

V Circle the most appropriate words in the parentheses.

1. （急に、さっそく、なるべく）都合が　悪く　なったので、予約をとりけしてください。

   Suddenly *Prompty* *AS MUCH AS POS* *condition*

2. 予約を　とりけす　場合は（まことに、たいてい、必ず）ごれんらくください。

   SINCERELY *usually* *POSITIVELY* *get iN Touch* *condition*

3. 内金を　送りましたが、届いたでしょうか。

   Report

   はい、昨日（なるべく、たしかに、はっきり）いただきました。

   Surely

NEW KANJI

1. 台風
   タイフウ

   | 台 | ㇛ | ㇛ | 台 | 台 | 台 |(5)

   | 風 | ノ | 几 | 凡 | 凡 | 凬 | 風 | 風 | 風 |(9)
   かぜ

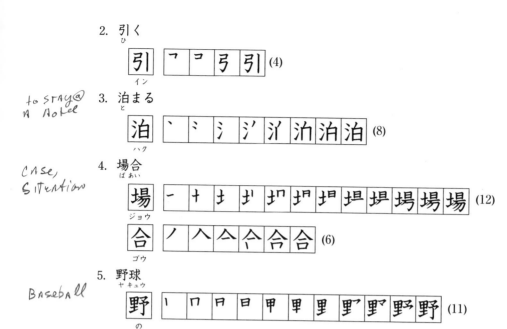

2. 引く
ひ

引 | ㄱ | ㄱ | 弓 | 引 (4)
イン

to stay @ n hotel

3. 泊まる
と

泊 | ` | ﾟ | 氵 | 汋 | 汋 | 泊 | 泊 | 泊 (8)
ハク

case, situation

4. 場合
ば あい

場 | 一 | 十 | 土 | 圵 | 圹 | 圹 | 坦 | 坦 | 坍 | 場 | 場 (12)
ジョウ

合 | ノ | 人 | 合 | 合 | 合 | 合 (6)
ゴウ

Baseball

5. 野球
ヤ キュウ

野 | 丶 | 口 | 曰 | 日 | 甲 | 甲 | 里 | 野 | 野 | 野 | 野 (11)
の

Kanji for recognition: 救急車
キュウキュウシャ

A MESSAGE FROM CHANG
伝言
でんごん

Mr. Chang arranges for concert tickets from a ticket agency.

スタジオQ：　チケット予約の　スタジオQでございます。
　　　　　　　　　　　よやく

チャン：　　あのう、チャンと　言いますが、中野さんを　お
　　　　　　　　　　　　　　　　い　　　　　　　なかの
　　　　　　願いします。
　　　　　　ねが

スタジオQ：　中野は　外出中です。
　　　　　　　　　　　がいしゅつちゅう

かいしゅっちゅう / 外出中 Is out

チャン：　　何時ごろ　帰るか　わかりますか。
　　　　　　なんじ　　　かえ

スタジオQ：　1時すぎに　もどる　はずです。
　　　　　　　じ　　　*Return*

チャン：　　じゃ、伝言を　お願いします。
　　　　　　　　でんごん
　　　　　　　6月28日の　コンサートの　切符　3枚の　代
　　　　　　　がつ　にち　　　　　　　　　きっぷ　まい　だい
　　　　　　金を　きのう　そちらの　銀行こうざに　ふりこ
　　　　　　きん　　　　　　　　　　　ぎんこう *BANK ACCOUNT*
　　　　　　んだと　伝えてください。それから、もう　1枚 *MAI*
　　　　　　　　つた
　　　　　　切符が　ほしいんですが、あるか　どうか　聞
　　　　　　　　　　　　　　　　　　　　　　？　　き
　　　　　　いてください。

ふりこむ MAKE A PAYMENT VIA BANK TRANSFER

つたえる to convey

スタジオQ：　はい、わかりました。

チャン：　　　　それから・・・とにかく　店に　もどったら、こちらに　電話するように　伝えてくれませんか。

スタジオQ：　　はい。そちらの　お電話番号を　どうぞ。

チャン：　　　　3292-3365に　お願いします。これは　直通電話です。

スタジオQ：　　はい、3292-3365ですね。中野が　もどりましたら、すぐ　お電話するように　伝えます。

Ms. Nakano hears about Chang's phone call.

スタジオQ：　　さっき、チャンさんと　いう　お客さんから　電話が　ありました。切符の　代金は　ふりこんだそうですが、もう　1枚　切符が　あるか　どうか　聞いていました。あなたからの　電話を　待っていると　言っていました。これが　電話番号です。

Studio Q: Studio Q, ticket reservations.
Chang: Umm, my name is Chang. Ms. Nakano, please.
Studio Q: Nakano is out.
Chang: Do you know about what time (she'll) be back?
Studio Q: (She's) expected back after one o'clock.
Chang: I'd like (to leave) a message, then. Please tell her I transferred the money for three tickets to the concert on June 28 to your bank account yesterday. Also, I want one more ticket. Please ask (her) whether there's another ticket (available).
Studio Q: Yes, of course.
Chang: Then—anyway, when she gets back please tell her to call me.
Studio Q: Certainly. Your telephone number, please?
Chang: (Call me at) 3292-3365. This is a direct line (Lit. "phone").
Studio Q: That's 3292-3365, right? When she returns I'll tell (her) to call you immediately.
Studio Q: A while ago there was a call from a customer named Chang. He said he transferred the money for the tickets and asked if there is one more ticket (available). He said he's expecting your call. This is his number.

伝 Den
つたえる

通 つう

❏ Vocabulary

スタジオ	studio
チケット	ticket
外出中 がいしゅつちゅう	is out
外出 がいしゅつ	going out, outing
～中 ちゅう	in the middle of, during
～すぎに	after
伝言 でんごん	message
コンサート	concert
代金 だいきん	money, charge, fee
こうざ	account
～か　どうか	whether (or not)
とにかく	anyway, in any case
ように	(for indirect requests)
直通 ちょくつう	(Lit.) "direct communication, through service"
～と　いう	called
電話が　ありました でんわ	had a telephone call

GRAMMAR & LESSON OBJECTIVES

• Leaving messages and passing them on

When one leaves a message, the level of politeness and the honorific expressions to be used depend upon the relationship among three people—the speaker, the person spoken to, and the person the message is addressed to. In this lesson the common and standard models are introduced. When you call an older person's home or a client's office when he or she is absent and leave a message, you are advised to use politer expressions. As examples, see the Short Dialogues Nos. 2 and 3 in this lesson.

敬語, or honorific expressions, are explained in Lessons 11, 13, and 17.
けいご

つたえ TRANSMIT communicate
ふりこ deposit payment

切符　3枚の　代金を　ふりこんだと　伝えてください。
きっぷ　まい　　だいきん　　　　　　　　つた

こちらに　電話するように、言ってくれませんか。
　　　　でんわ

もう　1枚　切符が　あるか　どうか　聞いてください。
　　　まい　きっぷ　　　　　　　　　き

These patterns are appropriate when one wishes to leave a message. 伝えて or 言って is
つた　　　　い
used for indirect statements or requests. For indirect interrogative sentences, an appro-
priate verb is 聞いて as in 聞いてください, "please ask him/her."
き　　　　　き

The patterns here are basically continuations of those for quoting material introduced in Book II, Lesson 8, and Lesson 1 in this book.

切符の　代金は　ふりこんだそうですが、もう　1枚　切符が　あるか　どうか　聞い
ていました。

あなたからの　電話を　待っていると　言っていました。

The two patterns—そうです and と　言っていました—can be used to pass on messages.

When an indirect quotation is in a question pattern, it is followed by 聞いている.

ex.　田中さんは　スミスさんが　あした　どこに　行くか　聞いていました。"Tanaka asked where Smith is going tomorrow."

• Ending patterns of quoted sentences

Certain patterns are directly related to the type of sentence being cited.

1.　For quoted statements: 切符の　代金を　ふりこんだと　伝えてください。

Please tell him that I transferred the money for the tickets." (plain form + と)

(See Appendix A.)

2.　For quoted requests: aff. 電話するように　言ってくれませんか。 "Would (you) tell (her) to call (me)?" (dict. form + ように);

neg. 電話しないように　言ってください。

"Please tell (him) not to call (me)." (ない form + ように)

Since these patterns sound like orders, they wouldn't be heard in more formal situations. To indicate appropriate respect for the person referred to, honorific expressions (see Lesson 11) should be used, such as てくださるように or ていただくように.

ex.　スミスさんに　電話してくださるように　お伝えください。

"Would you please tell Mr. Smith to call me." (The object of respect is Smith rather than the person answering the phone.)

3.　For quoted yes/no questions: もう　1枚　切符が　あるか　どうか　聞いてくだ

さい。"Please ask whether (or not) there's another ticket (available)." (The か in かどうか and 何時ごろ　帰るか is the same as か at the end of a question sentence.)

In the following examples, note how patterns are formed with plain verbs, the two types of adjectives and with nouns.

ex.　1.　切符の　代金が　届いたか　どうか　聞いてください。

"Please ask if the money for the tickets arrived."

2.　大きいか　どうか　聞いてください。"Please ask whether it's big or not."

3.　便利か　どうか　聞いてください。"Ask whether it's convenient, please."

4.　日本人か　どうか　聞いてください。"Please ask if they're Japanese."

4.　For quoted question-word questions: 何時ごろ　帰るか　わかりますか。

"Do (you) know about what time (she'll) be back?"

Additional examples:

1. いつ　送ったか　聞いてください。 "Please ask when (she) sent it?"
   おく　　　　　　き

2. 何が　好きか　聞いてください。 "Please ask what (they) like."
   なに　す　　　き

With the verbs 知らせる, 知る, たのむ, etc., preceding quoted sentences end in
　　　　　　し　　　　し
these patterns.

ex. 1. 私は　きのう　旅館に　電話を　して、台風で　行けないと　知らせま
　　　　わたし　　　　りょかん　でんわ　　　　　たいふう　い　　　　　　し
した。

"I called the inn yesterday and told (them) I couldn't go because of the
typhoon."

2. かれが　どこから　来たか　だれも　知りません。
　　　　　　　　き　　　　　　　し
"No one knows where he comes from."

3. かれに　今　サインするように　たのみましょう。
　　　　いま
"Let's ask him to sign now."

NOTES

1. 中野は　外出中です。
   なか の　　がいしゅつちゅう

It is a common practice among business people when talking to outsiders to drop the さ
ん from the names of members of one's own group, just as family members are apt to
do.

2. 外出中
   がいしゅつちゅう

This 中 is similar to the 中 suffix in 1年中 and 日本中 (see Book II, p. 37). It indicates
　　　ちゅう　　　　　　　　　　じゅう　　　　　ねんじゅう　　にほんじゅう
being busy with or in the process of, as in 食事中 "having lunch (Lit. 'a meal')/being out
　　　　　　　　　　　　　　　　　　　　　しょくじちゅう
to lunch," and 会議中 "in conference."
　　　　　　かいぎちゅう

3. 中野が　もどりました|たら|
   なか の

たら can also follows です/ます forms as well as plain forms.

4. チャンさんと　いう　お客さん
　　　　　　　　　　きゃく

Studio Q uses this pattern, rather than simply Chan, so as to confirm whether or not
Nakano knows him.

ex. 1. 山本太郎さんと　いう　人を　知っていますか。
　　　　やまもとたろう　　　　　ひと　し
"Do you know the person called Mr. Tarō Yamamoto?"

2. ロンドンで　「さくら」と　いう　レストランに　行きました。
　　　　　　　　　　　　　　　　　　　　　　　　い
"In London I went to a restaurant called Sakura."

❏ **KEY SENTENCES**

1. 田中さんが　何時に　帰るか　わかりません。
　　たなか　　　　なんじ　　かえ

2. さか屋に　電話して、ビールを　２０本　持ってくるように　言ってくだ
　　や　　　てんわ　　　　　　　ぼん　も　　　　　　　　　　　い
さい。

3. 加藤さんに　来週　ゴルフに　行くか　どうか　聞いてください。
　　かとう　　らいしゅう　　　　い　　　　　　き

1. I don't know what time Tanaka's coming back.
2. Please phone the liquor store and tell (them) to bring twenty bottles of beer.
3. Please ask Mr. Katō if he's going golfing next week.

EXERCISES

I. **Make dialogues by changing the underlined parts as in the examples given.**

A. *ex.* **Q:** 中野さんが　<u>何時ごろ　帰るか</u>　わかりますか。
　　　　　なかの

　　　　A: さあ、<u>何時ごろ　帰るか</u>　ちょっと　わかりません。

　　　　1. 何時の　ひこうきに　のりますか

　　　　2. どこに　住んでいますか
　　　　　　　　　す

　　　　3. どうして　パーティーに　来ませんでしたか
　　　　　　　　　　　　　　　　　き

　　　　4. どんな　食べ物が　好きですか
　　　　　　　　　た　もの　す

B. *ex.* **A:** <u>あしたは　時間が　ある</u>でしょうか。
　　　　　　　　　　じかん

　　　　B: さあ、<u>時間が　あるか</u>　どうか　わかりません。

　　　　1. 田中さんは　運転できます
　　　　　　　　　　　うんてん

　　　　2. 田中さんは　メイソンさんを　知っています
　　　　　　　　　　　　　　　　　　し

　　　　3. 鈴木くんは　会議の　時間を　みんなに　知らせました
　　　　　　すずき　　かいぎ　　　　　　　　し

　　　　4. 駅前の　新しい　レストランは　おいしいです
　　　　　　えきまえ　あたら

C. *ex.* **A:** ブラウンさんに　<u>また　後で　電話すると</u>　伝えてください。
　　　　　　　　　　　　　あと　　　　　　　　つた

　　　　B: はい、しょうちしました。

　　　　1. あしたから　２週間　出張します
　　　　　　　　　　しゅうかん　しゅっちょう

2. そちらからの　手紙が　届きました
3. 予約は　できませんでした
4. あしたより　あさっての　ほうが　いいです
5. 山崎さんは　今　旅行中です
6. 面接を　受けたけど　だめでした

D. *ex.* **A:** 鈴木くんを　お願いします。

B: 今　会議中ですが。

A: じゃ、鈴木くんに　後で　こちらに　電話するように　言って
ください。

B: はい、そう　伝えます。

1. 来客中、後で　こちらに　資料を　持ってきます
2. 電話中、こちらに　来るとき　はんこを　わすれません
3. 食事中、会議に　遅れません
4. 出張中、出張から　もどったら　すぐ　人事部に　れんら
くします

E. *ex.* **A:** 中野さんに　コンサートは　何時に　始まるか　聞いてくださ
い。

B: はい、少々　お待ちください。

1. どの　旅館に　予約できましたか
2. いつまでに　返事が　必要ですか
3. あした　集まる　人は　何人ですか
4. ミーティングは　水曜と　木曜と　どちらが　いいですか

F. *ex.* **A:** 中野さんに　もう　1枚　切符が　あるか　どうか　聞いてく
ださい。

B: はい、ちょっと　お待ちください。今　聞いてきます。

1. りょうしゅう書が　要ります

2. 山田さんから　電話を　もらいました
   やまだ　　　　でんわ

3. A社の　社長に　会うのは　あしたです
   しゃ　しゃちょう　あ

4. あしたの　晩は　ひまです
   　　　　　ばん

II Practice the following patterns by changing the underlined parts as in the examples given.

A. *ex.* 木村さんに　あした　8時に　来るように　伝えます。
   きむら　　　　　　じ　く　　　　　　つた

1. エアコンの　調子を　たしかめます、たのみましょう
   　　　　　ちょうし

2. アメリカからの　お客さんを　空港に　むかえに　行きます、
   　　　　　　　きゃく　　　くうこう　　　　　　い
   言いましょうか
   い

3. A社に　今日中に　れんらくします、伝えましょうか
   　　　きょうじゅう

4. 会議の　ときに　もっと　大きい　声で　話します、言いました
   かいぎ　　　　　　　　おお　　こえ　はな

5. ひようが　いくら　かかるか　調べます、たのみました
   　　　　　　　　　　　　しら

B. *ex.* 夏休みを　何日　とるか　まだ　決めていません。
   なつやす　なんにち　　　　　き

1. 上田さんの　けっこんしきは　何日ですか、知っていますか
   うえだ　　　　　　　　　　　　し

2. だれが　社長に　なりますか、あしたに　なれば　わかります

3. アメリカ本社の　ふく社長が　いつ　来ますか、月曜日に　知
   ほんしゃ　　　　　　　　　き　　げつようび
   らせます

C. *ex.* わすれ物が　出てきたか　どうか　駅に　問い合わせました。
   もの　で　　　　　　　　　えき　と　あ

1. ファックスが　届きました、電話して　たしかめてください
   　　　　　とど

2. 2階の　会議室が　使えます、山田さんに　聞いてきます
   かい　かいぎしつ　つか　　　　　　　　き

3. 新しい　プロジェクトが　せいこうします、みんな　心配して
   あたら　　　　　　　　　　　　　　　　　しんぱい
   います

III. Make dialogues by changing the underlined parts as in the example given.

ex. **Q:** 何と　いう　本を　読みましたか。
   なん　　　ほん　よ

A: 「こころ」と　いう本を　読みました。

1. 料理です、ちゃわんむし
   りょうり
2. ホテルに　泊まります、プレジデント
            と
3. 会社に　入りました、ＡＢＣ
   かいしゃ　はい
4. 方から　電話が　ありました、山本さん
   かた　でんわ　　　　　　やまもと

❏ Vocabulary

メイソン	Mason
駅前 えきまえ	area near a station
しょうちしました	I understand, certainly
山崎 やまざき	Japanese surname
会議中 かいぎちゅう	in conference/a meeting
来客 らいきゃく	guest
人事部 じんじぶ	personnel department
集まる あつ	gather, come together
ミーティング	meeting
水曜 すいよう	Wednesday
木曜 もくよう	Thursday
りょうしゅう書 しょ	receipt
エアコン	air conditioner
調子 ちょうし	condition
ひよう	cost, expenses
調べる しら	check, investigate,
上田 うえだ	Japanese surname
ふく社長 しゃちょう	executive vice president
ふく	vice-, sub-, assistant, deputy
問い合わせる と　あ	ask, inquire
せいこうする	succeed
せいこう	success
心配する しんぱい	worry
心配 しんぱい	worry, concern
こころ	mind, heart
ちゃわんむし	steamed savory custard
プレジデント	President

方	person (polite)
かた	

*The usage of this phrase is very similar to かしこまりました, but it is not quite as polite.

SHORT DIALOGUES

1. A: 安くて しゃれた しょっきを さがしているんですが・・・。
   　　やす

   B: 安いか どうか わかりませんが、しゃれた ものを 売っている 店は 知っ
   　　やす　　　　　　　　　　　　　　　　　　　　　　　　　う　　　　　　みせ　し
   ていますよ。

   A: I'm looking for some inexpensive, attractive tableware.
   B: Whether it's cheap or not, I don't know, but I know a shop selling well-designed things.

2. 田中： もしもし、林部長、いらっしゃいますか。
   たなか　　　　　はやしぶちょう

   ひしょ： ただいま 会議中でございます。
   　　　　　　　かいぎちゅう

   田中： そうですか。では、田中から 電話が あったと お伝えください。
   　　　　　　　　　　　　　　　　　　てんわ　　　　　　　つた

   Tanaka: Hello, is Mr. Hayashi there?
   Secretary: He's in a meeting right now.
   Tanaka: Then please tell him that I called.

3. トーマス： 東京大学の トーマスと 言いますが、田中すみ子先生、いらっ
   　　　　　　　とうきょうだいがく　　　　　　い　　　　　　　　　　　こ せんせい
   しゃいますか。

   田中の むすめ： 母は 今 出かけていますが・・・。
   　　　　　　　　　はは　いま　で

   トーマス： では、すみませんが 急用が ありますので、自宅の ほうに
   　　　　　　　　　　　　　　　きゅうよう　　　　　　　　じたく
   電話してくださるように お伝えください。
   　　　　　　　　　　　　　つた

   田中の むすめ： はい、わかりました。

   Thomas: I am Thomas of Tokyo University. Is Professor Sumiko Tanaka home?
   Tanaka's Daughter: She's out at the moment.
   Thomas: Well, it's urgent, so would you ask her to call me back at home?
   Tanaka's Daughter: Certainly, sir.

❏ Vocabulary

しゃれた	attractive, tasteful, chic
しょっき	tableware, dinner set, flatware
ただいま	right now, just now, in a minute (more formal than 今)
	いま
東京大学	Tokyo University
とうきょうだいがく	
トーマス	Thomas

すみ子	female given name
急用	urgent business
自宅	one's own home
～てくださる	dictionary form of てください

QUIZ

I Read this lesson's Opening Dialogue and answer the following questions.

1. チャンさんは 切符を キャンセルしようと 思って 電話を しましたか、もう 1枚 買おうと 思って 電話を しましたか。

2. スタジオQの 人は 中野さんが 何時ごろ 帰るか 知っていましたか。

3. チャンさんは 中野さんが もどったら、何番に 電話するように たのみましたか。

4. チャンさんの 伝言を 中野さんに 伝えたのは だれですか。

5. チャンさんは コンサートの 切符を 全部で 何枚 買う つもりですか。

II Put the appropriate words in the parentheses.

1. 東京の 地図（　　）ほしいんですが、ありますか。

2. 今日は そちらに うかがえない（　　）伝えてください。

3. 中野さんに 午後 店に いる（　　）どう（　　）聞いてください。

4. いつ 北海道へ 行きますか。
   いつ 行く（　　）まだ 決めていません。

5. 鈴木さんは 3時すぎ（　　）もどると 言っていました。

6. さっき 田中さん（　　）あなたに 電話が ありました。

III Circle the appropriate words in the parentheses.

1. かのじょは スペイン語が わかりますか。
   メキシコ人ですから、（なかなか、もちろん、ちっとも）わかる はずです。

2. いつまでに　手紙を　出さなければ　なりませんか。

（なるべく、ほとんど、ずいぶん）早く　出してください。

3. いつまでに　図面を　送りましょうか。

急がなくても　いいですが、（さっき、ところで、とにかく）図面が

できたら、送ってください。

IV Complete the sentences with the appropriate form of the words indicated.

1. さいふを　どこで（　　　）か　覚えていません。（おとしました）

2. 課長が　この　ワープロを（　　　）か　どうか　わかりません。（気に
入ります）

3. 中村さんに　何を（　　　）か　聞いてください。（食べたいです）

4. 車が（　　　）いるので、かれに（　　　）ように　言ってください。（よ
ごれます、洗います）

5. 伝言は　たしかに（　　　）と　伝えてください。（聞きました）

6. 木村さんに　あさっては（　　　）と　伝えてください。（来なくても
いいです）

7. 渡辺さんに　鈴木さんは（　　　）と　伝えてください。（外出中です）

V Choose a statement appropriate to the situation described.

**A. You call a coworker's house and leave a message telling her to come to
the office at eight tomorrow morning.**

1. あした　8時に　行くと　伝えてください。

2. あした　8時に　来てください。

3. あした　8時に　来るように　伝えてください。

**B. You inform a caller that you don't know whether a coworker is coming
back to the office today.**

1. 会社に　もどるか　どうか　わかりません。

2. 会社に　いつ　もどるか　聞いてください。

3. 会社に　もどるか　どうか　知らせてください。

NEW KANJI

1. 伝言
   デンゴン
   伝 ｜ ノ イ 仁 伝 伝 (6)
   つた(える)

2. 直通
   チョクツウ
   直 一 十 广 市 古 苜 直 直 (8)
   なお(す)

3. 切符
   きっプ
   切 一 七 切 切 (4)
   セツ・き(る)

   符 ｜ ｜ 广 广 竹 竹 符 符 符 符 (11)
   フ

4. 空港
   クウコウ
   港 丶 冫 冫 冫 汁 泔 洪 洪 洪 洪 港 港 (12)
   みなと

5. 代金
   ダイキン
   代 ｜ ノ イ 仁 代 代 (5)
   か(える)・か(わる)

あいづち

聞き手が「話をよく聞いていますよ。ですから、話を続け
てください」という気持ちを話し手に表す時に、あいづちを
うちます。話し手の話と聞き手のあいづちで会話が進みます。
ですから、聞き手があいづちをうたないと、わかったかどう
か話し手は心配になります。それで、「わかりましたか」「わ
かりましたか」と何度も言ったりします。特に、電話で話す
時、相手の顔が見えませんから、あいづちはとても大切で
す。

あいづちには、「はい」「ええ」「はあ」「そうですか」など
がありますし、ほかに「ほんと」「へえ」「なるほど」などと
言うこともあります。また、声を出さないで、うなずいたり
適当な表情をしたりすることもあります。

Aizuchi

When the listener in a conversation wants to indicate in a friendly way that "I am listening to what you are saying, so please go on," he or she says something to encourage the other party to continue speaking. In Japanese such expressions of encouragement are called *aizuchi*. The conversation moves forward as one party talks and the other encourages the speaker to continue. If the listener does not utter some encouragement, the speaker begins to wory if he or she is understanding. This will result in the speaker asking repeatedly, "Do you understand?" On the telephone, since you can't see the expression on the other party's face, these words of encouragement are particularly important.

Expressions of encouragement, or *aizuchi*, include *hai, ee, hā* and *sō desu ka*. Other alternatives are *hontō, hē, naruhodo*, etc. Sometimes, rather than a verbal expression, an *aizuchi* might consist of a nod or some suitable facial expression.

❏ **Vocabulary**

聞き手	listener
よく	carefully, attentively
ですから	therefore
続ける	continue, go on
気持ち	feeling
話手	speaker
表す	express
あいづちを　うつ	give a signal to show that the listener is carefully listening to the speaker
会話	conversation
進む	go forward
心配	worry, uneasiness
それで	and then, therefore
何度も	many times

特に とく	especially
相手 あいて	partner, other party
顔 かお	face
大切（な） たいせつ	important
ほんと	really
へえ	dear me, indeed
なるほど	I see, indeed
また	and, moreover, besides
声を　出す こえ　　だ	utter
声 こえ	voice
うなずく	nod
適当（な） てきとう	appropriate
表情 ひょうじょう	facial expression

LESSON

4

SHOPPING FOR POTTERY

焼き物を買う
や　もの　か

Mrs. Smith and Mrs. Tanaka look at pottery.

1) スミス夫人：　あの　お皿、いいですね。ほしいけれど　高そう
　　　ふじん　　　　　　さら　　　　　　　　　　　　　　たか
　　　です。

2) 田中夫人：　　ちょっと　待ってください。店の　人に　聞きま
　　　たなか　　　　　　　　　　ま　　　　　みせ　ひと　き
　　　すから。

3) 田中夫人：　　３０万円ですって。有名な　人の　作品らしいで
　　　　　　　　　　まんえん　　　　ゆうめい　　　　さくひん
　　　す。

4) スミス夫人：　そうですか。やっぱり　いいものは　高いんですね。

5) 田中夫人：　　もう　１枚の　お皿は　もっと　高いそうです。
　　　　　　　　　　　まい

6) スミス夫人： 1枚　1,500円ぐらいのは　ないんでしょうか。

7) 田中夫人： これは　1,700円ですが、こうしょうすれば、安く

なりそうですよ。

negotiate

8) スミス夫人： 安く　なるなら　買おうかしら。

Mrs. Smith buys some plates.

9) スミス夫人： すみません、これは　いくらですか。

10) 店の人： 1枚　1,700円です。いい　品ですよ。この　皿を

使うと　料理が　おいしそうに　見えますよ。

11) スミス夫人： 6枚　ほしいんですが、もう　少し　安く　して

くださいませんか。

12) 店の人： そうですねえ。じゃあ、お安く　しましょう。

1枚　1,600円に　しましょう。

13) スミス夫人： どうも　ありがとう。　それから、この　はしお

きも　お願いします。

14) 店の人： じゃ、全部で　12,600円に　なります。

1	Smith:	That plate is nice, isn't it? I'd like (to have) it, but it looks expensive.
2	Tanaka:	Just a minute, I'll ask the shopkeeper.
3	Tanaka:	He said it's ¥300,000. It seems to be the work of a famous person.
4	Smith:	Is that right? After all, good things are expensive, aren't they?
5	Tanaka:	He said the other plate (there) is more expensive.
6	Smith:	Aren't there any plates for around ¥1,500, say?
7	Tanaka:	This one is ¥1,700 yen, but if (we) negotiate it'll get cheaper, I think.
8	Smith:	If it's made cheaper, should I buy it, I wonder?
9	Smith:	Excuse me. How much is this?
10	Shopkeeper:	¥1,700 for one. These are good wares. If (you) use these plates, the food will look delicious.
11	Smith:	I'd like six. Couldn't you make them a little cheaper?
12	Shopkeeper:	Let me see... All right, I'll make them cheaper. Let's say ¥1,600 each.
13	Smith:	Thank you so much. And I'll take these chopstick rests, too.
14	Shopkeeper:	Fine, that comes to ¥12,600 all together.

❑ Vocabulary

（お）皿 <small>さら</small>	plate, dish
けれど	but
高そうです <small>たか</small>	looks expensive
〜そうです	= looks (like), seems
〜（です）って	(he) said that...
作品 <small>さくひん</small>	work, composition
〜らしい	seems to be...
もう	the other, another
こうしょう	negotiation
〜かしら	I wonder (informal women's speech)
品 <small>しな</small>	wares, articles, goods
おいしそうに　見える <small>み</small>	looks delicious
安く　する <small>やす</small>	make (it) cheaper
はしおき	chopstick rest
はし	chopstick
全部で <small>ぜんぶ</small>	all together

GRAMMAR & LESSON OBJECTIVES

- そうです "looks (as if), seems"

ほしいけれど　高そうですね。
<small>たか</small>

安く　なりそうです
<small>やす</small>

Note the forms taken by this そうです. For verbs, it is attached to the ます stem.

ex. 雨が　ふりそうです. "It looks as if it's going to rain."
<small>あめ</small>

For adjectives, it is attached to the stem: 高そう, for example, and 便利そうです, "It
<small>たか</small>　<small>べんり</small>
seems to be convenient."

The adjective いい／よい becomes よさそうです. Similarly ない becomes なさそうです
as in かぜを　ひきましたが、ねつは　なさそうです, "He/She has caught cold, but
he/she does not seem to have a fever."

When modifying nouns or verbs, the pattern becomes そうな or そうに, as in この　お皿
<small>さら</small>
を　使うと　料理が　おいしそうに　見えますよ.
<small>つか</small>　<small>りょうり</small>　<small>み</small>

GRAMMAR & LESSON OBJECTIVES

ex. よさそうな 皿, "an apparently good dish"; 高そうな 皿, "an expensive-looking plate."

そう cannot be used after nouns; use らしい instead. (See Note 3 in this lesson.)

• く／に する, く／に なる

47 こうしょうすれば 安く なりそうですよ。

11 もう 少し 安く してくださいませんか。

お安く しましょう。

1枚 1，600円に しましょう。

1，600円に なりました。

く／に する expresses the speaker's intention, in this case what he has decided to do. From the listener's viewpoint, the pattern would be... く／に なる, indicating the result—what has been decided. It is important to remember this distinction and also that after nouns and な adjectives the pattern is に する／なる. For adverbial use (see Book II, p. 27), the く／に form of adjectives is used before する or なる, and with nouns. The pattern is noun + に + する／なる.

Think of the meaning of く／に なる as "be settled." At times, however, く／に なる, which is softer than く／に する, is utilized to make it sound as if the speaker himself is not responsible for a decision.

NOTES

1. あの お皿、いいですね。

   Note the absence of a particle after お皿. This actually draws attention to the subject and here is like saying, "Look at that plate."

2. 30万円ですって。

   って, which follows the です／ます form, is the same in meaning as だそうです and occurs mostly in female speech. だって (in the Short Dialogues) has the same meaning, and is used informally by men as well.

3. 有名な 人の 作品らしいです。

   The shopkeeper has given Mrs. Tanaka some information about the artist who made the plate, so she makes a deduction saying, 有名な 人の 作品らしいです.

   らしい suggests the speaker's uncertainty and comes after nouns, verbs and adjectives (see Appendix A). It is conjugated in the same way as い adjectives.

   Inferences for which らしい is used are based on some source of information, reliable or not, and may even be based on a rumor. You can say 夕方から 雨が ふるらしい

   ですよ, "It is likely to start raining from the early evening," even on a sunny day, if you are making the deduction based on a weather forecast. When you yourself see the sky getting cloudy, you say, 雨が ふりそうです, "It's going to rain, I guess."

Unlike そうです, らしい can follow the dictionary form, ない form, た form, and なかっ
た.

4. もう　１枚の　お皿は　もっと　高いそうです。

Mrs. Tanaka uses もう　１枚, "the other," after referring to the first dish on display.

　　ex.　この　会社では　外国人が　３人　働いています。二人は　中国人ですが、も
　　　　う　一人は　フランス人です。

"Three foreigners are working in this company. Two are Chinese, and the other is
French."

Do not confuse もっと, "more", as in もっと　大きい, "bigger" and もっと　便利な,
"more convenient," with もう　少し, "a little more," as in もう　少し　多く, "a little
more," もう　少し　大きい, "a little larger," もう　少し　便利な, "a little more convenient."

5. １，５００円ぐらいのは

The complete phrase is １，５００円ぐらいの　皿, but 皿 is omitted because it is
understood.

6. 買おうかしら

かしら reflects the speaker's hesitation or indecisiveness. かなあ is another phrase with
the same meaning used by both sexes in informal speech.

7. この　お皿を　使うと　料理が　おいしそうに　見えますよ。

After a clause ending with と, the speaker's comment or feelings can be expressed.

　　ex.　1. あまい　ものを　食べすぎると　けんこうに　悪いですよ。

　　　　　　"If you eat too many sweets, it's bad for your health."

　　　　2. みんなで　いっしょに　旅行に　行けると　うれしいですね。

　　　　　　"It will be nice if all of us can go on a trip together." (See Lesson 14, Note 2.)

8. お安く　しましょう

The meaning is no different from 安く　しましょう but this is politer. This is heard
mostly from sales people.

PRACTICE

❑ **KEY SENTENCES**

1. あの　かびんは　きれいですが、高そうですね。

2. この　ねだん、安く　なりませんか。

　じゃ、安く　しましょう。

3. 台風で　ひこうきが　とばないらしいです。
　　たいふう

1. That vase is beautiful, but it looks expensive.
2. Can't you make the price cheaper?
   Well OK, I'll make it cheaper.
3. It seems the planes aren't flying because of the typhoon.

❏ **Vocabulary**

ねだん　　　　　　　　　　　　price

EXERCISES

I **Practice the following patterns by changing the underlined parts as in the examples given.**

A. *ex.* <u>この　カメラ</u>は　<u>高そう</u>です。
　　　　　　　　　　　　　たか

　　1.　この　くつ、はきやすい

　　2.　佐藤さんが　着ている　洋服、安くない　―たさそう
　　　　さとう　　　　き　　　　ようふく　やす

　　3.　かどの　こうばんの　おまわりさん、いつも　ひま

　　4.　鈴木さんが　勤めている　会社、給料が　いい
　　　　すずき　　　　つと　　　　かいしゃ　きゅうりょう

　　5.　山下さんが　引っこした　うち、駅から　遠くて　便利では　ない
　　　　やました　　　ひ　　　　　　　えき　　とお　　べんり

B. *ex* <u>天気が　悪く</u>　なりそうです。
　　　　てんき　わる

　　1.　雨が　ふる
　　　　あめ

　　2.　かびんが　おちる

　　3.　火が　きえる
　　　　ひ

　　4.　この　洋服の　ほうが　にあう

　　5.　この　仕事は　時間が　かかる
　　　　　　　しごと　じかん

　　6.　伊藤さんは　お金が　ある
　　　　いとう　　　かね

II **Make dialogues by changing the underlined parts as in the examples given.**

A. *ex* **A:** <u>高そうな　レストラン</u>ですね。

B: <u>高</u>そうに 見えますが、そんなに <u>高く</u>ないですよ。

   1. むずかしい、本

   2. 重い、かばん

   3. やさしい、お父さん

   4. こわい、人

   5. ひま、ポスト

   6. 楽、仕事

B. *ex* **A:** もう 少し <u>安く</u> してくださいませんか。 *'strong sentence/attacking use なる softer tone*

   B: じゃ、<u>安く</u> しましょう。

   1. 早い

   2. 少ない

— 3. きれい

— 4. かんたん

C. *ex* **A:** <u>会議</u>は <u>いつに</u> しますか。 *しま shoうか* A)

   B: <u>来週の</u> <u>月曜日に</u> します。 *B) suggest ましょうか* *A) sure は いいですね* *result になりました*

   A: 加藤さん、<u>会議は</u> <u>月曜日に</u> なりました。

does not say who make the decision

   1. パーティー、いつ、１５日

   2. 部屋代、いくら、６０，０００円

   3. 出発、何時、朝 ８時

   4. 旅行、どこ、北海道

D. *ex* **Q:** だれが <u>ドイツに 行く</u>んですか。

   A: 田中さんが <u>行く</u>らしいです。

   1. スピーチを します

   2. ロシア語が わかります

   3. 書類を わすれました

4. 約束を　まもりませんでした
　　　やくそく

E. *ex*　A: スミスさんは　すもうに　くわしいらしいですよ。

　　　　B: そうですか。ちっとも　知りませんでした。
　　　　　　　　　　　　　　　　　　し

1. 課長、病気
　　かちょう　びょうき
2. 新しい　事務所、やちんが　すごく　高い
　　あたら　　じむしょ　　　　　　　　　たか
3. 駐車場に　ある　赤い　スポーツカー、田中さんの
　　ちゅうしゃじょう　　あか　　　　　　　　　たなか
4. 東京ホテルの　うらに　ある　レストラン、有名
　　とうきょう　　　　　　　　　　　　　ゆうめい

❏ Vocabulary

洋服 ようふく	(Western) clothes
おまわりさん	police officer
山下 やました	Japanese surname
火 ひ	fire
にあう	suit, match (well)
そんなに〜ない	not so...
かばん	bag, briefcase, suitcase
やさしい	gentle, kind
こわい	scary, fearful, terrible
ポスト	position, post
楽（な） らく	easy, comfortable
部屋代 へやだい	room charge, rent
〜代 だい	charge, fee
ロシア語 ご	Russian
すごく	very (colloquial), terrible
スポーツカー	sports car

SHORT DIALOGUES

1. 鈴木：　　あしたから　東京デパートで　冬物の　バーゲンが　あるんだって？
　 すずき　　　　　　　　　　　　　　ふゆもの
　 佐藤：　　うん、ずいぶん　安く　なるらしいよ。４０パーセント引きだって。
　 さとう　　　　　　　　　　やす　　　　　　　　　　　　　　ひ

Suzuki:　　Did you hear about the sale of winter wear at Tokyo Department Store from tomorrow?

Satō:　　　Yeah, it seems it's going to be real cheap. Forty percent discount, I hear.

2. 鈴木：　　　あの　プロジェクトは　中止に　なったそうですね。
　　すずき
　　加藤：　　　あの　プロジェクトって？
　　かとう
　　鈴木：　　　部長が　ていあんした　横浜の　プロジェクトですよ。
　　　　　　　ぶちょう　　　　　　　　　よこはま
　　加藤：　　　ああ、あれね。そう。たんとう者は　ざんねんそうだったよ。
　　　　　　　　　　　　　　　　　　　　しゃ

Suzuki: I hear that the project was cancelled.
Katō: Which project do you mean?
Suzuki: The project in Yokohama that the division chief proposed.
Katō: Oh, that one. Yes, the people involved seemed very disappointed.

❏ **Vocabulary**

バーゲン	(bargain) sale
～だって	I hear (informal for ですって)
～引き	- discount
び	
中止	cancellation
ちゅうし	
ていあんする	propose, suggest
ていあん	proposal

QUIZ

I Read this lesson's Opening Dialogue and answer the following questions.

　1.　スミスさんが　ほしいけれど　高そうだと　言った　皿は　いくらで
　　　　　　　　　　　　　　　　　　たか　　　　　　い　　　　さら
　　　すか。

　2.　スミスさんは　いくらぐらいの　皿が　ほしいと　言いましたか。

　3.　１，７００円の　皿を　見て、こうしょうすれば　安く　なりそうだ
　　　　　　　　えん　　　　　み　　　　　　　　　　　　　　　　やす
　　　と　言ったのは　だれですか。

　4.　店の　人は　１，７００円の　皿を　いくらに　しましたか。
　　　みせ　ひと

II Put the appropriate words in the parentheses.

　1.　いくらですか。

　　　全部（　　）５５，０００円（　　）なります。
　　　ぜんぶ

　2.　こちらは　いかがですか。

　　　ちょっと　小さいですね。大きい（　　）は　ありませんか。
　　　　　　　　ちい　　　　　　おお

それでは　こちらは　いかがですか。２５，０００円です。

少し　高いですね。

それでは　２３，０００円（　　）しましょう。

3. 重そう（　　）かばんですね。

   重そう（　　）見えますか。そんなに　重くないですよ。

III Circle the appropriate words in the parentheses.

1. いかがですか。

   少し　大きいですね。（もっと、もう）少し　小さいのは　ありません

   か。

2. うるさいですね。

   ええ。（もっと、もう）静かな　所で　話しましょう。

3. あの　皿は　すばらしいですが、高いんでしょう。

   左の　皿は　５０万円だそうです。（もっと、もう）　１枚のは　（も

   っと、もう）高いそうです。

4. コーヒーを（もっと、もう）１ぱい　いかがですか。

   いいえ、（もっと、もう）けっこうです。ありがとう。

5. こちらは　いかがですか。

   （もっと、もう）安いのは　ありませんか。

IV Complete the sentences with the appropriate form of the words indicated to convey the meaning "seems (to be/that)."

1. スミスさんは　いつも　（　　）そうですね。

   ええ、仕事が　多くて　（　　）らしいです。(忙しい、たいへんだ)

2. この　じしょと　あの　じしょと　どちらが　いいでしょうか。

   こちらの　ほうが　（　　）そうです。(いい)

3. 地震ですね。

   あっ、たなから　本が　（　　）そうですよ。(おちる)

4. 田中さんは　スキーに　（　　）、けがを　（　　）らしいです。（行く、
   した）

5. 鈴木さんは　すもうに　きょうみが　（　　）らしいです。（ない）

6. あの　レストランは　（　　）、（　　）らしいです。（安い、おいしい）

7. かのじょの　お母さんは　有名な　（　　）らしいです。（デザイナー
   だ）

V Choose a sentence appropriate to the situation described.
   A. Politely ask a neighbor to make less noise.
       1. みんな　もっと　静かに　しましょう。

       2. うるさいです。やめてください。

       3. もう　少し　静かに　してくださいませんか。

   B. You want to say, in a colloquial manner, that Nakamura can't come to
       the party.
       1. 中村さんは　パーティーに　来られないんですって。

       2. 中村さんは　パーティーに　来られないそうです。

       3. 中村さんは　パーティーに　来られないと　言っていました。

NEW KANJI

1. 有名
   ユウメイ
   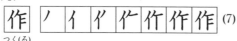 (6)
   あ(る)

2. 作品
   サクヒン
   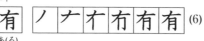 (7)
   つく(る)

3. 皿
   さら
   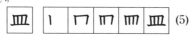 (5)

4. 枚
   マイ
   枚 　一　十　オ　木　杧　枚　枚 (8)

5. 洋服
ヨウフク

洋 ` ⌒ ⌒ 氵 沿 沿 沿 洋 洋 (9)

服 丿 刀 月 月 月 服 服 服 (8)

Kanji for recognition:　夫人　地震
　　　　　　　　　　　　ふ じん　じ しん

HOUSE FOR RENT

不動産屋
ふ どう さん や

Ms. Nakamura goes house hunting.

中村：　　　この　へんで　うちを　さがしているんです
なかむら

が・・・。事務所が　移転して、今の　うちから
じ む しょ　　　い てん　　　　い ま

遠く　なってしまったんです。
とお

ふどうさん屋：広さは、どのくらいの　ものが　よろしいでしょ
や　　ひろ

うか。

中村：　　　居間の　ほかに　部屋が　一つ　あれば　いいん
い ま　　　　　　　へ や　　ひと

です。

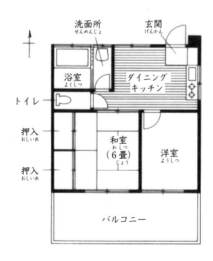

ふどうさん屋： これなんか　いかがですか。ダイニング　キッチン
と　ほかに　部屋が　二つ、一つは　和室です。

中村： 犬を　かっても　いいでしょうか。

ふどうさん屋： 大家さんに　電話して、犬を　かっても　いいか
どうか　聞いてみましょう。よかったら　これか
ら　行ってみませんか。

中村： あの、やちんは？

ふどうさん屋： 1か月　11万円ですが、初めの　月は　やちん
の　ほかに　しき金、礼金として　4か月分　必
要です。

中村： そうですか。では、見てから　借りるか　どうか
決めたいと　思います。

Nakamura: I'm looking for a house in this neighborhood. Our office has been moved and it's ended up being (Lit. "becoming") far from my present house.
Agent: About how much space would you like?
Nakamura: If there's one room besides the living room, that'll be fine.
Agent: How about something like this? Besides the dining-room-kitchen there are two rooms and one is Japanese-style.
Nakamura: Is it all right to have a dog?
Agent: I'll call the landlord and ask if it's OK to keep a dog. If you have time now (Lit. "If it's OK with you"), wouldn't you like to go and look at it?
Nakamura: Well, what's the rent?
Agent: It's ¥110,000 a month. The first month, in addition to the rent, it's necessary (to pay) a deposit and "appreciation" money, four month's worth (altogether).
Nakamura: I see. I think I'll decide whether to rent it after looking at it.

❏ **Vocabulary**

移転する	move
移転	move, moving
～てしまう	(indicates completion, regret)

しまう	finish, put an end to
ふどうさん屋 <small>や</small>	realty dealer
広さ <small>ひろ</small>	space, (Lit.) "area"
～さ	(suffix to make a noun from an adj.)
くらい	= ぐらい
なんか	= など like, such as, and so on
ダイニングキッチン	combined dining room and kitchen
和室 <small>わ しつ</small>	Japanese-style room
かう	keep, raise (animals, not children)
大家さん <small>おおや</small>	landlord, owner
～てみる	do and see result
よかったら	if it's convenient for you
しき金 <small>きん</small>	deposit
礼金 <small>れいきん</small>	"appreciation" money, key money
げんかん	entrance hall
洗面所 <small>せんめんじょ</small>	washroom
よく室 <small>しつ</small>	bathroom
おしいれ	closet
6じょう	six-tatami mat (area)
～じょう	(counter for tatami)
洋室 <small>ようしつ</small>	Western-style room
バルコニー	balcony

GRAMMAR & LESSON OBJECTIVES

- てしまう

事務所が 移転して 今の うちから 遠く なってしまったんです。
<small>じ む しょ   い てん   いま   とお</small>

てしまう expresses regret or dissatisfaction with a result, sometimes reluctance or res-
ignation, and as indicated in the vocabulary list, this pattern signifies that something has
been completed or finished.

ex. 1. あい犬の ブラッキーが 死んでしまった。
<small>けん   し</small>

   "(To my regret) my dog Blacky died." (あい犬 pet dog)
<small>けん</small>

2. 時間が ありませんから、早く ご飯を 食べてしまいましょう。
<small>じ かん   はや   はん   た</small>

   "We have no time so let's finish our meal quickly."

Both て／でしまう and て／でしまった are often contracted to ちゃう／じゃう and ち
ゃった／じゃった respectively.

• てみる

犬を かっても いいか どうか 聞いてみましょう。

これから 行ってみませんか。

The meaning of this て form plus みる is to do something and see how it goes.

ex. 1. この ドレスを 着てみてください。 "Please try this dress on."

2. 食べてみます。 "I'll eat it (and see how it tastes)."

• たら and ば／れば used idiomatically

よかったら これから 行ってみましょう。

よかったら and よければ, "If it's OK/convenient..." may be used in making suggestions or requests.

居間の ほかに 部屋が 一つ あれば いいんです。

Similarly with the pattern verb たら／(れ)ば いい, which can be paraphrased as meaning "If you do it this way, the results should be satisfactory."

ex. どう 行けば／行ったら いいですか。 "What's the (best) way to go?"

この バスに のって しゅうてんで おりれば／おりたら いいです。 "If you

take this bus and get off at the last stop (you'll be there)."

These are applications of the conditional verb forms introduced in Book II, Lessons 15 and 16.

NOTES

1. 広さ

広さ is an example of an adjective being converted into a noun. This may be done with either type of adjective.

い adj.: 長さ, length; 重さ, weight; 大きさ, size

な adj.: 便利さ, convenience; 大切さ, importance

2. しき金, 礼金

In addition to a deposit, generally returnable, tenants are expected to give the landlord a certain amount of money, which varies from district to district, for the privilege of obtaining housing or office space. The 礼 of 礼金 means "thanks, gratitude."

PRACTICE

❑ KEY SENTENCES

1. 道が こんでいて、3時間も かかってしまいました。

2. この くつは いかがですか。はいてみてください。

1. The roads were crowded and (we) ended up taking three hours.
2. How do you like these shoes? Try them on, please.

EXERCISES

Make dialogues by changing the underlined parts as in the examples given.

A. *ex.* **Q:** どう　したんですか。

    A: <u>ナイフで　手を　切って</u>しまったんです。

      1. コップを　わる

      2. さいふを　おとす

      3. 資料が　なくなる

      4. かっていた　ねこが　死ぬ

      5. 車が　こしょうする

      6. かぜを　ひく

B. *ex.* **A:** あまり　時間が　ありません。

    B: そうですか、じゃ　早く　<u>かたづけて</u>しまいましょう。

      1. 決める

      2. 仕事を　する

      3. 直す

      4. 食べる

      5. 届ける

C. *ex.* **A:** <u>できるか　どうか</u>　<u>やって</u>みます。

    B: どうぞ、ぜひ　<u>やって</u>みてください。

      1. わかる、調べる

      2. にあう、着る

      3. おもしろい、読む

      4. いい　店、一度　行く

D. *ex.* **Q:** <u>おいしそうな</u>　<u>おかし</u>ですね。<u>食べて</u>みても　いいですか。

A: はい、どうぞ。

    1. はきやすい、くつ、はく

    2. おもしろい、本、読む

    3. かるい、コート、着る

    4. いい、ステレオ、聞く

E. *ex.* **Q:** <u>着て</u>みましたか。

    A: ええ、<u>着て</u>みましたが、<u>にあいません</u>でした。

    1. 調べる、わかりません

    2. 電話を かける、だれも いません

    3. こうしょうする、安く なりません

    4. さがす、どこにも ありません

F. *ex.* **Q:** <u>何時に 来たら</u> いいですか。

    A: <u>10時に 来れば</u> いいですよ。

    1. だれに 聞く、けいかんに

    2. どこで 会議を する、あの 部屋で

    3. 何で 行く、地下鉄で

    4. どこで のりかえる、東京で

G. *ex.* **Q:** <u>富士山の 高さ</u>は どのくらいですか。

    A: <u>3，800メートル</u>ぐらいです。

    1. にもつ、重い、15キログラム

    2. 新幹線、はやい、じそく 200キロ

    3. 部屋、広い、6じょう

    4. はし、長い、1キロ

❏ Vocabulary

ナイフ	knife
わる	break
なくなる	be lost, be gone
ねこ	cat
こしょうする	break down, be out of order
こしょう	breakdown, trouble
ステレオ	stereo
のりかえる	transfer
高さ <small>たか</small>	height, altitude
キログラム	kilogram
じそく	speed per hour
キロ（メートル）	kilo(meter)
はし	bridge

SHORT DIALOGUES

1. 中村：　　　あの　こと、もう　しゃべってしまったんですか。
   <small>なかむら</small>
   鈴木：　　　あ、いけなかったんですか。うっかり　しゃべっちゃいました。
   <small>すずき</small>

   Nakamura:　Did you (go) chattering about that matter already?
   Suzuki:　　Oh, shouldn't I have? I talked about it without thinking.

2. A:　　東京タワーへ　行きたいんですが、どの　バスに　のれば　いいですか。
   <small>とうきょう</small>　　　　　　<small>い</small>
   B:　　８８番の　バスに　のって、しゅうてんで　おりたら　いいですよ。
   <small>ばん</small>

   A:　　I'd like to go to Tokyo Tower. Which bus should I take?
   B:　　Take the No. 88 bus and get off at the terminus.

3. A:　　夏休みは　１か月ぐらい　とれるんですか。
   <small>なつやす</small>　　　　<small>げつ</small>
   B:　　そうだと　いいんですが。

   A:　　Will you be able to take a month off for summer vacation?
   B:　　(I) hope so. (Lit. "If so, that's [all to the] good.")

❏ Vocabulary

しゃべる	chatter, talk (colloquial)
いけない	no good, wrong
うっかり	without thinking, inadvertently, carelessly
しゃべっちゃいました	(colloquial for しゃべってしまいました)
しゅうてん	terminus, terminal, last stop

QUIZ

I Read this lesson's Opening Dialogue and answer the following questions.

1. 中村さんは なぜ うちを さがしているんですか。

2. 中村さんは 居間の ほかに 部屋が いくつ あれば いいと 言いましたか。

3. 中村さんは 新しい うちで、ねこを かいたがっていますか。

4. この うちを 借りる 人が 初めの 月に 払わなければ ならない お金は 全部で いくらに なりますか。

5. 中村さんは この うちを 借りるでしょうか。

II Put the appropriate words in the parentheses.

1. 居間の ほか（　　）部屋が 二つ あります。

2. 見て（　　）、借りる（　　）どう（　　）決めたいと 思います。

3. しき金、礼金（　　）して 4か月分の やちんを 払ってください。

4. この へん（　　）うち（　　）さがしています。

III Complete the questions so that they fit the answers.

1. にもつの 重さは（　　）くらいに なりますか。

   約 10キロです。

2. 初めに（　　）か月分 払わなければ なりませんか。

   全部で 5か月分に なります。

3. （　　）から　この　うちに　入れますか。
   _{はい}

   今　すぐ　入れます。
   _{いま}

4. アパートを　借りる　場合は（　　）までに　返事すれば　いいです
   _か　_{ば あい}　　　　　　　　　　　　　　_{へん じ}
   か。

   来週中に　お願いします。
   _{らいしゅう}　_{ねが}

IV Complete the sentences with the appropriate form of the verbs indicated.

1. じこで　電車が（　　）しまいました。（止まる）
   _{でんしゃ}　　　　　　　　　　　　_と

2. 電話を　かけるのを（　　）しまいました。（わすれる）
   _{でん わ}

3. きのう　買ったばかりの　皿を　うっかり（　　）しまいました。（わ
   _か　　　　　　_{さら}
   る）

4. 1時から　会議が　始まるので、その　前に　昼ご飯を（　　）しま
   _じ　　_{かい ぎ}　_{はじ}　　　　　　　_{まえ}　_{ひる}_{はん}
   いましょう。（食べる）
   _た

5. これで　ほんとうに　いいか　どうか　課長に（　　）みてください。
   　　　　　　　　　　　　　　　　　_{か ちょう}
   （聞く）
   _き

6. この　くつを（　　）みてください。（　　）たら、あげますよ。（は
   く、気に　入る）
   _き　_い

7. 銀座に　行きたいんですが、どこで（　　）たら　いいですか。（のり
   _{ぎん ざ}　_い
   かえる）

8. やちんは　いつまでに（　　）ば　いいですか。（払う）
   　　　　　　　　　　　　　　　　　　　　　　_{はら}

V Choose a sentence appropriate to the situation described.

A.　Ask for directions to Tokyo Hospital.

　　1. すみませんが、東京病院まで　行ってくださいませんか。
   　　　　　　　　　_{とうきょうびょういん}

　　2. こんにちは。東京病院に　行こうと　思います。
   　　　　　　　　　　　　　　　　_{おも}

　　3. すみませんが、東京病院は　どう　行ったら　いいですか。

B.　Ask a store clerk if it's all right to try on a suit.

　　1. この　せびろを　着てみても　いいですか。
   　　　　　　　_き

　　2. よかったら、この　せびろを　着てみませんか。

3. この　せびろを　ください。

NEW KANJI

1. 遠い
とお

エン (13)

2. 和室
ワ シツ

(8)

室 　'　'`　宀　宀　宅　宏　宏　室　室 (9)

3. 移転
イ テン

うつ(す)・うつ(る) (11)

4. 事務所
ジ ム ショ
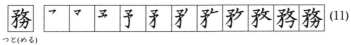
つと(める) (11)

5. 死ぬ
し
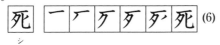
シ (6)

Kanji for recognition:　居間
い ま

MEETING PREPARATIONS
会議の準備
かい　ぎ　じゅんび

Ms. Nakamura and Mr. Suzuki get ready for a meeting.

中村：　会議は　３時からですから、そろそろ　つくえや　いす
なかむら　　かい ぎ　　じ

を　並べておいてください。
なら

鈴木：　どんな　形に　並べますか。
すず き　　　　　かたち

中村：　まず　スライドを　見てから、新しい　きかくの　説明
み　　　　あたら　　　　　　　　　せつめい

を　しますから、コの字がたに　並べてください。
じ

鈴木：　出席者は　１８人ですね。
しゅっせきしゃ　　にん

中村：　はい。いすが　たりない　ときは　となりの　部屋のを
へ や

使ったら　どうですか。書類は　人数分　コピーしてあ
つか　　　　　　　　　しょるい　　にんずうぶん

りますか。

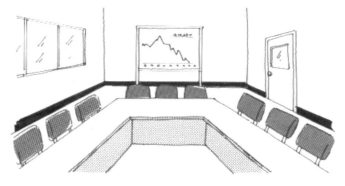

鈴木：　ええ、２０部　コピーしてあります。
　　（すずき）　　　　（ぶ）

中村：　ところで、スライドの　準備は　してありますか。
　　（なかむら）　　　　　　　　　（じゅんび）

鈴木：　はい、さっき　きかいを　試して、セットしておきまし
　　　　　　　　　　　　　　　（ため）
た。

中村：　スライドを　見終わったころ　コーヒーを　出しますか
　　　　　　　　　（みお）　　　　　　　　　（だ）
ら、下の　コーヒーショップに　注文しておいてくださ
　　（した）　　　　　　　　　　　（ちゅうもん）
い。

鈴木：　３時半ごろ　持ってくるように　言いましょうか。
　　　（じ はん）　（も）　　　　　　（い）

中村：　３時半は　早すぎます。４時ごろで　いいでしょう。
　　　　　　　（はや）

鈴木：　わかりました。

Nakamura:　The meeting is from three, so please arrange the tables and chairs now (Lit. "soon").
Suzuki:　What shape should I arrange them in?
Nakamura:　Since we'll look at slides first and explain the new plan, put them in the shape of [*katakana*] ko [コ].
Suzuki:　There'll be eighteen attendees, right?
Nakamura:　Right. If there aren't enough chairs, how about using (those) in the next room? Are there copies of the materials for the (right) number of people?
Suzuki:　Yes, twenty sets have been made up.
Nakamura:　Well, then, have preparations (for showing) the slides been made?
Suzuki:　Yes, I tested the equipment a little while ago, and I've already set it up.
Nakamura:　When (we) finish looking at the slides we'll serve coffee. Please order it from the coffee shop downstairs.
Suzuki:　Shall I tell them to bring (it) around 3:30?
Nakamura:　Three-thirty is too early. Around four o'clock should be OK.
Suzuki:　All right.

❏ Vocabulary

そろそろ	soon, it's time to...
並べる（なら）	arrange
〜ておく	(prepare in advance)
形（かたち）	shape

きかく	planning, plan
コの字がた	the shape of the character/letter コ
〜がた	-shaped
出席者 しゅっせきしゃ	attendee
人数分 にんずうぶん	(sets/portions) for a number of people
人数 　にんずう	a number of people
〜てある	- (See Grammar.)
〜部 ぶ	copy (counter)
試す ため	test, try out
セットする	set (up)
出す だ	serve
コーヒーショップ	coffee shop
注文する ちゅうもん	order
注文 　ちゅうもん	order
早すぎる はや	too early
〜すぎる	= too (Lit. "pass")

GRAMMAR & LESSON OBJECTIVES

• ておく

つくえや　いすを　並べておいてください。
　　　　　　　　なら

さっき　きかいを　試して、セットしておきました。
　　　　　　　ため

コーヒーを　出しますから、下の　コーヒーショップに　注文しておいてください。
　　　　　　だ　　　　　　した　　　　　　　　　　　　ちゅうもん

The idea conveyed by ておく is to do something so it will be ready for the future.

• てある

書類は　人数分　コピーしてありますか。
しょるい　にんずうぶん

The use of てある indicates that something, having been done or prepared, is in a particular state or condition.

私は　書類を　コピーしておきました。"I copied the documents (so they're ready)."
わたし　しょるい

書類は　コピーしてあります。"The documents have been copied."
しょるい

These two sentences refer to the same situation from different viewpoints. With ておく, the person who does the action, whether expressed or implied, is important. With てある, the focus is on the action and the result. It should be noted that in either case the action is intentional. Whether it is a natural occurrence or intention is irrelevant, as these patterns are never used with the verbs ふる, なる, and 死ぬ.
　　　　　　　　　　　　　　　　　　　　　　　　　　　　　　　　　　し

Since the てある pattern focuses on situation or status, the particle is が or は. When the てある pattern is used, the thing or situation is the subject, so the particle is normatively が, but since the subject may function as the topic, the topic marker は may also occur, as in スライドの　準備が／は　してあります. Cf. (鈴木さんが／は) スライドの　準備を　しました／しておきました。As in this sentence, the object marker を comes before する used independently or with ておく.

NOTES

1. そろそろ

   This word often comes into a conversation when one starts to do something. It can be thought of as meaning, "Now it's time to..."

   ex. そろそろ　出かけましょう。"We'd better start now."

2. いすが　たりない　ときは　となりの　部屋のを　使ったら　どうですか。

   The patterns with たら combined with いかがですか, どうですか, or いいですよ can be suggestions or warnings.

   ex. 1. こうばんで　聞いたら　どうですか。

      "Why don't you ask at the police box?"

   2. 部屋を　そうじしたら　どうですか。 "You'd better clean your room."

   3. 電話で　知らせたら　いいですよ。

      "If (you) let (him) know by phone, it'll be all right."

   Sometimes the last clause, どうですか or いいですよ, is omitted when one suggests an idea in an informal way. In this case たら is said with a rising tone, similar to the intonation for questions.

   ex.　にもつが　重いでしょう。ここに　おいたら。

      "Your luggage must be heavy. Why don't you put it here?"

3. 3時半は　早すぎます。

   すぎる, "exceed, pass, go too far," combines with the stems of adjectives and the ます stem of verbs to mean "too" or "too much."

   ex.　大きい→大きすぎる, "too big"; 高い→高すぎる, "too high/expensive"; 静かな→静かすぎる, "too quiet"; 食べます→食べすぎる, "eat too much."

PRACTICE

❏ KEY SENTENCES

1. 〔私は〕電話で　レストランの　席を　予約しておきました。

2. レストランの　席が　予約してあります。

1. I reserved restaurant seats by telephone.
2. Restaurant seats have been reserved (since I did it).

❏ **Vocabulary**

席
せき   seat

EXERCISES

Make dialogues by changing the underlined parts as in the examples given.

A. *ex.* **Q:** <u>会議の</u> 前に <u>いすと つくえを</u> <u>並べて</u>おきましょうか。

       A: ええ、<u>並べて</u>おいてください。

         1. 会議、書類を 作る

         2. パーティー、ビールを 買う

         3. 出かけます、地図で 調べる

         4. ぼうねん会の 日を 決めます、部長の 都合を 聞く

B. *ex.* **Q:** もう <u>切符を 買い</u>ましたか。

       A: はい、<u>買って</u>おきました。

         1. ヒーターを つける

         2. 部屋を かたづける

         3. 大切な 書類を 預ける

         4. 部長に 来られるか どうか 聞く

C. *ex.* **Q:** <u>あなたの 車</u>は どこですか。

       A: <u>この ビルの 前に 止めて</u>あります。

         1. ワープロ、となりの 部屋に おく

         2. 書類、つくえの 上に 出す

         3. にもつ、車の 後ろに つむ

         4. スミスさんの 手紙、引出しの 中に しまう

D. *ex.* **Q:** 書類は　もう　準備してありますか。
しょるい　　　　　　じゅんび

A: はい、準備しておきました。

Q: スライドは？

A: スライドも　準備してあります。

1. 飲み物、買う、くだもの
　の　もの　か
2. 入学金、払う、じゅぎょう料
　にゅうがくきん　はら　　　　　りょう
3. 契約書、作る、せいきゅう書
　けいやくしょ　つく　　　　　　しょ
4. パスポート、用意する、トラベラーズチェック
　　　　　　　よう　い

E. *ex.* **A:** 道が　わからない　ときは　どうしたら　いいでしょう。
みち

B: こうばんで　聞いたら　どうですか。
き

1. 電話番号を　知りたい、１０４に　電話する
　でん わ ばん ごう　し　　　　　　　　　　でん わ
2. 困った、じょうしに　そうだんする
　こま
3. さびしい、旅行に　出かける
　　　　　りょこう　で
4. （お）金が　たりない、親に　たのむ
　　　かね　　　　　　　　おや

F. *ex.* **Q:** 味は　どうですか。
あじ

A: ちょっと　からすぎますね。

1. 味、あまい
2. ねだん、高い
　　　　たか
3. この　部屋、せまい
　　　　へ や
4. この　町、にぎやか
　　　　まち

G. *ex.* **Q:** どう　しましたか。

A: 食べすぎて、おなかが　いたいんです。
た

1. 飲む、あたま
2. 歩く、足
　ある　あし
3. 働く、かたや　こし
　はたら
4. 本を　読む、目
　ほん　よ　　め

❏ Vocabulary

ぼうねん会	year-end party, (Lit.) "forget-the-year party"
大切（な）	important, valuable, serious
出す	put out
つむ	load, pile up
引出し	drawer
しまう	keep, put away, save
契約書	(written) contract
せいきゅう書	bill
用意する	prepare
用意	preparation
トラベラーズチェック	traveler's check
１０４	104 (the telephone number for directory inquiries)
さびしい	lonely
親	parent(s)
からい	salty, hot
あまい	sweet, indulgent
かた	shoulder
こし	lower back, waist, hips

SHORT DIALOGUES

1. 課長： ねんがはがきは　もう　買ってありますか。
   山田： はい。１，０００枚　買っておきましたが、たりますか。
   課長： あと　５００枚　買っておいてください。

   Section Chief: Did you buy New Year's cards already?
   Yamada: Yes, I bought one thousand. Is that enough?
   Section Chief: Please buy five hundred more.

2. リンダ： きのうの　新聞に　みそしるの　作り方が　書いてありました。
   けい子： へえ。一度　作ってみたら。

   Linda: I read how to make miso soup in yesterday's newspaper.
   Keiko: Really? Why don't you try making (it) once?

3. 渡辺：　　　コーヒーを　入れました。少し　休んだら　いかがですか。
　わたなべ　　　　　　　　　　　　　い　　　　　　　　すこ　　やす

　加藤：　　　ありがとう。じゃ　一休みしよう。ああ、つかれた。
　かとう　　　　　　　　　　　　　　ひとやす

Watanabe:　　(I) made coffee. How about resting awhile?
Katō:　　　　Thanks. I will take a short rest. Ah, am I tired!

4. 客：　　　　あ、もう　4時ですね。そろそろ　失礼します。
　きゃく　　　　　　　　　じ　　　　　　　　　　　　しつれい

　田中夫人：　もう　お帰りですか。
　たなか　ふじん　　　　　かえ

　　　　　　　じゃ、また　いらっしゃってください。

Visitor:　　　Oh, it's already 4 o'clock. I should be leaving now.
Mrs. Tanaka:　So soon? Please come again.

❏ **Vocabulary**

ねんがはがき	New Year's card
あと	more
入れる い	make (coffee, tea, etc.)
一休み ひとやす	(short) rest
失礼する しつれい	leave
いらっしゃってください	(polite for 来てください) き

QUIZ

I Read this lesson's Opening Dialogue and answer the following questions.

1. 中村さんは　鈴木さんに　会議が　始まる前に　つくえや　いすを
　なかむら　　すずき　　　かいぎ　　はじ　　まえ
　並べておくように　言いましたか。
　なら　　　　　　　い

2. 会議の　出席者は　何人ですか。
　かいぎ　しゅっせきしゃ　なんにん

3. 書類は　何部　コピーしてありますか。
　しょるい　なんぶ

4. 鈴木さんは　会議で　スライドを　使うことを　知っていましたか。
　すずき　　　かいぎ　　　　　　　　つか　　　　　し

5. 中村さんは　コーヒーを　何時ごろ　持ってくるように　言いました
　なかむら　　　　　　　　なんじ　　も
　か。

II Put the appropriate particles in the parentheses.

1. コの字がた　（　　　）つくえ　（　　　）並べてください。
　　　じ

2. コーヒーが　ないんですが。

じゃ、水（　　）けっこうです。

3. とだな（　　）中に　コップ（　　）しまいました。

4. コップ（　　）たりない　ときは、新しい（　　）を　使ってください。

5. 電話を　して、さか屋（　　）ビール（　　）注文しておいてください。

III Complete the questions so that they fit the answers.

1. つくえは（　　）形に　並べましょうか。

コの字がたに　並べておいてください。

2. スライドの　きかいは（　　）ですか。

もう　会議室に　運んであります。

3. この　部屋は（　　）ですか。

せますぎて、ちょっと　むりです。

4. コーヒーは（　　）分　注文しましょうか。

6人分　お願いします。

IV Complete the sentences with the appropriate form of the words indicated.

1. （　　）すぎて（　　）ません。（あまい、食べられる）

2. （　　）すぎて、病気に（　　）しまいました。（働く、なる）

3. 電気を（　　）わすれて、（　　）しまったんです。（けす、出かける）

4. 電話番号が（　　）たら、（　　）おいてください。（わからない、調べる）

5. 田中さんから　電話が（　　）たら、用事を（　　）おいてください。
（ある、聞く）

6. （　　）書類は　きんこに（　　）あります。（大切、しまう）

7. その　きかくは　部長に　話しましたか。

ええ、もう（　　）あります。（話す）

8. りょうしゅう書は　どこに　ありますか。

鈴木さんの　つくえの　上に（　　）おきました。（おく）

V Answer the following questions.

1. あなたの　日本語の　本に　名前が　書いてありますか。

2. うちや　部屋を　借りたい　とき、どこに　行って、そうだんしたら
   いいですか。

3. あなたの　せの　高さは　どのくらいですか。

4. あなたは　日本語の　じゅぎょうの　前に、つぎに　習う　課を　自分
   で　勉強しておきますか。

NEW KANJI

1. 会議
   カイギ

2. 出席者
   シュッセキシャ

3. 人数分
   ニンズウブン

4. 並べる
   なら
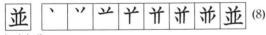

5. 親
   おや
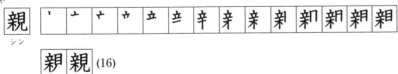

6. 形
   かたち
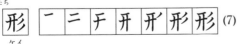

Kanji for recognition:　準備
　　　　　　　　　　　ジュンビ

A SAVE-THE-TREES CAMPAIGN
緑の署名運動
みどり　　しょめい　うんどう

Mrs. Hayashi asks Linda to sign a petition.

林夫人：　あのう、お願いが　あるんですが。
はやしふじん　　　　　　　ねが

リンダ：　何でしょう。あ、しょめい運動ですか。
　　　　　なん　　　　　　　　　　うんどう

林夫人：　ええ、北海道の　山に　かんこうどうろを　作るので、
　　　　　　　ほっかいどう　やま　　　　　　　　　つく
　　　　　げんせいりんの　木を　たくさん　切るそうです。何
　　　　　　　　　　　き　　　　　き　　　　なん
　　　　　千本も　切るらしいですよ。
　　　　　ぜんぼん

リンダ：　それは　もったいないですねえ。

林夫人：　ええ、それで　その　計画を　やめてほしいと　思っ
　　　　　　　　　　　けいかく　　　　　　　　おも
　　　　　て、しょめい運動を　始めたんです。
　　　　　　　　　　　　　はじ

リンダ：　そうですか。地球上から　みどりが　へっていくのは
　　　　　　　　　ちきゅうじょう
　　　　　困りますね。しぜんほごと　開発の　バランスは　む
　　　　　こま　　　　　　　　　かいはつ
　　　　　ずかしいですねえ。

林夫人：　ええ、でも　ルートを　かえれば、たくさん　木を
　　　　　切らなくても　どうろは　作れるそうです。木を　切

ってしまったら、後で　こうかいしても　遅すぎます。

リンダ：　私も　そう　思います。

林夫人：　来週　グループの　人たちと　地元へ　行って、関係

　　　　　者に　うったえてくる　つもりです。

リンダ：　そうですか。私も　木を　切らないでほしいと　思い

　　　　　ます。あした　うちで　パーティーを　しますから、

　　　　　友だちに　話して、しょめいしてもらいましょう。

林夫人：　ええ、ぜひ　お願いします。

Hayashi: Um, I'd like to ask you a favor.
Linda: What might it be? Ah, a signature campaign?
Hayashi: Yes. It seems that to build a sightseeing route in the Hokkaido mountains, they'll cut down a great many trees in a virgin forest. They'll cut thousands of trees, I hear.
Linda: That's a real waste.
Hayashi: Yes, that's why I started this signature campaign—to stop the project.
Linda: I see. It's distressing, isn't it, the (way) greenery is diminishing from the surface of the earth. Balancing preservation of nature and development is difficult, isn't it?
Hayashi: Yes, but it's said that if they change the route, the road can be built without cutting a lot of trees. Once they've cut the trees, it'll be too late to be sorry about it.
Linda: I agree.
Hayashi: Next week, I'm planning to go with our group to (that) locality and make an appeal to the people concerned.
Linda: Oh, are you? I wish (they) wouldn't cut the trees. I'm having a party at my house tomorrow, and I'll tell (my) friends and have them sign (the petition).
Hayashi: Please do, by all means.

❏ **Vocabulary**

（お）願い	request, hope
しょめい	signature
運動	campaign
かんこう	sightseeing
どうろ	route, road, street, highway
げんせいりん	virgin forest
もったいない	waste(ful)

それで	that's why, for that reason
計画 けいかく	plan
〜てほしい	want to have done, want someone to do
地球上 ちきゅうじょう	earth's surface (Lit. "upper part")
〜上 じょう	upper (part)
みどり	green (i.e., trees, forest)
へる	diminish, decrease
〜ていく	(See Grammar.)
ほご	preservation, protection
開発 かいはつ	development
バランス	balancing, balance
ルート	route
こうかいする	be sorry, regret
こうかい	regret, repentance
〜ても	even if
私 わたくし	I (polite, formal)
人たち ひと	people
地元 じもと	locality
関係者 かんけいしゃ	people concerned
関係 かんけい	relationship, concern
うったえる	make an appeal, complain
しょめいする	sign
〜てもらう	(See Grammar.)

GRAMMAR & LESSON OBJECTIVES

• ていく and てくる

来週　地元へ　行って、関係者に　うったえてくる　つもりです。
らいしゅう　じもと　い　　かんけいしゃ

Let's take a look at the literal and figurative senses of ていく and てくる patterns, some of which were introduced in Book II, Lesson 6. Basically ていく means to do something and then go, and てくる means to do something and then come (back). The above example uses the pattern in the literal sense.

The figurative use generally suggests changes over time, analogous to 春が　来ます,
はる　　き
"Spring is coming."

The following are further examples of literal usage, where three actions are actually implied: going, doing, and coming (back).

ex. Bさん、おべんとうを 買ってきてください。

    "Miss B, please go buy (me) a box lunch."

    はい、買ってきます。"Sure. (I'll) buy (it) and come (right) back."

The usage here is figurative, as is the following.

ex. 1. 地球上から みどりが へっていくのは 困りますね。

    2. かぜを ひきましたが、よく なってきました。

    "(I) caught cold but (I've) gotten better."

● てもらう、てあげる、てくれる

友だちに 話して、しょめいしてもらいましょう。

These three verbs of giving and receiving have all appeared before. (See Book I, Lesson 15, and Book II, Lesson 5.) The point to note now is that their employment in these patterns parallels their usage as main verbs.

ex. 1. (私は) 山田さんに 手伝ってもらいました。

    "Ms. Yamada kindly helped me." (Lit. "I received help(ing) from Ms. Yamada.")

    2. 山田さんが 手伝ってくれました。

    "Ms. Yamada helped me." (Lit. "Ms. Yamada gave [me a] helping [hand].")

The choice of the verb depends on who is giving and who is receiving, who is acting and who is receiving the action from the viewpoint of the speaker. However, it is better not to be too free with てあげる, because it may sound as if "I am doing you a favor." It is appropriate when the milieu is family or close friends, but, for example, to a person with heavy baggage, it is preferable to say simply, にもつを 持ちましょう。"I'll carry (your) baggage." Or, even politer, おにもつを お持ちしましょう。These three verbs are discussed in further detail in Lesson 11.

● てほしい

その 計画を やめてほしい。

Here ほしい comes after the て form of verbs. (See Book II, Lesson 5 for nouns.) The complete pattern is formed with person に plus て form followed by ほしい。

ex. 鈴木さんに 空港へ 行ってほしい。"(I) want Suzuki to go to the airport."

The dialogue sentence 私も 木を 切らないでほしいと 思います shows one way a negative can be expressed by this pattern. This pattern is used when one demands that someone do something. When you make a request of a person, you can say, てほしいんですが, or てもらいたいんですが, instead of てください。

ex. ビールを 10本 届けてほしいんですが／届けてもらいたいんですが。

    "Please deliver 10 bottles of beer." (Lit. "I want you to deliver...")

● ても

後で こうかいしても 遅すぎます。

"Even if they regret (it) later, it'll be too late" is a good way to think of the meaning of this sentence.

This pattern is made with the て form (verb or い adjective) and も, or a noun or な adjective stem and でも.

ex. 1. あした 雨が ふっても ゴルフに 行きます。

"If it rains tomorrow (I'm) going golfing anyway."

2. 安くても 買いません。 "Even if it's cheap (I won't buy (it)."

3. あした 雨でも ゴルフに 行きます。

"Even if it rains tomorrow, (I'll) go golfing anyway."

4. 便利でも うるさいから、地下鉄は きらいです。

"Although convenient, (I) dislike subways because they're noisy."

After negative forms:

木を 切らなくても どうろは 作れるそうです。

ex. おもしろくなくても 全部 読んでください。

"Please read all (of it) even if it's not interesting."

NOTES

1. 何千本も
なんぜんぼん

This pattern, 何 with a counter and も, conveys the feeling that a number, while not specific, is significant. The も adds emphasis.

ex. あの ひこうきじこで 何百人も 死にました。
なんびゃくにん

"Hundreds of people died in that plane accident."

2. それで その 計画を やめてほしいと 思って、しょめい運動を 始めたんです。
けいかく　　　　　　　　　　　　　　おも　　　　　　うんどう　　　　はじ

The role of それで is to introduce a conclusion after mentioning background, process, reason and so on.

3. 地球上
ちきゅうじょう

上 is added as a suffix with the meaning "on the surface of" to words like this one.
じょう

Other examples are 海上 "on the surface of the sea," and りく上 "on the surface of the
かいじょう　　　　　　　　　　　　　　　　　　　　　　　　　　　じょう
land."

PRACTICE

❏ KEY SENTENCES

1. 世界の 人口は これからも ふえていくでしょう。
せかい　じんこう

2. (私は) 友だちに 安くて きれいな ホテルを 予約してもらいました。
わたし　　とも　　　やす　　　　　　　　　　　　　　　　　よやく

3. 子どもたちは　お父さんに　もっと　いっしょに　あそんでほしいと　思
　　　こ　　　　とう

っています。

4. あした　雪が　ふっても、ゴルフに　行きます。
　　　　　ゆき　　　　　　　　　　　い

1. The world population will increase from now on, too.
2. I had my friend make a reservation for me at a clean, inexpensive hotel.
3. The children want their father to play more with them.
4. Even if it snows tomorrow, I'll go golfing.

❏ **Vocabulary**

人口　　　　　　　　　　　　population
じんこう

EXERCISES

I　Make dialogues by changing the underlined parts as in the example given.

ex. **Q:** 地球の　みどりは　しょうらい　どう　なりますか。
　　　　　ちきゅう

　　A: もっと　へっていくでしょう。

　　　1. 都会の　人口、ふえる
　　　　　とかい　じんこう

　　　2. この　町の　ようす、かわる
　　　　　　　　まち

　　　3. ぶっか、上がる
　　　　　　　　　あ

　　　4. 子ども　数、へる
　　　　　こ　　　かず

II　Practice the following pattern by changing the underlined part as in the example given.

ex. 道が　こんできました。
　　　みち

　　　1. だんだん　つかれる

　　　2. （お）金が　なくなる
　　　　　　　かね

　　　3. 雨が　ふる
　　　　　あめ

　　　4. 空が　くらく　なる
　　　　　そら

　　　5. おなかが　すく

III Make dialogues by changing the underlined parts as in the examples given.

A. *ex.* **Q:** 関係者に　たのみますか。
かんけいしゃ

A: ええ、たのんでくる　つもりです。

1. 札幌で　一泊する
さっぽろ　　　いっぱく

2. 図書館で　調べる
としょかん　しら

3. ワシントンにも　行く
い

4. ホンコンに　行って　せんでんする

B. *ex.* **Q:** だれに　(お)金を　貸してもらいましたか。
かね　　か

A: 友だちに　貸してもらいました。
とも

1. 手伝う、子ども
てつだ　こ

2. 道を　教える、おまわりさん
みち　おし

3. うちを　さがす、ひしょの　渡辺さん
わたなべ

4. 説明する、中村さん
せつめい　　　なかむら

C. *ex.* **Q:** 東京の　町を　あんないしてほしいんですが。
とうきょう　まち

A: はい、いいですよ。

1. 試験の　ことを　説明する
しけん

2. 新聞を　買ってくる
しんぶん　か

3. けい子さんを　しょうかいする
こ

4. いすを　2れつに　並べる
なら

D. *ex.* **Q:** すみませんが、ここで　たばこを　すわないでほしいんです

が。

A: はい、わかりました。

1. 大きい　声で　話す
おお　　　こえ　はな

2. ここに　車を　止める
くるま　と

3. この　ことを　会社の　人に　言う
かいしゃ　ひと　い

4. 犬を　つれて　店に　入る
いぬ　　　　みせ　はい

E. *ex.* **Q:** こうばんで　聞いたら　わかるでしょうか。

A: さあ、こうばんで　聞いても　わからないでしょう。

1. スポーツを　したら　やせる

2. 走ったら　間に合う

3. ビタミンを　飲んだら　よく　なる

4. 朝　早く　行ったら　すいている

F. *ex.* **Q:** 雨が　ふっても　ゴルフに　行きますか。

A: 雨が　ふったら　行きません。

1. 電車が　こんでいる、のる

2. ねぼうする、朝ご飯を　食べる

3. 入会金が　高い、スポーツクラブに　入る

4. 不便、広い　うちを　買う

5. けいけんの　ない　人、やとう

G. *ex.* **Q:** 薬を　飲まなくても　なおりますか。

A: たぶん　むりでしょう。

1. じしょを　見ない、本が　読めます

2. 医者に　みてもらわない、よく　なります

3. 急がない、間に合うでしょう

4. お金を　払わない、入れます

H. *ex.* **A:** 木を　何本も　切るらしいですよ。

B: そんなに　切るんですか。

1. 子どもが　１０人、いる

2. 本を　一日　三さつ、読む

3. １枚　何万円、する

4. お客さんが　何百人、来た

❏ Vocabulary

ぶっか	(commodity) prices
上がる <small>あ</small>	be raised
数 <small>かず</small>	number
へる	decrease
だんだん	gradually, step by step
おなかが　すく	be/become hungry
ワシントン	Washington
せんでんする	advertise
せんでん	publicity
２れつ	2 rows
〜れつ	row, line
この　こと	this matter
ビタミン	vitamin
ねぼうする	oversleep, sleep late
ねぼう	oversleeping, late riser
入会金 <small>にゅうかいきん</small>	entrance fee
やとう	hire
医者に　みてもらう <small>いしゃ</small>	see a doctor
する	cost, be worth

SHORT DIALOGUES

1. スミス：　　　もしもし、きのうから　歯が　いたいので　みてもらいたいんですが、

<small>は</small>
　　　　　　　予約が　できますか。

<small>よやく</small>

歯医者受付：　はい。午後　２時は　いかがですか。

<small>はいしゃうけつけ</small>　　　<small>ごご</small>　<small>じ</small>

スミス：　　　はい、お願いします。

<small>ねが</small>

受付：　　　　では、お名前を　どうぞ。

<small>なまえ</small>

Smith:	Hello. I've had toothache since yesterday, so could I make an appointment?
Dentist's Receptionist:	Certainly. How about 2 o'clock this afternoon?
Smith:	Fine. Please make the appointment.
Receptionist:	Please give me your name.

2. チャン： 来週の スキー旅行に 鈴木さんも 行きますか。
   らいしゅう りょこう すずき い

   鈴木： まよっているんですよ。

   チャン： あした 切符を 買いに 行きますから、今日中に うちの ほうに
   きっぷ か きょうじゅう

   電話を ください。遅くても かまいませんから。
   でんわ おそ

Chang: Are you going to join us on our ski trip next week, Mr. Suzuki?
Suzuki: I can't make up my mind.
Chang: I'm going to buy tickets tomorrow, so please call me at home before the end of
          the day. I don't mind if you call me late.

❏ **Vocabulary**

歯医者 は い しゃ	dentist
まよう	not be able to decide
かまいません	I don't mind, it's all right

QUIZ

I Read this lesson's Opening Dialogue and answer the following questions.

1. 木を たくさん 切って かんこうどうろを 作る 計画は どこの
   き き つく けいかく
   計画ですか。

2. 林さんは その 計画を やめてほしいと 思って、何を 始めまし
   はやし おも なに はじ
   たか。

3. 木を たくさん 切らなければ、どうろは 作れませんか。

4. 林さんは だれに 木を 切らないでほしいと うったえてくる つ
   はやし
   もりですか。

5. リンダさんは 友だちにも しょめいを してもらう つもりですか。
   とも

II Put the appropriate words in the parentheses.

1. 地震で 何百人 （　　） 死んだそうです。
   じ しん なんびゃくにん し
   ずいぶん おおぜい 死んだんですね。

2. 後 （　　） こうかいして （　　） 遅すぎます。
   あと

3. 地球上 （　　） だんだん みどり （　　） へっていきます。
   ちきゅうじょう

4. あした 雨（　　）ドライブに 行きますか。

いいえ、雨だったら うちに いたいです。

III Complete the questions so that they fit the answers.

1. （　　）で この かさを 貸してもらったんですか。

スポーツクラブで 貸してもらったんです。

2. （　　）に 英語の 手紙を 書き直してもらったんですか。

ジョンソンさんに 書き直してもらいました。

3. ホワイトさんは このごろ（　　）ですか。

きのう 会いましたが、たいへん お元気そうでした。

4. 鈴木さんと 木村さんと（　　）が まじめですか。

木村さんの ほうが まじめなようです。

IV Complete the sentences with the appropriate form of the verbs indicated.

1. さむく（　　）きましたから、部屋に（　　）ましょう。（なる、入る）

2. リンダさんに 旅行の 写真を（　　）もらいました。（見せる）

3. ヒーターの こしょうを（　　）ほしいんですが。（直す）

4. にもつを ここに（　　）ほしいんですが。（おかない）

5. ルートを（　　）ば、たくさん 木を（　　）ても、どうろは 作れます。（かえる、切らない）

6. 薬を 飲みましたか。

ええ。でも 薬を（　　）でも、なかなか 病気が（　　）ません。

（飲む、なおる）

V Answer the following questions.

1. 子どもの ころ、お父さんや お母さんに どこに つれていってもらいましたか。

2. やちんが 高くても 便利な 所に 住みたいですか。

3. あなたの 住んでいる 町の 人口は ふえていくでしょうか、へっ
ていくでしょうか。

4. あなたの 住んでいる 町には 高い ビルが ふえてきましたか。

NEW KANJI

1. 運動
ウンドウ
運  (12)
はこ(ぶ)

2. 計画
ケイカク
計  (9)
はか(る)

3. 関係
カンケイ
関  (14)

4. 道
みち
道  (12)
ドウ

5. 地球
チキュウ
球 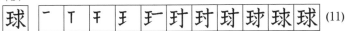 (11)

6. 走る
はし
走  (7)
ソウ

Kanji for recognition: 歯
は

LESSON

8

SIGHTSEEING AT EDO VILLAGE
江戸村見物
えど むら けんぶつ

Mr. Smith is shown around Edo Village by a guide.

ガイド： ここには　江戸時代の　建物が　集められています。
えど じ だい　　　たてもの　　あつ

スミス： 江戸時代と　いうのは　何世紀ごろですか。
なん せい き

ガイド： １７世紀の　初めから　１９世紀の　中ごろまでで
はじ　　　　　　　　　なか
　　　　す。

スミス： この　家は　ずいぶん　古そうですが、いつごろ　建
いえ　　　　　　　　　ふる　　　　　　　　　た
　　　　てられたんですか。

ガイド： ２００年ぐらい　前に　作られました。

スミス： 中に　入ってみても　いいですか。

ガイド： どうぞ。ここは　さむらいが　住んでいた　家です。

スミス： 広くて　りっぱですね。

ガイド： あちらは　のうみんの　家です。

スミス： さむらいの　家より　ずっと　小さいですね。

ガイド： ええ、大部分の　のうみんは　びんぼうでした。作った　米を　ほとんど　大名に　とりあげられて、のうみんは　めったに　米の　ご飯が　食べられなかったと　言われています。

In the farmer's house.

スミス： この　部屋は　何に　使われていたんですか。

ガイド： ここは　居間です。いろりの　まわりで、ご飯を　食べたり　話を　したり　仕事を　したり　していた部屋です。

スミス： 冬は　さむかったでしょうね。

ガイド： ええ、冬　雪に　ふられると、ほんとうに　たいへんだっただろうと　思います。

スミス： 今のような　便利な　時代に　生まれて　よかったですね。

Guide: Edo-period houses have been brought together here.
Smith: Edo period? About what century would that be?
Guide: From the beginning of the seventeenth century to the middle of the nineteenth century.

Smith:	This house looks pretty old. About when was it built?
Guide:	It was built about two hundred years ago.
Smith:	Is it all right to go in and look around?
Guide:	Please go ahead. This is a house samurai lived in.
Smith:	It's large and imposing, isn't it?
Guide:	The one over there is a farmer's house.
Smith:	It's much smaller than the samurai's.
Guide:	Yes, most farmers were poor. Almost all the rice they produced was appropriated by the daimyō, and it's said that farmers were almost never able to eat rice with their meals.
Smith:	What was this room used for?
Guide:	This is a living room. (Sitting) around the hearth, they had meals, talked, worked, and so on.
Smith:	Winters must have been cold.
Guide:	Yes, when it snowed in winter, it was really hard, I suppose.
Smith:	Being born in an age of convenience like the present is (a) good (thing), wouldn't you say?

❏ Vocabulary

ガイド	guide
集められる	be brought together/collected/assembled
れる／られる	be done (passive)
世紀	century
建てられる	be built
建てる	build
作られる	be built/made
りっぱ(な)	imposing, magnificent
のうみん	farmer
大部分	most, greater part, majority
米	(uncooked) rice
大名	daimyō (feudal lord)
とりあげられる	be appropriated/confiscated/taken away
めったに～ない	almost never, rarely
食べられる	can eat
言われる	be said
使われる	be used
いろり	hearth
雪に ふられる	(Lit.) "be snowed on"

• れる／られる passive forms

Verb forms like these are identified with the passive of English verbs, but it is well to remember from the beginning that れる—added to the ない stem of Regular I verbs—and られる—added to the ない stem of Regular II verbs—have other uses as well.

Reg. I	作る→作られる, 使う→使われる, ふる→ふられる
Reg. II	集める→集められる, 建てる→建てられる, とりあげる→とりあげられる

The Irregular verbs are: 来る→来られる and する→される.

Two points to be noted are that these conjugations are like Regular II conjugations, and for Regular II verbs this form is the same as the potential form. (See Book II, Lesson 19.)

The occurrence of active-passive verb pairs parallels English usage. In Japanese, however, passive forms are often used in conversation to express how the speaker or one that he/she empathizes with is affected by others or occurrences, and the focus is on the recipient rather than the performer.

When the object of the active verb is animate, it can become the subject or topic in the passive-verb sentence. A person who performs an action is identified by に or, less frequently, によって or から.

ex. 先生は　私を　しかった。 "The teacher scolded me."

私は　先生に　しかられた。 "I was scolded by the teacher."

Active-verb sentences with inanimate objects can be thought of as falling into two categories: objective description and subjective description. There are examples of both in the dialogue.

Objective description
ここには　江戸時代の　建物が　集められています。
この　家は　いつごろ　建てられたんですか。
この　部屋は　何に　使われていたんですか。

In explanations of historical events, social systems, world affairs, and similar topics the subject of a passive sentence can be a thing or a concept. The agent, if specified, is normally identified by によって.

ex. ハムレットは　シェークスピアによって　書かれました。

"Hamlet was written by Shakespeare."

Subjective description from an individual's viewpoint
（のうみんは）作った　米を　ほとんど　大名に　とりあげられて...

Active: 大名は　のうみんから　米を　とりあげて…
　　　　　"Daimyō took the rice away from the farmers."

The recipient of the action in this type of sentence may be the speaker or a person or animal with whom he empathizes. The object of the passive verb is the same as the object of the active verb and is followed by the particle を, which contrasts with the other type of passive sentence and serves as a means of differentiating between the two.

ex.　1.　弟が／は　私の　にっきを　読んだ。"My brother read my diary."

　　As passive: （私は）弟に　にっきを　読まれた。(The sentence 私の　にっき が／は　弟に　読まれた is awkwardly constructed.)

　　2.　みんなが／は　かのじょの　えを　ほめました。

　　"Everybody praised her drawing."

　　As passive: （かのじょは）みんなに　えを　ほめられました。(Awkwardly stated, かのじょの　えが／は　みんなに　ほめられました.)

冬　雪に　ふられると、ほんとうに　たいへんだっただろうと　思います。

A unique usage of the passive is seen with such verbs as にげる, "run away," ふる, 死ぬ,

and so on. Literal renderings are often impossible, but the sense of such sentences is translatable.

ex.　1.　妻に　にげられた。"My wife ran off (and abandoned me)."

　　2.　その　子どもは　親に　死なれて　一人に　なった。
　　"That child's parents died, leaving him (all) alone."

In situations where a person is the recipient of another person's action, から as well as に may be used. Typical verbs of this sort are しかる, ほめる, 預ける, and たのむ.

ex.　1.　私は　先生に／から…
　　"I was (scolded/praised/asked [to do something]) by the teacher."

　　2.　けい子さんは　ジョンソンさんから　花を　送られました。
　　(Lit.) "Keiko was sent flowers by Johnson."

A recent usage, seen among the younger generation, has impersonal objects for the subject of so-called passive verbs.

ex.　ぼくの　ラジオが　こわされてしまった。

　　"My radio ended up being broken."

In the following sentences the difference in construction reflects a difference in the speaker's attitude.

ex.　1.　１９７０年ごろ、東京に　高い　ビルが　たくさん　建てられた。
　　"Around 1970, many tall buildings were built in Tokyo."

　　2.　うちの　前に　ビルを　建てられた。
　　"A tall building was built in front of my house (cutting off the sunlight)."

1. 江戸時代と　いうのは

   The function of と　いうのは is to define, so this clause means "The time known as the Edo period."

2. この　部屋は　何に　使われていたんですか。

   The particle に shows the purpose of use or a requirement.

   ex. 1. 日本語の　勉強に　テープレコーダーが　要ります。

   "(We) need a tape recorder for Japanese lessons."

   2. 申し込むのに　あなたの　サインが　必要です。

   "Your signature is necessary (when you) apply."

3. のうみんは　めったに　米の　ご飯が　食べられなかった。

   As noted previously, られる may be the potential form. Context will tell whether it is this, the passive or the honorific usage which is explained in Lesson 17 of this book.

PRACTICE

❏ KEY SENTENCES

1. けい子さんは　先生に　ほめられました。
2. この　家は　２００年前に　建てられました。
3. （私は）弟に　新しい　カメラを　こわされました。
4. かれは　お父さんに　死なれて　困っています。

1. Keiko was praised by the teacher.
2. This house was built 200 years ago.
3. My new camera was broken by my younger brother.
4. His father died and he's at a loss (since then).

❏ Vocabulary

ほめる	praise
こわす	break

I Verbs: Study the examples, convert into the れる or られる form, and memorize.

ex. 作る→作られる   ほめる→ほめられる   来る→来られる
　　　つく   く   こ

　　たのむ→たのまれる   借りる→借りられる   する→される
　　　　　　　　　　　か

　　　　1. 書く   5. 死ぬ   9. いる
　　　　　か   し

　　　　2. よぶ   6. 使う   10. 持ってくる
　　　　　　　　　　 つか   も

　　　　3. 待つ   7. 建てる   11. ゆにゅうする
　　　　　ま   た

　　　　4. おす   8. 見る   12. うったえる
　　　　　　　　　　 み

II Make dialogues by changing the underlined parts as in the examples given.

A. *ex.* **Q:** だれが　おしたんですか。

　　　　A: (私は)　　後ろの　人に　おされたんです。
　　　　　　　わたし   うし   ひと

　　　　1. よぶ、友だち
　　　　　　　　　とも

　　　　2. しかる、先生
　　　　　　　　　　せんせい

　　　　3. たのむ、となりの　うちの　人

　　　　4. けっこんを　申し込む、ジョンソンさん
　　　　　　　　　　　もう こ

B. *ex.* **Q:** どろぼうに　何を　とられたんですか。
　　　　　　　　　　　 なに

　　　　A: しんじゅの　ゆびわを　とられました。

　　　　1. お母さん、見る、手紙
　　　　　　かあ   てがみ

　　　　2. 子ども、こわす、時計
　　　　　　こ   とけい

　　　　3. けいかん、調べる、かばんの　中
　　　　　　　　　　　しら   なか

　　　　4. 友だち、飲む、ワイン
　　　　　　　　　　の

III Read the sentence and answer the questions.

　　A. 田中さんは　朝　電車の　中で　すりに　さいふを　すられました。
　　　　たなか   あさ でんしゃ

ex. だれが　すられましたか。→　　田中さんが　すられました。
たなか

1. 何を　すられましたか。
なに

2. どこで　すられましたか。

3. だれに　すられましたか。

4. いつ　すられましたか。

5. だれが　すりましたか。

B. 木村さんは　夕べ　道で　よっぱらいに　あたまを　なぐられた。
きむら　　　ゆう　みち

ex. だれが　なぐられたんですか。→　　　木村さんが　なぐられた

んです。

1. どこで　なぐられたんですか。

2. いつ　なぐられたんですか。

3. どこを　なぐられたんですか。

4. だれに　なぐられたんですか。

5. だれが　なぐったんですか。

IV Practice the following pattern by changing the underlined parts as in the example given.

ex. <u>2週間も　雨に　ふられて</u>、困っています。
しゅうかん　あめ　　　　　　こま

1. ひしょが　やめる

2. 加藤さんが　休む
かとう　　　やす

3. 夫が　死ぬ
おっと　し

4. 毎晩　となりの　人が　来る
まいばん　　　　　ひと　く

V Transform the following sentences as in the example given.

ex. 毎週　火曜日に　会議を　開きます。
まいしゅう　かようび　かいぎ　ひら

→会議は　毎週　火曜日に　開かれます。

1. 米から　(お)さけを　作ります。
こめ　　　　　　　　つく

2. ブラジルから　コーヒーを　ゆにゅうします。

3. この　てらを　２００年前に　建てました。
　　　　　　　　　　ねん まえ　　た

4. その　にもつを　中国に　送ります。
　　　　　　　　ちゅうごく　おく

VI Answer the questions as in the example given.

ex. **Q:** せきゆは　どこから　ゆにゅうされますか。

　　　A: イランから　ゆにゅうされます。

1. この　自動車は　どこへ　ゆしゅつされますか、アメリカ
　　　　じ どうしゃ

2. この　やさいは　どこで　作られますか、北海道
　　　　　　　　　　　つく　　　ほっかい どう

3. 漢字は　どこから　日本に　伝えられましたか、中国
　　かん じ　　　　　に ほん　つた

4. こくさい会議は　どこで　行われましたか、京都
　　　　　かい ぎ　　　　おこな　　　　　きょう と

VII Practice the following patterns by changing the underlined parts as in the examples given.

A. *ex.* この　てらは　日本で　一番　古いと　言われています。
　　　　　　　　　　いちばん　ふる　　　い

1. この　町は　世界で　一番　きれいです
　　　まち　せ かい

2. れきしは　くりかえします

3. この　まつりは　３００年前から　続いています
　　　　　　　　　　　　　　つづ

4. 地球は　４６おく年前に　できました
　　ち きゅう

B. *ex.* 江戸時代と　いうのは　何世紀ごろですか。
　　　え ど じ だい　　　　なんせい き

1. 長崎、どんな　所
　　なが さき　　　ところ

2. 金沢、どこに　ある　町
　　か な ざわ

3. コピーライター、どんな　しょくぎょう

❏ **Vocabulary**

ゆにゅうする	import
ゆにゅう	importation
しかる	scold

（けっこんを）申し込む	propose (marriage)
どろぼう	thief
とる	rob, steal
しんじゅ	pearl
ゆびわ	ring
すり	pickpocket
する	pick a pocket
よっぱらい	drunk
なぐる	punch
開く	hold, open
ブラジル	Brazil
せきゆ	oil, petroleum, kerosene
イラン	Iran
自動車	automobile
ゆしゅつする	export
ゆしゅつ	exportation
伝える	introduce
行う	hold, carry out
くりかえす	repeat
おく	hundred million
コピーライター	copywriter
しょくぎょう	occupation

SHORT DIALOGUES

1. 客： 写真を　お願いします。

   写真屋： サイズは　どうしますか。

   客： りれき書に　使うので　たて　５センチ　よこ　３センチのを　お願い
   します。

   Customer:　　　I'd like a photograph (taken).
   Photographer: What size do you want?
   Customer:　　　It's for a resume, so please make it 5 cm. high by 3 cm. wide.

2. ジョンソン： 今朝　駅前に　おいた　自転車が　ないんです。
   とられたらしいんです。

   けいかん： どんな　自転車ですか。

ジョンソン： 赤い　自転車で、名前が　書いてあります。

けいかん： この　書類に　名前を　書いてください。出てきたら　れんらくします。

Johnson: The bicycle I left in front of the station this morning is gone. It seems to have been stolen.
Policeman: What is your bicycle like?
Johnson: It's red, and has my name written on it.
Policeman: Please write your name on this form. If we find it, we'll contact you.

❏ **Vocabulary**

写真屋	photographer, photo studio
サイズ	size
りれき書	resume, personal history
たて	height, vertical (direction)
よこ	width, horizontal
出てくる	be found

QUIZ

I Read this lesson's Opening Dialogue and answer the following questions.

1. スミスさんは　どんな　所を　見物していますか。

2. さむらいの　家は　何年ぐらい　前に　建てられましたか。

3. さむらいの　家は　のうみんの　家より　小さいですか。

4. だれが　のうみんから　米を　とりあげましたか。

5. 今のような　便利な　時代に　生まれて　よかったと　スミスさんは　言っていますが、あなたも　そう　思いますか。

II Put the appropriate particles in the parentheses.

1. この　どうぐは　何（　　）使うんですか。

2. この　てらは　日本（　　）一番　古い（　　）言われています。

3. ホワイトさんは　今日　先生（　　）日本語の　字　（　　）ほめられて　うれしそうです。

4. 〔私は〕 時計 （　　） 子ども （　　） こわされてしまいました。

5. リンダさんは こうつうじこ （　　） けがを して、病院 （　　） 運
ばれました。

III Complete the questions so that they fit the answers.

1. （　　） 課長に しかられたんですか。

   会議の 時間に 遅れてしまったんです。

2. （　　） で カメラを とられたんですか。

   こうえんで 休んでいる とき とられたんです。

3. この 青い ビルは （　　） ごろ 建てられたんですか。

   １９８４年に 建てられました。

4. 林さんと いう 人は （　　） 人ですか。

   ＡＢＣの 部長ですが、前は 大学の きょうじゅだったそうです。

IV Convert the following verbs into their れる or られる form.

1. 聞く　　　　　4. 止める　　　7. 来る

2. しょうかいする　5. こわす　　　8. 調べる

3. たのむ　　　　6. 見る　　　　9. わらう

V Change the verbs into the れる or られる form and make any necessary changes in the sentence patterns.

1. 山田さんは 課長に 用事を （　　） ました。（たのむ）

2. 道を 歩いている とき、写真を （　　） ました。（とる）

3. あの 人は まじめな 人だと みんなから （　　） います。（思う）

4. 部長は ひしょに （　　）、困っています。（やめる）

5. 空港で 何度も かばんの 中を （　　） ました。（調べる）

6. これは 外国に （　　） 車だそうです。（ゆしゅつする）

VI Answer the following questions.

1. どろぼうに お金を とられた ことが ありますか。

2. あなたの　国では　何語が　話されていますか。
<small>くに　　　　なに ご　　　はな</small>

3. あなたの　学校や　会社では　コンピューターが　使われていますか。
<small>がっこう　かいしゃ　　　　　　　　　　　つか</small>

4. あなたの　国／町では　何と　言う　新聞が　よく　読まれています
<small>まち　　なん　い　　しんぶん　　　　よ</small>
　　か。

NEW KANJI

1. 集める
<small>あつ</small>
 (12)
<small>シュウ・あつ(まる)</small>

2. 冬
<small>ふゆ</small>
 (5)
<small>トウ</small>

3. 米
<small>こめ</small>
 (6)
<small>ベイ</small>

4. 雪
<small>ゆき</small>
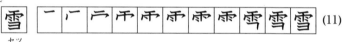 (11)
<small>セツ</small>

5. 便利
<small>ベン リ</small>
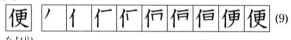 (9)
<small>たよ(り)</small>

6. 弟
<small>おとうと</small>
 (7)
<small>テイ・ダイ</small>

7. 世界
<small>セカイ</small>
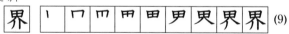 (9)

Kanji for recognition:　世紀　江戸
<small>　　　　　　　　　　　セイ キ　エ ド</small>

川の字
かわ　　じ

あるへっぽこ先生。

川の字と河の字の違いを生徒に教えようと思いました。

まず、川の字の意味を調べようと辞書を引きましたが、どうしても見つかりません。

しばらく辞書を調べていますと、三という字がありました。

それを見て、先生はひざをたたいて

「いくらさがしてもないはずだ。こんなところで昼寝していた」

The Kanji for "River"

There was once a ne'er-do-well teacher.

He thought he would teach his students the difference between the two kanji for river [川 and 河].

First, he checked a dictionary to find out the meaning of the first one, but he simply couldn't find it anywhere.

After looking for a while, he came across the kanji 三 [which means "three"].

Slapping his knee, he said, "No wonder I couldn't find 川. Here it is, taking a nap.

❏ **Vocabulary**

川	river
ある	a certain, one
へっぽこ	clumsy, worthless, useless (slang)
河	(big) river
ちがい	difference
意味	meaning
どうしても	no matter what, no matter how hard
しばらく	for a short while, for a few minutes

ひざを　たたく	slap one's knee (upon realizing something)
ひざ	knee
たたく	hit, slap
いくら〜ても	no matter how much one does... , inspite of the fact that one does...
昼寝する _{ひるね}	take a nap

A COMPLICATED CONTRACT

横浜支社からの問い合わせ
<ruby>横浜 支社<rt>よこはま し しゃ</rt></ruby>　　<ruby>問<rt>と</rt></ruby>い<ruby>合<rt>あ</rt></ruby>わせ

Mr. Katō gets an inquiry by phone from the Yokohama office.

横浜支社：　　　先週　もらった　N社との　契約書に　まちがい
よこはま し しゃ　　せんしゅう　　　しゃ　　けいやくしょ

　　　　　　　　が　1か所　あると　思うんですが。
　　　　　　　　　　しょ　　　　おも

加藤：　　　　　そうですか。そんな　はずは　ないと　思います
か とう

　　　　　　　　が。あれは　うちの　鈴木に　作らせた　もので
　　　　　　　　　　　　　　　　すずき　つく

　　　　　　　　す。さっそく　本人に　調べさせましょう。
　　　　　　　　　　　　　　ほんにん　しら

Mr. Katō tells Mr. Suzuki to look into the matter.

加藤：　　　　　鈴木くん、ちょっと　来てください。
　　　　　　　　　　　　　　　　　　き

鈴木：　　　　　はい、何でしょうか。
　　　　　　　　　　なん

加藤：　　　　　先週　送った　契約書の　件で、横浜支社から
　　　　　　　　　　　おく　　　　　　けん

　　　　　　　　問い合わせが　あったんだけど、たしかめてくれ
　　　　　　　　と　あ

　　　　　　　　ませんか。

鈴木：　　　　　はい、わかりました。

Mr. Katō gives the Yokohama office an answer.

加藤：　もしもし、先ほどの　契約書の　件ですが、鈴木
　　　に　調べさせましたが、まちがいは　ないと　言
　　　っています。ただ、作った　ときの　じじょうが
　　　ふくざつなので、わかりにくいかもしれませんね。

横浜支社：　じゃ、だれか　説明に　来てくれませんか。

加藤：　そうですね。じゃ、これから　鈴木を　行かせま
　　　すが、いかがでしょうか。

横浜支社：　ぜひ　お願いします。

Yokohama Office:	(I) think there's a mistake in the N Company contract (we) received last week.
Katō:	Oh? I wouldn't think there'd be (any mistake). (Lit. "It can't be so.") We had Suzuki here prepare it. I'll have (Suzuki) himself check it immediately.
Katō:	Suzuki, come (here) a minute.
Suzuki:	Yes, what is it?
Katō:	There's been an inquiry from the Yokohama office about the contract (we) sent last week, would you mind making sure?
Suzuki:	No, of course not.
Katō:	Hello. Regarding the contract you mentioned a little while ago, I had Suzuki check it. He says there's no mistake. It's only that the conditions at the time the contract was made were complicated, so perhaps it's difficult to understand.
Yokohama:	Well, could someone come and explain it?
Katō:	Hmm. I'll have Suzuki go, then. How'd that be?
Yokohama:	We'd appreciate it very much.

❏ Vocabulary

まちがい	mistake
～か所	(counter for places)
そんな	such, like that
はずは　ない	it can't be
作らせる	have (someone) prepare

せる／させる	let/make someone do something
本人 ほんにん	the person himself, said person
調べさせる しら	have (someone) check
件 けん	matter, subject
問い合わせ と あ	inquiry
先ほど さき	a little while ago (less colloquial than さっき)
ただ	only, but
じじょう	situation, background
行かせる い	have (someone) go

GRAMMAR & LESSON OBJECTIVES

• せる／させる, causative forms

さっそく　本人に　調べさせましょう。
ほんにん　しら

鈴木を　行かせます。
すずき　い

This verb form, made by adding せる or させる to the ない stem, can mean "make/ have" or "let" a person do something. Conjugation is like Regular II verbs.

Reg. I	作る → 作らせる, 行く → 行かせる, 知る → 知らせる つく　　つく　　い　　　い　　　し　　　し
Reg. II	調べる→調べさせる, 電話を　かける→電話を　かけさせる しら　　しら　　でんわ　　　　でんわ
Irreg.	来る→来させる, する→させる く　く

As seen in the dialogue, the agent is sometimes marked by the particle に and sometimes by を. Two factors determine which it is. One is that the particle を cannot occur twice in succession with verbs which normally take objects. The particle に must be used even if the object and を are omitted.

ex. これは　子どもの　本です。（これを）うちの　むすめに　読ませましょう。
こ　　　ほん　　　　　　　　　　　　　　　よ

"This is a children's book. (I'll) let (our) daughter read it."

The second factor is that with verbs which do not take objects (行く, 来る, 入る, for
い　く　はい
example) either に or を may occur. If the sentence suggests a commanding attitude, を is used. If the sentence implies giving permission, に is used.

ex. 1. 林さんは　子どもを／に　外国に　一人で　行かせました。
はやし　　こ　　　　　がいこく　ひとり　い

"Hayashi made/let (his) child go abroad by himself."

2. 子どもを　歯医者に　行かせました。"I made my child go to the dentist."
こ　　　はいしゃ　い

Since children's reluctance to go to the dentist is well known, the particle を is used here to express the speaker's commanding attitude.

This causative expression has a dominant or commanding tone even though the particle に is used. The てもらう pattern, which literally means "to receive someone's service," is a neutral expression with the same meaning.

ex. リンダさんは 友だちに サインを してもらいました。

"Linda had her friends sign (the petition)."

- せる and させる, additional usages

This verb ending, as well as being the causative, has several more applications, which are introduced in the Short Dialogues. Study the examples below.

休ませてください。 "Please let me take (the day) off."

The て form of the causative with ください is often used to ask permission.

ex. 1. 私に 行かせてください。 "Please let me go."

      2. ここで 働かせてください。 "Please allow (me) to work here."

休ませていただきます。 "(I'll) take a rest (and feel much obliged)."

The て form of the causative plus いただく is a conventionally polite phrase meaning "I'll do such and such because you allow me to." Acknowledgment of permission can be made as follows:

ex. 1. この 本を 持って帰って いいですよ。読んだら 返してください。

      "It's all right to take this book (home). Please return it after you've read it."

      ありがとうございます。そうさせていただきます。

      "Thank you very much. I'll do that."

    2. この 部屋を 使わせていただきます。

      "I'll use this room (since you allow me to do so)."

    3. お先に 帰らせていただきます。

      "(I'll) leave ahead (of you, and I'm grateful for your letting me)."

NOTES

1. 先ほどの 契約書の 件ですが。

The implication of 先ほどの is "previously referred to."

2. 契約書の 件で...

The pattern noun plus の 件で means "regarding," "with respect to."

    ex. キャンセルチャージの 件で 聞きたい ことが あります。

    "There are some questions about the cancellation charge."

3. 鈴木は まちがいは ないと 言っています。 ただ...

ただ is used here to introduce additional information to complete an explanation, or at least provide fuller information.

❏ **KEY SENTENCES**

1. 加藤さんは　鈴木さんに　会議の　準備を　させました。
   (か　とう)　(すずき)　(かい　ぎ)　(じゅんび)

2. 加藤さんは　鈴木さんを　横浜支社へ　行かせました。
   (よこはま　し　しゃ)　(い)

1. Katō made Suzuki prepare for the meeting.
2. Katō had Suzuki go to the Yokohama (branch) office.

EXERCISES

I **Verbs: Study the examples, convert into the causative form, and memorize.**

ex. 書く→書かせる　　調べる→調べさせる
   (か)　　　　　　(しら)

   およぐ→およがせる　覚える→覚えさせる
   　　　　　　　　　(おぼ)

   来る→来させる
   (く)　(こ)

   する→させる

   1. 話す　　5. 休む　　9. たしかめる
      (はな)　　(やす)

   2. 待つ　　6. 作る　　10. 持ってくる
      (ま)　　(つく)　　　(も)

   3. よぶ　　7. 使う　　11. 出勤する
      　　　　(つか)　　　(しゅっきん)

   4. 急ぐ　　8. 心配する　12. やめる
      (いそ)　　(しんぱい)

II **Practice the following pattern by changing the underlined parts as in the example given.**

ex. 部長は　鈴木さんに　<u>書類</u>を　<u>作らせて</u>います。
   (ぶちょう)　(すずき)　(しょるい)

   1.　みつもり書、調べます
   　　　　　(しょ)

   2.　予約、たしかめます
   　　(よやく)

   3.　ないよう、説明します
   　　　　　　(せつめい)

   4.　パーティーの　準備、します
   　　　　　　　　(じゅんび)

III Make dialogues by changing the underlined parts as in the examples given.

A. (Doctor to the mother of a sick child.)

ex. 医者：子どもを　ゆっくり　休ませてください。

母： はい、わかりました。

1.　子どもを　友だちと　あそばせません

2.　子どもを　外に　行かせません

3.　子どもに　薬を　飲ませます

4.　子どもに　つめたい　ものを　食べさせません

B. ex. **A:**　すみませんが、あした　休ませてください。

Ba:　はい、いいですよ。

Bn:　それは　ちょっと　困るんですが・・・。

1. この　部屋を　使う

2. 先に　帰る

3. 今日　そうたいする

4. あなたの　写真を　とる

C. ex. **A:** 私は　忙しくて　出席できないんですが。

B: じゃ、山田さんに　出席させましょう。

1. そうじする

2. 手伝う

3. お茶を　入れる

4. スミスさんを　むかえに　行く

D. ex. **A:** どうぞ　ゆっくり　休んでください。

B: では、休ませていただきます。

1. この　電話を　使う

2. お先に　帰る

3. あなたから　説明する

4. ぜひ　出席する
　　　　しゅっせき

IV Read the sentences and answer the questions.

A. 田中さんは　むすめに　イギリスの　大学で　勉強させる　つもりで
　　たなか　　　　　　　　　　　　だいがく　　べんきょう
　す。

ex. だれが　勉強させますか。→田中さんが　勉強させます。

　1. だれに　勉強させますか。

　2. どこで　勉強させますか。

　3. だれが　勉強しますか。

B. 先生は　学生に　図書館で　江戸時代の　れきしを　調べさせた。
　せんせい　がくせい　としょかん　えどじだい　　　　　しら

ex. だれが　調べさせましたか。→先生が　調べさせました。

　1. だれに　調べさせましたか。

　2. 何を　調べさせましたか。
　　なに

　3. どこで　調べさせましたか。

　4. 学生は　何を　調べましたか。

❏ Vocabulary

出勤する しゅっきん	be at the office, report for work
出勤 しゅっきん	attendance/presence at the office
みつもり書 　　　　しょ	(written) estimate, quotation
ないよう	contents, details
ゆっくり	slowly, by easy stages
そうたいする	leave (office, school) early
そうたい	leaving early
～ていただく	(See Grammar, p. 112.)

SHORT DIALOGUES

1. 鈴木： どうも 体の 調子が よく ないので、あしたは 休ませてください。
   加藤： 今週は 忙しかったからね。ゆっくり 休んだら いいよ。
   鈴木： じゃ、すみませんが、休ませていただきます。

   Suzuki:　I'm not feeling well. Would you mind if I take a day off tomorrow?
   Katō:　We had a very busy week. Better (take time to) get rested up.
   Suzuki:　Thank you. (Lit. "I'm sorry"). I will take tomorrow off (with your kind permission).

2. 中野： もしもし、鈴木さん、いらっしゃいますか。
   加藤： 今 出かけています。後ほど 電話させましょうか。
   中野： はい、お願いします。

   Nakano:　Is Mr. Suzuki there?
   Katō:　No, he's out. Shall I have him call you later?
   Nakano:　Yes, thank you.

❏ Vocabulary

どうも	somehow
後ほど	later (more formal than 後で)

QUIZ

I　Read this lesson's Opening Dialogue and answer the following questions.

1. 加藤さんは だれに N社との 契約書を 作らせましたか。

2. 加藤さんは 契約書に まちがいが あるか どうか 自分で 調べ ましたか。

3. その 契約書は なぜ わかりにくいのですか。

4. この 後 鈴木さんは どこに 行って、何を しますか。

II　Put the appropriate particles in the parentheses.

1. これは 重いですよ。一人 （　　） 持てますか。

   むすこ （　　） 持たせますから、だいじょうぶです。

2. 夜　遅くまで　テレビを　見たがる　子ども（　　）ベッドに　行か
せるのは　たいへんです。

3. 契約書（　　）件（　　）ごそうだんしたいんですが。

4. 部長に　横浜支社に　書類（　　）届けるよう（　　）言われたので、
さっそく　鈴木さん（　　）届けさせました。

III Convert the following verbs into the causative form.

1. さがす
2. 書く
3. 電話を　かける

4. 飲む
5. 手伝う
6. お茶を　入れる

7. やめる
8. 持ってくる
9. 仕事を　する

IV Change the verbs into the causative form and complete the sentences.

1. ひしょに　コピーを　（　　）ましょう。（する）

2. 子どもを　あぶない　所へ　（　　）ください。（行かない）

3. 少し　この　部屋で　お待ちください。
はい。では　（　　）いただきます。（待つ）

4. 子どもを　先に　（　　）ました。（帰る）

5. まちがいが　あるか　どうか　（　　）ます。（調べる）

6. 新しい　ショールームの　みつもり書ですが、いかがですか。
そうですねえ。もう　少し　（　　）ください。（考える）

7. 鈴木くんに　契約書を　（　　）ください。（持ってくる）

V Choose a sentence appropriate to the situation described.

A. You catch cold and ask your teacher for permission to be absent tomorrow.

1. かぜを　ひいたので、あした　休ませてください。

2. かぜで　あした　休むんですって。

3. かぜを　ひいたら　休んでもらいたいんです。

B. **You say that it was inconvenient for you to go to the embassy, so you asked Suzuki to go.**

1. 私は　忙しかったですが、鈴木くんを　行かせました。

2. 私は　都合が　悪かったので、鈴木くんに　行ってもらいました。

3. 鈴木くんが　忙しかったので、私が　行きました。

NEW KANJI

1. 調べる
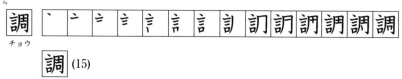
調 (15)

2. 件
件 ／ イ イ 仁 仁 件 (6)

3. 説明

説 (14)

明 丨 冂 月 日 日 明 明 明 (8)

4. 困る
困 丨 冂 冂 困 困 困 困 (7)

Kanji for recognition:　契約書

THE SHINKANSEN

新幹線とサラリーマン
しんかんせん

　１９６４年に　東京で　オリンピックが　開かれ、その　年
　　　　　ねん　　とうきょう　　　　　　　　　　　ひら　　　　　　とし
に　東海道新幹線が　開通しました。それまでは　東京から
　とうかいどうしんかんせん　かいつう
大阪まで　特急でも　７時間以上　かかりましたが、新幹線が
おおさか　　とっきゅう　　じかんいじょう
できてから、東京、大阪間を　３時間ほどで　行けるように
　　　　　　　　　　　かん　　　　　　　　　　　　い
なりました。

　新幹線の　開通に　ともなって、サラリーマンの　出張の
　　　　　かいつう　　　　　　　　　　　　　　　しゅっちょう
ようすも　だいぶ　かわりました。以前は　東京から　関西方面に
　　　　　　　　　　　　　　　いぜん　　　　　　かんさいほうめん
出張する　ときは　宿泊するのが　ふつうでしたが、今は
　　　　　　　しゅくはく　　　　　　　　　　いま
日帰りで　出張する　ことが　できるように　なりました。
ひがえ

サラリーマンの　中には、転勤を　めいじられ、じじょうによって　家族と　はなれて　生活している　人が　かなり　います。週末や　休日に　なると、新幹線を　利用して、ふにん先から　うちへ　帰る　たんしんふにんの　人が　おおぜい　のっています。ひさしぶりに　家族に　会えるのを　楽しみに　しているようです。

　　新幹線は　その後　九州方面、東北方面、そして　新潟方面にも　のび、各地の　はってんに　大いに　やくだっています。

The Olympic Games were held in Tokyo in 1964, and in that year the Tokaido Shinkansen went into operation. Until then, (the trip) from Tokyo to Osaka had taken more than seven hours by special express. After the Shinkansen was finished, it became possible to go between Tokyo and Osaka in about three hours.

With the opening of the Shinkansen, the situation (regarding) white-collar workers' business trips changed greatly. Previously, when (they) made business trips from Tokyo to the Kansai district, putting up at a hotel was the usual (thing). Now, making a one-day business trip has become possible.

Among white-collar workers, there are a considerable (number) of people who are ordered (to make) transfers and, because of the circumstances, live apart from (their) families. When weekends and holidays come around, a lot of transferees use the Shinkansen to travel from (their) places of assignment and return home. It seems (they really) look forward to being able to see their families after a long time.

(Some years) later, the Shinkansen was extended to Kyushu, Tohoku, and then Niigata and has been of considerable use in the development of each region.

❏ **Vocabulary**

東海道 とうかいどう	(district name)
開通する かいつう	go into operation, be opened to traffic
開通 かいつう	opening to traffic
東京、大阪間 とうきょう　おおさかかん	between Tokyo and Osaka
～間 かん	between, among
ほど	about
～ように　なる	become
～に　ともなって	with, accompanying

だいぶ	greatly, considerably
以前（は） _{いぜん}	previously
関西 _{かんさい}	Kansai (district name)
方面 _{ほうめん}	district, direction
宿泊する _{しゅくはく}	put up at, stay (overnight)
宿泊 _{しゅくはく}	lodging
ふつう	usual
日帰り _{ひがえ}	one-day, (trip), go and return the same day
転勤 _{てんきん}	transfer
めいじる	order
はなれて	apart, separately from
かなり	considerably, fairly
休日 _{きゅうじつ}	holiday
ふにん先 _{さき}	place of appointment
～先 _{さき}	(Lit.) "destination"
たんしん	alone, unaccompanied
ひさしぶりに	after/for a long time
その後 _ご	later, afterwards
東北 _{とうほく}	Tohoku (district name)
新潟 _{にいがた}	Niigata (prefecture, city)
はってん	development, growth, expansion
大いに _{おお}	considerably, greatly
やくだつ	be of use, serve a purpose

GRAMMAR & LESSON OBJECTIVES

- ます stem as clause ending

１９６４年に　東京で　オリンピックが　開かれ、その　年に…。

新幹線は　その後　九州方面、東北方面、そして　新潟方面にも　のび、各地の　はってん…。

The ます stem at the end of a phrase has the same function as the て form, but its customary place of occurrence is in a formal written style.

- Potential verb + ように　なる, "become possible"

東京−大阪間を　３時間ほどで　行けるように　なりました。

今は　日帰りで　出張する　ことが　できるように　なりました。

Potential verbs in their dictionary form followed by ように　なりました indicate "it has become possible to." (わかる and できる themselves express potentiality, so in this usage the pattern is わかる／できるように なる.)

ex. 1. スミスさんは 漢字が 読めるように なりました。

"Smith has become able to read Sino-Japanese characters."

2. スミスさんは うなぎが 食べられるように なりました。

"Smith has become able to eat eels."

3. 毎日 日本語の ニュースを 聞いていたので、日本語が わかるように なりました。

"Since I've been listening to the news in Japanese every day, I've come to (be able to) understand Japanese."

For negatives, the pattern is potential verb (ない stem) with なく なりました. (See Short Dialogue No. 3.)

ex. しゅじゅつの 後、たくさん 食べられなく なりました。

"I cannot eat much since my operation." (Lit. "I became unable to eat much. . .")

Coming after the plain non-past (dictionary) form of verbs, ように なる indicates a change in habits, manners or conditions. (See Short Dialogue No. 2.)

ex. 最近 男の 人も そうじや せんたくを 手伝うように なりました。

"Nowadays men have come to help with the cleaning and washing."

NOTES

1. 新幹線の 開通に ともなって、...

に ともなって, meaning "with," "accompanying," "accordingly," is a rather formal expression. It comes from the verb ともなう, "accompany, go with, attend on."

2. ふにん先

先 can refer to things, people or places as perceived from the speaker's or subject's viewpoint. Other examples are: 旅行先, "place traveled to"; 送り先, "place to which something is sent/mailed"; and とりひき先, "party to a contract."

3. たんしんふにん

As noted in the vocabulary list, たんしん means "alone." The two components incorporated in ふにん are ふ, "proceed," and にん, "duty" or "office." In recent years, many men transferred to distant places, especially middle-aged ones, have elected, usually for family reasons such as children's education, aged parents or a working wife, to live like bachelors until the situation changes.

PRACTICE

❏ KEY SENTENCES

1. みどりが へり、海が よごれ、地球の かんきょうは 年々 悪く な
　 っていきます。

2. 新幹線が できてから、東京から 大阪まで 3時間で 行けるように
　 なりました。

1. With forests (Lit. "green") decreasing and the sea getting dirty, the earth's environment is
   worsening each year.
2. After the Shinkansen was finished, it became possible to go between Tokyo and Osaka in
   about three hours.

❏ Vocabulary

かんきょう	environment
年々	every year, year after year

EXERCISES

Make dialogues by changing the underlined parts as in the examples given.

A: *ex.* **Q:** <u>(お) さけが 飲めますか。</u>

　 A: 前は ぜんぜん <u>飲めませんでしたが</u>、だんだん <u>飲めるよう</u>
　　 に なりました。

　　 1. 電話で うまく 話せる
　　 2. こうしょうが 上手に できる
　　 3. 日本語の 新聞が 読める
　　 4. 一人で 町を 歩ける
　　 5. 日本語が わかる

B: *ex.* **Q:** どうやって <u>帰りますか</u>。

　 A: <u>新幹線を 利用して 帰ります</u>。

1. 勉強する、テープを　聞く
   べんきょう　　　　　き
2. 会社に　来る、地下鉄に　のる
   かいしゃ　く　　ちかてつ
3. 意味を　調べる、じしょを　引く
   い み　　しら　　　　　　ひ
4. 食べる、やく
   た
5. 問い合わせる、電話を　かける
   と あ　　　　　でんわ

❏ **Vocabulary**

うまく   easily, (Lit.) "well, skillfully"

SHORT DIALOGUES

1. ホワイト：　子どもさんの　足の　ぐあいは　いかがですか。
   こ　　　　あし
   小川：　　ありがとうございます。おかげさまで　もう　かなり　歩けるように
   おがわ　　　　　　　　　　　　　　　　　　　　　　　　　　　　　　ある
   なりました。

   White:　　How's your child's leg?
   Ogawa:　　Thank you for asking. He's gotten able to walk fairly well now.

2. ホワイト：　日本の　サラリーマンは　夏休みを　あまり　とらないんですか。
   にほん　　　　　　　　　なつやす
   渡辺：　　むかしに　くらべると　長く　休むように　なりました。
   わたなべ　　　　　　　　　　　なが　やす
   White:　　Don't Japanese businessmen take long summer vacations?
   Watanabe:　Compared to the old days, they have started to take longer vacations.

3. 山田：　　すみませんが、　あしたの　パーティーに　行けなく　なりました。
   やまだ　　　　　　　　　　　　　　　　　　　　　い
   渡辺：　　ざんねんですね。

   山田：　　しんせきの　者が　急に　なくなったんです。
   もの　きゅう
   渡辺：　　それは　ごしゅうしょうさまです。

   Yamada:　　I'm sorry, but I won't be able to attend your party tomorrow.
   Watanabe:　That's a shame.
   Yamada:　　A relative of mine passed away suddenly.
   Watanabe:　Oh, I'm really sorry.

❏ **Vocabulary**

～に　くらべると   if (you) compare

しんせき	relative
者 もの	= 人 person (humble) ひと
ごしゅうしょうさまです	Please accept my sincere condolences.

QUIZ

I Read this lesson's opening passage and answer the following questions.

1. 東海道新幹線は　何年に　開通しましたか。
   とうかいどうしんかんせん　　なんねん　　かいつう

2. 東京で　オリンピックが　開かれたのは　何年ですか。
   とうきょう　　　　　　　　ひら

3. 東海道新幹線が　できる　前は　東京から　大阪まで　特急で　何時
   まえ　　　　　　　おおさか　　とっきゅう　なんじ
   間　かかりましたか。
   かん

4. 新幹線が　できる　前と　できた　後と　くらべると　サラリーマン
   あと
   の　出張の　ようすが　かわりましたか。
   しゅっちょう

5. 「たんしんふにんの　人」　というのは　どういう　人ですか。
   ひと

II Complete the following sentences with the appropriate form of the verbs indicated.

1. このごろ　日本語が　かなり　うまく　（　　）ように　なりました。
   にほんご
   （話せます）
   はな

2. 足の　けがが　なおって、（　　）ように　なりました。（歩ける）
   あし　　　　　　　　　　　　　　　　　　　　　　　ある

3. ４月から　北海道に　（　　）ように　めいじられました。（ふにんす
   がつ　　ほっかいどう
   る）

4. 新幹線が　（　　）、こくさい空港が　（　　）、新潟は　大いに　はって
   くうこう　　　　　　にいがた　おお
   んしました。（開通します、できます）

NEW KANJI

1. 家族
   カ ゾク

   | 族 | ' | 亠 | 方 | 方 | 扩 | 疒 | 扩 | 斿 | 斿 | 族 | (11) |

2. 生活
   セイカツ

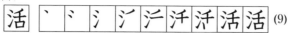 (9)

3. 以上
   イ ジョウ

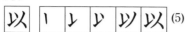 (5)

4. 宿泊
   シュクハク

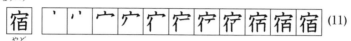 (11)

   やど

5. 転勤
   テンキン

 (12)

   つと(める)

6. 夏休み
   なつやす

 (10)

   カ

ANNIVERSARY PARTY

記念パーティーの打ち合わせ
（き ねん）　　（う　あ）

Mr. Katō checks on the preparations for ABC's anniversary party.

加藤：　　２０日の　創立１０周年記念パーティーについて　か
（か とう）　　　（か）　（そうりつ）　（しゅうねん き ねん）

くにんを　したいと　思います。まず　招待状の　件
（おも）　　　　　　　　（しょうたいじょう）　（けん）

ですが、もう　全部　送ってくれましたか。
（ぜん ぶ）（おく）

鈴木：　　はい。渡辺さんに　出してもらいました。げんざい
（すず き）　　　　（わたなべ）　（だ）

出席の　返事が　２１０名　届いています。
（しゅっせき）　（へん じ）　　　　（めい）（とど）

加藤：　　それから、招待した　お客様に　さしあげる　記念品
（きゃくさま）　　　　　　（き ねんひん）

は　どう　なっていますか。

鈴木：　　来週　早々　届く　はずです。
（らいしゅう）（そうそう）（とど）

加藤：　　社長の　あいさつの　げんこうは　できているでしょ
（しゃちょう）

うね。

鈴木：　　はい。林部長に　まず　日本語で　書いていただいて、
（はやしぶちょう）　　　（に ほん ご）（か）

それを　ジョンソンさんに　ほんやくしてもらいまし

た。最後に　社長が　目を　通してくださいました。
（さい ご）　　　　　　（め）（とお）

加藤：　　会場の　手配は　問題ありませんか。
　か とう　　　かいじょう　て はい　もんだい

鈴木：　　出席の　人数が　決まったら、ホテルの　人と　もう
　すず き　　　しゅっせき　にんずう　き　　　　　　ひと

　　　　　一度　会って、最後の　うちあわせを　します。
　　　　　いち ど　あ　　さい ご

加藤：　　料理の　メニューは　決まりましたか。
　　　　　りょうり

鈴木：　　たんとうの　人を　よんで、林部長が　決めてくださ
　　　　　　　　　　　　　　　　はやしぶちょう

　　　　　いました。これが　メニューです。

加藤：　　わかりました。

Katō:　　About (our) tenth anniversary party on the 20th, I'd like to confirm (certain things). First, about the invitation cards—have you sent all of them?

Suzuki:　Yes, I had Watanabe send (them). As of now, responses (indicating) attendance have arrived from 210 people.

Katō:　　And what about the mementos for the invited guests?

Suzuki:　They should arrive early next week.

Katō:　　The manuscript for the president's address is ready, isn't it?

Suzuki:　Yes. I first asked Mr. Hayashi to write (it) in Japanese and (then I) had Mr. Johnson translate it. Finally, the president looked (it) over. This is the manuscript.

Katō:　　There aren't any problems with the arrangements for the reception hall?

Suzuki:　Once the number of guests is fixed, I'll meet with the hotel people again and make the final arrangements.

Katō:　　Has the menu been decided?

Suzuki:　Mr. Hayashi called in the person in charge and made the decision. This is the menu.

Katō:　　Fine.

❏ **Vocabulary**

創立記念パーティー そうりつ きねん	(Lit. "establishment") anniversary party
創立 そうりつ	establishment
記念 き ねん	commemoration
１０周年 しゅうねん	tenth (year)
〜周 しゅう	(Lit.) "circuit, lap"
かくにんを　する	confirm
かくにん	confirmation
〜てくれる	(See Grammar.)

げんざい	(as of) now, presently
さしあげる	give (polite)
記念品 きねんひん	memento, souvenir
早々 そうそう	early, immediately
げんこう	manuscript
～ていただく	(See Grammar.)
ほんやくする	translate
ほんやく	translation
最後に さいご	finally
目を　通す め　　とお	look over
通す とお	pass
～てくださる	(See Grammar.)
会場 かいじょう	reception hall, (Lit.) "meeting place"
手配 てはい	arrangement, preparations
最後 さいご	final
決まる き	be decided
うちあわせを　する	make arrangements
うちあわせ	(Lit.) "meeting for arrangements"

GRAMMAR & LESSON OBJECTIVES

- 敬語 I
  けい　ご

You have learned some respect words such as ございます and the prefixes お／ご, as in
ご主人, which are used to show respect and to be polite. Besides these words, there are
しゅじん

many *Keigo*, or polite expressions. Different phrases sometimes have the same meaning,
and the choice of which one to use depends upon the situation. The forms and usage of
Keigo are introduced in this lesson, and in Lesson 13 and Lesson 17.

- いただく, さしあげる, くださる

These three verbs are the polite counterparts of three learned earlier: もらう, あげる
(or やる) and くれる. (See Book I, Lesson 15, Book II, Lesson 5, and Book III, Lesson 7.)
As has been seen, they occur in patterns for giving and receiving both objects and ser-
vices.

Things:	Neutral Polite	もらう いただく	あげる／やる さしあげる	くれる くださる
Services:	Neutral Polite	てもらう ていただく	てあげる／やる てさしあげる	てくれる てくださる

Remember the following points concerning usage.

1. Although やる was once the standard word for "give," its usage is now limited to the situation of giving or doing something for intimates, like one's own children, or pets.

2. The use of てあげる is limited; （私は）… てあげます occurs only in familiar conversation. However, てあげてください can be used more freely to ask a person to do something for a third person. (See Short Dialogues 1 and 2.)

3. ていただく and てくださる are commonly used, but てさしあげる sounds patronizing and so cannot be used freely.

Study the sentences below thinking of the relationship of the people involved as shown in the diagrams.

Within the group   Outside the group

Kato says: （鈴木くん、招待状は）全部　送ってくれましたか。招待した　お客様
　　　　　　　　　に　さしあげる　記念品は…。

Suzuki says: 渡辺さんに　出してもらいました。

　　　　　　　　林部長に　書いていただいて　ジョンソンさんに　ほんやくしてもらい
　　　　　　　　ました。

　　　　　　　　社長が　目を　通してくださいました。

Another comparison to make is between the Opening Dialogue and the Short Dialogues in this lesson. The main difference between the way men and women talk in familiar conversation is seen in the sentence endings. Generally speaking, のよ, わよ and わ, when said with a rising tone at the end of a sentence, are characteristic of women's speech.

• 決まる and 決める

出席の　人数が　決まったら…。

料理の　メニューは　決まりましたか。

林部長が　決めてくださいました。

Whether the verb is 決まる, "be decided," or 決める, "decide," makes a difference in the particles used. Since the particle は is a topic marker and the topic is not necessarily the same as the grammatical subject of the sentence, nothing particular need be said about it.

決まる takes the subject marker が, as in 料理の　メニューが　決まる.

決める takes the particle を, as in 部長が　料理の　メニューを　決める.

Just as に　なる is preferred to に　する (Lesson 4), 決まりました, "It has been decided," is soft and is often used by a person making a decision. On the other hand, both negative forms—決めていません, "(I) haven't decided (yet)," and 決まっていません, "It hasn't been decided (yet)"—are freely used.

An analogy has been made between pairs of verbs like these and the transitive and intransitive verbs of English. A similarity exists in that the direct object of verbs like 決める becomes the subject of verbs like 決まる. A number of verb pairs already presented are given here for comparative review.

1. 開く：風で　ドアが　開いた。"The door was opened by the wind."

   開ける：私は　ドアを　開けた。"I opened the door."

2. 届く：きのう　かきとめこづつみが　届きました。

   "A registered parcel was delivered yesterday."

   届ける：この　住所に　ばらを　届けてください。

   "Please send roses to this address."

3. 並ぶ：ビルの　前に　男の　人が　たくさん　並んでいます。

   "Many men are lined up in front of the building."

   並べる：鈴木さんは　いすを　並べました。"Suzuki lined up the chairs."

4. 始まる：プロジェクトが　始まりました。"The project has been started."

   始める：あしたから　工事を　始めます。

   "We'll start construction (work) tomorrow."

5. 入る：学生は　どんな　会社に　入りたがっていますか。

   "What companies do students want to be employed by?"

   入れる：ポストに　この　手紙を　入れてください。

   "Please put this letter in the mail box."

6. おちる：東京では　もみじの　はは　１２月の　終わりごろ　おちます。

   "In Tokyo maple leaves fall around the end of December."

   おとす：はしの　上から　物を　おとさないでください。

   "Please do not drop things from the bridge."

7. きえる：電気が　きえました。ていでんかもしれません。

   "The lights went out. There seems to have been a power failure."

   けす：電気を　けして、かぎを　かけてください。

   "Please turn off the lights and lock up."

In using the patterns ている and てある, it is important to distinguish between the verbs of each pair that have been learned up to this lesson. Read the next section and remember which verb of the pair should be used before ている or てある respectively.

• Comparison of ている and てある.

The patterns ている and てある differ little in concrete meaning, and both describe a condition resulting from an action. While ている ("b" sentences), first introduced in Book I, Lesson 27 and used repeatedly in lessons throughout Book II and III, just describes a condition or situation, てある ("c" sentences) implies an intentional action resulting in the present condition. The latter pattern was introduced together with the pattern ておく in Lesson 6 of this volume. Note that "a" sentences belong to another usage of ている which means "be... -ing" (see Lesson 25 of Book I).

ex. 1. a. まどを 開けています。"(Somebody) is opening the window."

　　 b. まどが 開いています。"The window is open."

　　 c. まどが 開けてあります。"The window is open." (Someone having opened it.)

　 2. a. 渡辺さんは いすを 並べています。

　　　 "Watanabe is arranging chairs."

　　 b. いすが 並んでいます。

　　　 "The chairs have been arranged."

　　 c. いすが 並べてあります。

　　　 "The chairs have been arranged." (Someone having arranged them.)

　 3. a. 母が ケーキを 作っています。"Mother is making a cake."

　　 b. ケーキが できています。"The cake is ready."

　　 c. ケーキが 作ってあります。"The cake is ready."(Someone having baked it.)

NOTES

1. お客様に さしあげる 記念品は どう なっていますか。

　 どう なっていますか literally means "How has it become?" and is used to ask how things are going or a current condition.

　 ex. 　あしたの 予定は どう なっていますか。

　　 "What's your schedule tomorrow."

2. 社長が 目を 通してくださいました。

　 Remember that the ます form of くださる is くださいます (not くださります). See the table of special verbs of respect in Lesson 13.

❏ **KEY SENTENCES**

1. 部長が　パーティーの　メニューを　決めてくださいました。
　　ぶちょう　　　　　　　　　　　　　　　　き

2. 部長に　パーティーの　メニューを　決めていただきました。

3. 鈴木くんが　手伝ってくれました。
　　すずき　　　　てつだ

4. かれに　説明してあげてください。
　　　　　せつめい

1. The division chief (did us the favor of) deciding the party menu.
2. The division chief decided the party menu. (Has the nuance of "since we asked him to.")
3. Mr. Suzuki helped (me).
4. Please explain (it) to him.

❏ **Vocabulary**

〜てあげる　　do something for someone

EXERCISES

I **Make dialogues by changing the underlined parts as in the examples given.**

A. *ex.* **Q:** 〔あなたは〕　<u>田中さん</u>に　何を　いただきましたか。
　　　　　　　　　　　　たなか　　　　なに

　　　A: 〔私は　<u>田中さん</u>に〕　<u>かびん</u>を　いただきました。
　　　　　　わたし

　　　　1. 先生、えはがき
　　　　　　せんせい

　　　　2. 会社の　方、めずらしい　おかし
　　　　　　かいしゃ　かた

　　　　3. 社長の　おく様、ぼんさいの　本
　　　　　　しゃちょう　　さま　　　　　ほん

B. *ex.* **Q:** <u>かびん</u>を　くださったのは　どなたですか。

　　　A: <u>田中さん</u>です。

　　　　1. えはがき、先生

　　　　2. この　めずらしい　おかし、会社の　方

　　　　3. ぼんさいの　本、社長の　おく様

C. *ex.* **Q:** <u>お礼</u>に　何を　さしあげる　つもりですか。
　　　　　　　れい

A: <u>ウイスキー</u>を　<u>さしあげよう</u>と　思います。
おも

1. おみまい、くだもの

2. おみやげ、スイスせいの　時計
とけい

3. おいわい、花
はな

D. *ex.* **Q:** 自分で　<u>作った</u>んですか。
じぶん　つく

A: いいえ、友だちが　<u>作って</u>くれたんです。
とも

1. ほんやくする

2. 調べる
しら

3. 手続きを　する
てつづ

4. 薬を　とりに　行く
くすり　　　い

E. *ex.* **Q:** 鈴木さんが　<u>げんこうを　書いて</u>くれたんですか。
すずき　　　　　　　　　か

A: いいえ、部長が　<u>書いて</u>くださいました。
ぶちょう

1. 電話を　かける
でんわ

2. その　じょうほうを　知らせる
し

3. やくしょに　こうしょうする

F. *ex.* **Q:** <u>友だちに　本を　送って</u>もらったんですか。
ほん　おく

A: いいえ、<u>課長に　送って</u>いただきました。
かちょう

1. 友だち、この　本を　貸す、先生
か　せんせい

2. 中村さん、あんないする、林部長
なかむら　　　　　　　　　はやし

3. 鈴木さん、ホワイトさんを　しょうかいする、支店長
してんちょう

G. *ex.* **Q:** <u>中川会長が　決めて</u>くださいましたか。
なかがわかいちょう　き

A: はい、<u>中川会長に　決めて</u>いただきました。

1. べんごしの　スミスさん、くわしく　説明しました
せつめい

2. 大野先生、新しい　教科書を　見せました
おおの　　あたら　きょうかしょ　み

3. とりひき先の　課長、駅まで　車で　送りました
さき　　えき　くるま

II Make pairs of sentences like those in the example.

ex. 部長が 計画を 決めました。→計画が 決まりました。
　　ぶちょう　けいかく　き

1. きょうじゅ、資料、集める、集まる
　　　　　　　　しりょう　あつ

2. かんり人、ドア、開ける、開く
　　　　　にん　　　あ　　　あ

3. 社長、会議の 日、かえる、かわる
　　しゃちょう　かいぎ　ひ

4. さか屋、ビール、届ける、届く
　　　　や　　　　　とど

5. ガードマン、表の 入口、閉める、閉まる
　　　　　　　　おもて　いりぐち　し

6. 社長、給料、上げる、上がる
　　しゃちょう　きゅうりょう　あ

7. 田中さん、かぎ、かける、かかる
　　たなか

8. 業者、工事、始める、始まる
　　ぎょうしゃ　こうじ　はじ

9. 中村さん、さいふ、おとす、おちる
　　なかむら

10. 母、ストーブ、けす、きえる
　　　はは

11. となりの 人、うち、建てる、建つ
　　　　　　ひと　　　た

12. エンジニア、コンピューター、直す、直る
　　　　　　　　　　　　　　なお

13. 運転手、車、止める、止まる
　　うんてんしゅ　くるま　と

14. チャンさん、かさ、なくす、なくなる

III Make dialogues by changing the underlined parts as in the example given.

ex. A: まどが 開いていますね。
　　　　　　あ

B: ええ、お客さんが 来るので 開けてあります。
　　　　　きゃく　　　く

1. いすが たくさん 並ぶ、並べる
　　　　　　　　　なら

2. 会議室の 電気が つく、つける
　　かいぎしつ　でんき

3. (お)皿が たくさん 出る、出す
　　　さら　　　　て　だ

4. れいぞうこに ビールが たくさん 入る、入れる
　　　　　　　　　　　　　　　　はい　い

❏ Vocabulary

えはがき	picture postcard
ぼんさい	bonsai (dwarf tree)
お礼に	as a token of gratitude
礼	gratitude, courtesy, reward
(お) みまい	gift (to a sick person), expression of sympathy
スイスせい	Swiss-made
スイス	Switzerland
〜せい	made in...
(お) いわい	congratulations, celebration
じょうほう	information
やくしょ	public/government office
支店長	branch manager
中川	Japanese surname
会長	chairman
教科書	textbook
ガードマン	guard, security staff
上げる	raise
上がる	be raised, rise
かぎを かける	lock
かける	lock
かかる	be locked
建つ	be built
エンジニア	engineer
なくす	lose
並ぶ	line up, be arranged
れいぞうこ	refrigerator

SHORT DIALOGUES

1. スミス: 鈴木さんに この 手紙の ないようを 説明してあげてください。

   渡辺: はい、わかりました。

   Smith: Please explain the contents of this letter to Suzuki.

Watanabe: Yes, of course.

2. 母：
   _{はは}   ちょっと　手伝ってくれない？
                                     _{てつだ}

   上の　むすめ：   これから　宿題を　始めるの。後でね。
   _{うえ}   _{しゅくだい}　_{はじ}　　_{あと}

   下の　むすめ：   じゃ、私が　やってあげるわ。
   _{した}   _{わたし}

   Mother: Will you help me?
   Older Daughter: I'm going to do my homework now. Later, OK?
   Younger Daughter: Then I'll do it (for you).

❏ Vocabulary

上の _{うえ}	older, upper
下の _{した}	younger, lower

QUIZ

I Read this lesson's Opening Dialogue and answer the following questions.

1. 鈴木さんは　自分で　招待状を　出しましたか。
   _{すず き}　　　_{じ ぶん}　_{しょうたいじょう}　_だ

2. 社長の　あいさつの　げんこうは　まず　だれが　書いて、それを
   _{しゃちょう}　　　　　　　　　　　　　　　　　_か
   だれが　ほんやくしましたか。

3. 招待した　お客様は　２００名より　多いですか。
   _{きゃくさま}　　　　　_{めい}　　_{おお}

4. 出席の　人数が　決まったら、鈴木さんは　何を　する　つもりです
   _{しゅっせき}　_{にんずう}　_き　　　　　　　　　　_{なに}
   か。

II Put the appropriate particles in the parentheses.

1. 私は　加藤さん　（　　）　めずらしい　本　（　　）　いただきました。
   _{わたし}　_{か とう}　　　　　　　　　　　_{ほん}

2. おみまいに　くだもの　（　　）　さしあげよう　（　　）　思います。
   　　　　　　　　　　　　　　　　　　　　　　　_{おも}

3. 話したい　ことが　ありますから、みんな　（　　）　集めてください。
   _{はな}　　　　　　　　　　　　　　　　　　　　_{あつ}

4. この　会議には　日本の　各地　（　　）　おおぜいの　人　（　　）
   　　　_{かい ぎ}　_{に ほん}　_{かく ち}　　　　　　　　　_{ひと}
   集まりました。

5. この　きかいに　お金　（　　）　入れると　切符　（　　）　出てきま
   　　　　　　　　_{かね}　　　_い　　　_{きっぷ}　　　_て
   す。

III Complete the questions so that they fit the answers.

1. きふを　してくださったのは　（　　）　ですか。

    林部長です。
    はやしぶちょう

2. （　　）　ホテルの　人と　最後の　うちあわせを　しますか。
    　　　　　　　　　　ひと　　さいご

    出席の　人数が　決まったら、すぐ　します。
    しゅっせき　にんずう　き

3. （　　）に　その　本を　貸してもらったんですか。
    　　　　　　　　ほん　か

    課長に　貸していただきました。
    かちょう

4. あいさつの　げんこうは　（　　）　なっていますか。

    もう　ジョンソンさんに　ほんやくを　たのんであります。

IV Complete the sentences with the appropriate form of the verbs indicated.

1. 週末に　社長が　（　　）　くださいました。　（招待します）
    しゅうまつ　しゃちょう　　　　　　　　　　　　しょうたい

2. 渡辺さんが　会場の　手配を　（　　）　くれました。（します）
    わたなべ　　かいじょう　てはい

3. 木村さんに　車の　こしょうを　（　　）　もらいました。（直しま
    きむら　　くるま　　　　　　　　　　　　　　　　なお
    す）

4. れいぞうこに　ビールが　（　　）　あります。（入れます）
    　　　　　　　　　　　　　　　　　　　い

5. 鈴木さんが　会議室に　いすを　（　　）　のを　（　　）　あげて
    すずき　　かいぎしつ
    ください。（運びます、手伝います）
    　　　　　　はこ　　てつだ

6. リンダさんから　手紙が　（　　）　います。（届きます）
    　　　　　　　てがみ　　　　　　　　　　とど

V Choose a sentence appropriate to the situation described.

A. A coworker asks you what he should give his section chief for his birthday.

1. 花を　あげようと　思います。
    はな　　　　　　おも

2. 花を　あげても　いいです。

3. 花を　さしあげたら　どうですか。

B. In answer to a question, you say that while you were in Kyoto your professor took you to see an old temple.

1. 古い　おてらへ　つれていっていただきました。
    ふる

2. 古い　おてらへ　つれていかれました。

3. 古い　おてらへ　つれていってあげました。
ふる

NEW KANJI

1. 返事
   ヘンジ
   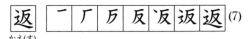
   かえ(す)

2. 最後
   サイゴ

3. 目
   め
   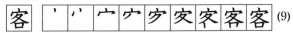
   モク

4. お客様
   キャクさま

5. 記念品
   キネンヒン
   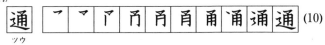
   しな

6. 通す
   とお

   ツウ

Kanji for recognition:　１０周年　創立記念　招待状
しゅうねん　そうりつ　きねん　しょうたいじょう

LESSON
12

A BROKEN TV SET
テレビの修理を頼む
しゅうり　たの

Mrs. Suzuki asks about having their TV looked at.

鈴木夫人：　　　もしもし、あのう、こちら　鈴木と　言い
すずきふじん

ますが、きのうから　うちの　テレビが

よく　映らなくて　困っているんです。
うつ　　　　こま

ちょっと　見に　来てもらえませんか。
み　　き

サービスセンター：　場所は　どの　へんでしょうか。
ばしょ

鈴木夫人：　　　六本木の　交差点を　渋谷に　むかって
ろっぽんぎ　こうさてん　しぶや

２００メートルぐらい　行くと、右側に
い　　　　みぎがわ

大きな　スーパーマーケットが　ありま
おお

す。その　スーパーの　先を　右に　まが
さき

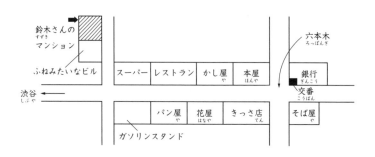

130

ると、すぐ　左側に　6階建ての　白い
建物が　あります。

サービスセンター：　ああ、あの　ふねみたいな　ビルですね。

鈴木夫人：　ええ、その　となりの　マンションの
403号室です。今から　来れますか。

サービスセンター：　午前中は　ちょっと　むずかしいですね。
もう　一つ　しゅうりの　約束が　ありま
すから。

鈴木夫人：　むりですか。3時から　出かけたいんです
が。

サービスセンター：　そうですか。じゃ、昼に　センターに　も
どらないで、直接　うかがうように　しま
す。

鈴木夫人：　だいたい　何時ごろに　なりますか。

サービスセンター：　1時すぎに　なると　思います。

鈴木夫人：　じゃ、外出せずに　待っていますから、で
きるだけ　早く　お願いします。

Mr. Suzuki:	Hello, my name is Suzuki. (Our) TV (picture) hasn't been good since yesterday and it's annoying. Couldn't you come and look at it?
Service Center:	Your place is where?
Suzuki:	About 200 meters from the Roppongi intersection going toward Shibuya there's a big supermarket on the right side. If (you) turn right just beyond the supermarket, there's a six-story white building immediately on the left side.
Center:	Ah, is it the building that looks like a ship?
Suzuki:	Yes, it's the apartment building next to that, number 403. Can you come now?

Center:	It's difficult this morning. I already have an appointment (to do some) repairs.
Suzuki:	Impossible, is it? I'd like to go out at 3:00.
Center:	I see. Well, then, (I) won't come back to the center at noon. I'll go directly to your place.
Suzuki:	Around what time will it be?
Center:	After one o'clock, I suppose.
Suzuki:	I won't go out then. I'll be waiting (for you). Make it as early as possible please.

❏ **Vocabulary**

映る	(Lit.) "be reflected (appear as an image)"
センター	center
場所	place, seat, scene
六本木	Roppongi (place name)
渋谷	Shibuya (place name)
むかう	face, confront
大きな	big
6階建て	six-storied (building)
ふね	ship, boat
みたい（な）	looking like, resembling, a sort of
マンション	apartment building (usually ferroconcrete)
しゅうり	repair, fix up
直接	directly, straightforwardly
ように　する	try to
～ずに	- without... -ing
できるだけ	as... as possible, to the best of one's ability
～だけ	all there is, no more than
ガソリンスタンド	gas station

GRAMMAR & LESSON OBJECTIVES

- なくて, ないで, ずに, negative connectives

テレビが　よく　映らなくて　困っています。

じゃあ、昼に　センターに　もどらないで、直接　うかがうように　します。

外出せずに　待っています。

All three of these connectives used to link phrases or subordinate clauses in a sentence follow the ない stem of verbs. せずに, which comes from the irregular verb する, is the only exception. なくて indicates the reason for the state of affairs given in the main clause.

ex. 1. お金が なくて 買えません。
       "I don't have any money, so I can't buy it."

    2. 雨が ふらなくて よかった。 "It didn't rain—good!"

    3. 道が わからなくて 困っています。
       "I'm worried because I don't know the way."

When なくて supplies a reason, this pattern cannot express requests or suggestions, and the main clause never ends in てください, ませんか, ましょう or any form or pattern evincing the speaker's intention. Patterns with ので or から are suitable in such cases.

    Wrong: 雪が ふらなくて、スキーを しません。(will not)

    OK: 雪が ふらなくて、スキーが できません。(cannot)

    OK: 雪が ふらないので／から、スキーを しません。(will not)

In the dialogue sentences above, ないで and ずに mean essentially the same thing: "without doing" or "not do... but..."

ex. 1. きのうは 昼ご飯を 食べないで／食べずに 朝から 晩まで 働きました。
       "Yesterday (I) worked from morning until evening without eating lunch."

    2. かれは 何も しないで／せずに 一日中 テレビを 見ています。
       "He (spends) all day doing nothing but watching TV."

• ように する, try

直接 うかがうように します。

The dictionary form followed by ように する means "try," as seen in the dialogue, or "intend." For the negative, ように する follows the ない form.

ex. 1. 今晩 電話で 知らせるように します。
       "I intend to report by phone this evening."

    2. バスの 中に かさを わすれないように してください。
       "Please don't (Lit. "try not to") leave (your) umbrellas in the bus."

ように しています means "keep in mind to do. . ." or "always try to do."

ex. 日本人には 日本語で あいさつするように しています。
    "I try to greet Japanese people in Japanese."

NOTES

1. てもらえませんか

   This is a request. Note that it is the potential form, もらえ, not もらい. The pattern て

いただけませんか is politer. (See Short Dialogue No. 3 in this lesson.)

2. 大きな　スーパーマーケット

大きい is an い adjective, but 大きな is sometimes used when it directly modifies nouns. 小さな, あたたかな are used in the same way.

> *ex.*　1. 大きな／大きい　犬, "a big dog."
>
> 　　2. あたたかな／あたたかい　日, "a warm day."
>
> 　　3. ああ、あの　ふね　みたいな　ビルですね。

みたいな, which has the same meaning as のような but is more colloquial, can mean "seemingly" as well as "resembling, looking like." みたい occurs as a predicate with either meaning.

> *ex.*　かれは　外国人みたい（です）。"He seems to be a foreigner."

(Actually, it is not clear whether the speaker is sure about the fact or is making an assumption.)

4. ああ、あの　ふねみたいな　ビルですね。

The Service Center person remembers the building that Mrs. Suzuki mentioned, so he uses あの, which implies, "That one—I know it, too." In the next sentence, Mrs. Suzuki says, "ええ、その　となりの..." This usage of その is a contextual one referring to the thing mentioned above; here ふねみたいな　ビル is denoted.

5. 今から　来れますか。

Strictly speaking, the potential form of 来る is 来られる, but 来れる has become acceptable usage. Similar simplified forms:

orthodox	食べられる	見られる	出られる	おりられる
popular	食べれる	見れる	出れる	おりれる

6. できるだけ　早く　お願いします。

Another word for できるだけ, "as... as possible," is なるべく, as seen in Lesson 2.

7. 何時ごろに　なりますか。

This is another case of using なる to make the question sound softer than the more direct 何時ごろ　来ますか would.

PRACTICE

❏ **KEY SENTENCES**

1. 外出しないで／せずに　待っています。

2. こくさい電話の　かけ方が　わからなくて　困っています。

3. なるべく　早く　れんらくするように　します。
　　　　　　はや

4. 江戸時代の　家みたいな　レストランです。
　　えど　じだい　いえ

1. (I) won't go out—I'll be waiting (for you).
2. Not knowing how to make international calls, I'm at a loss.
3. I'll try to contact you as quickly as possible.
4. (It's) a restaurant which looks like an Edo-period house.

EXERCISES

I Make dialogues by changing the underlined parts as in the examples given.

A. *ex.* **A:** スミスさんは　もう　出かけましたよ。
　　　　　　　　　　　　　て

　　　　B: えっ、<u>昼ご飯を　食べ</u>ないで　出かけてしまったんですか。
　　　　　　　　ひる　はん　た

　　　　　1. コートを　着ません
　　　　　　　　　　　き

　　　　　2. かばんを　持ちません
　　　　　　　　　　　も

　　　　　3. いつ　帰るか　言いません
　　　　　　　　　かえ　　い

　　　　　4. うちあわせを　しません

B. *ex.* **Q:** いつも　<u>電話を　して</u>から　<u>行き</u>ますか。
　　　　　　　　　　でんわ　　　　　い

　　　　A: いいえ、<u>電話を　し</u>ないで　<u>行く</u>ことも　あります。

　　　　　1. 予約を　してから　行きます
　　　　　　　よやく

　　　　　2. 新聞に　目を　通してから　出かけます
　　　　　　　しんぶん　め　とお

　　　　　3. うちへ　電話を　してから　帰ります

　　　　　4. 宿題を　してから　ねます
　　　　　　　しゅくだい

C. *ex.* **Q:** ちょっと　遅れるかも　しれませんが、待っていてくださいま
　　　　　　　　　　おく　　　　　　　　　　　ま
せんか。

　　　　A: はい、では　<u>外出せ</u>ずに　待っています。
　　　　　　　　　　がいしゅつ

　　　　　1. 会議を　始めません
　　　　　　　かいぎ　はじ

　　　　　2. どこへも　出かけません

　　　　　3. 食事に　行きません
　　　　　　　しょくじ

　　　　　4. 何も　決めません
　　　　　　　なに　き

D. *ex.* **Q:** どうか　しましたか。

　　　　A: <u>この　漢字が　読めなくて</u>　困っています。
　　　　　　　　　かんじ　　　　よ　　　　　　こま

　　　　　1. こまかい　お金が　ありません
　　　　　　　　　　　　　かね

　　　　　2. この　きかいの　使い方が　わかりません
　　　　　　　　　　　　　　　　つか　かた

　　　　　3. 一人で　タイヤが　かえられません
　　　　　　　　ひとり

　　　　　4. ハンドバッグが　見つかりません
　　　　　　　　　　　　　　　　み

II Practice the following pattern by changing the underlined parts as in the example given.

　ex.: <u>お金が　たりなくて</u>　<u>ほしい　ものが　買えませんでした</u>。
　　　　　　　　　　　　　　　　　　　　　　　　　　か

　　　1. じこに　あいません、よかったですね

　　　2. 友だちに　会えません、ざんねんでした
　　　　　とも　　　あ

　　　3. 電話番号が　わかりません、電話が　かけられません
　　　　　でん　わ　ばんごう

　　　4. 言われた　ことが　わかりません、何も　答えられませんでした
　　　　　い　　　　　　　　　　　　　なに　こた

III Make dialogues by changing the underlined parts as in examples given.

　A. *ex.* **A:** なるべく　早く　<u>こちらに　返事して</u>ほしいんですが・・・。
　　　　　　　　　　　はや　　　　　　　　へん　じ

　　　　　　B: ええ、できるだけ　早く　<u>返事するように</u>　します。

　　　　　1. 会社に　届ける
　　　　　　　かいしゃ　とど
　　　　　2. テレビを　直す
　　　　　　　　　　　なお
　　　　　3. ドイツ語の　じしょを　返す
　　　　　　　　　　ご　　　　　　かえ
　　　　　4. そちらの　予定を　知らせる
　　　　　　　　　　　よ　てい　し

　B. *ex.* **Q:** いつも　何時ごろ　起きるんですか。
　　　　　　　　　　なん　じ　　　お

　　　　　　A: <u>6時ごろ　起きるように</u>　しています。

　　　　　1. ねる、12時前に
　　　　　　　　　　　　まえ
　　　　　2. 晩ご飯を　食べる、8時前に
　　　　　　　ばん　はん　た
　　　　　3. 勉強を　始める、夕食の　後　すぐに
　　　　　　　べんきょう　はじ　ゆうしょく　あと

4. うちを　出る、ラッシュの　前に

で　　　　　　　　まえ

C. *ex.* **A:** <u>できるだけ　しおを　とらないように</u>　してください。

    B: はい、<u>わかりました</u>。

      1. 会議に　遅れません、わかりました

かい　ぎ　　おく

      2. できるだけ　たばこを　すいません、どりょくします

      3. 毎日　ちゃんと　薬を　飲みます、わかりました

まいにち　　　　くすり　　の

      4. 出張中は　毎日　会社に　れんらくする、　そうします

しゅっちょうちゅう　まいにち　かいしゃ

D. *ex.* **Q:** <u>テレビが　こわれたので、見に　来てもらえ</u>ませんか。

み　　き

    A: はい、わかりました。

      1. 時計が　動かない、しゅうりする

と　けい　うご

      2. 部屋が　きたない、かたづける

へ　や

      3. 今　忙しい、その　件は　後に　する

いま　いそが　　　　けん　あと

      4. 仕事が　のこっている、きみだけ　先に　行く

し　ごと　　　　　　　　　　さき　い

E. *ex.* **A:** <u>ふね</u>みたいな　<u>レストラン</u>ですね。

    B: ええ、ほんとうに　<u>ふね</u>みたいですね。

      1. 子ども、人

こ　　　ひと

      2. 京都、所

きょうと　ところ

      3. 春、日

はる　ひ

      4. （お）しろ、家

いえ

❏ **Vocabulary**

こまかい	small, fine
タイヤ	tire
ハンドバッグ	handbag
じこに　あう	meet with an accident
答える こた	answer, reply
返す かえ	give back, repay

夕食 <small>ゆうしょく</small>	supper
すぐに	right away, soon
とる	eat
どりょくする	make an effort, do one's best
どりょく	effort
ちゃんと	regularly, correctly, perfectly
こわれる	get/be broken
のこる	remain
（お）しろ	castle

SHORT DIALOGUES

1. 佐藤：　今度の　週末、つりに　行かない？　それとも　ドライブに　しようか。
<small>さとう　　　こんど　　しゅうまつ　　　　　い</small>

　鈴木：　今週は　時間が　なくて　行けないよ。
<small>すずき　　こんしゅう　　じかん</small>

Satō:　　Won't you come go fishing next weekend? Or else we could go for a drive?
Suzuki:　This week I don't have time, so I can't go.

2. 課長：　佐藤くんの　家に　どろぼうが　入ったそうだね。
<small>かちょう　　　　　　　いえ　　　　　　　　　はい</small>

　渡辺：　ええ。かぎを　かけないで　出かけたらしいですよ。
<small>わたなべ　　　　　　　　　　　　　で</small>

Section Chief: A robber broke into Satō's house, I hear.
Watanabe:　　Yes, it seems they went out without locking up.

3. せいと：　ちょっと　お願いが　あるんですが。今　よろしいでしょうか。
<small>　　　　　　　　　　ねが　　　　　　　　いま</small>

　先生：　ええ、何か。
<small>せんせい　　なに</small>

　せいと：　日本語で　手紙を　書いたんですが、見ていただけませんか。
<small>にほんご　　てがみ　　か　　　　　　　　み</small>

　先生：　ええ、いいですよ。

Student:　Excuse me, I have a favor to ask. Do you have time now?
Teacher:　Yes, what is it?
Student:　I wrote a letter in Japanese. Wouldn't you check it for me?
Teacher:　Yes, certainly.

❏ **Vocabulary**

それとも　　　　　　or

I Read this lesson's Opening Dialogue and answer the following questions.

1. 鈴木さんは　どこから　サービスセンターに　電話を　かけています
   か。

2. 鈴木さんは　なぜ　困っていますか。

3. 鈴木さんの　住んでいる　となりの　ビルは　何階建てで、どんな
   ビルですか。

4. サービスセンターの　人は　昼に　センターに　もどってから、鈴木
   さんの　うちに　行こうと　思っていますか。

II Put the appropriate particles in the parentheses.

1. 東京駅（　　）むかって　３００メートルぐらい　行く（　　）左側
   （　　）あります。

2. たばこ屋の　先（　　）右（　　）まがってください。

3. かど（　　）１０階建て（　　）マンション（　　）あります。

4. これからは　ねぼうしないよう（　　）します。

III Complete the questions so that they fit the answers.

1. 場所は（　　）へんでしょうか。
   銀座　４ちょう目の　交差点の　近くです。

2. （　　）したんですか。
   コンピューターが　動かなくて　困っているんです。

3. 時間は　だいたい（　　）ごろに　なりますか。
   ３時すぎに　うかがえると　思います。

4. （　　）来られないんですか。
   もう　一つ　別の　約束が　あって、行けないんです。

IV Complete the sentences with the appropriate form of the verbs indicated.

1. 何か月も　雨が（　　）、のうみんは　困っています。（ふりません）

2. 夜 電気を（　　）で、（　　）しまいました。（けしません、ねます）

3. よく（　　）ずに、契約書に サインを（　　）しまいました。（たしかめます、します）

4. くつが きたないので、（　　）もらえませんか。（みがきます）

5. じしょが（　　）、調べられませんでした。（見つかりません）

6. 夕べは シャワーを（　　）で、ねました。（あびません）

V Answer the following questions.

1. あなたは 朝 何も 食べずに 出かけますか。

2. あなたは じしょを ひかないで、日本語の 新聞が 読めますか。

3. あなたは げんきんを 持たずに 買い物に 行く ことが ありますか。

4. 日本人に 会ったら 日本語で あいさつするように していますか。

NEW KANJI

1. 右側／左側

2. 建物

3. ご飯

4. 答える

Kanji for recognition:　交差点

百足のおつかい

虫の国のとのさまが重い病気になりました。

「苦しい。苦しい。早く医者を呼んでくれ。」と言いました。

そこで、虫たちは集まって、相談しました。

「だれか足の速い虫はいませんか」

「だれがいいでしょうか」

「そうだ、百足がいいと思いますよ。百足は足が１００本もあるから、きっと速いでしょう」とひとりが言いました。

「百足さん、百足さん。医者を迎えに行って、連れてきてくれませんか。早くしてください」と百足に頼みました。

「わかりました。１００本の足で走って行きます。」と百足は答えました。

みんなはしばらく待っていましたが、医者は来ません。百足も帰ってきません。

「おかしいねえ。どうしたか見に行ってきます。」と言って、ある虫が玄関まで行くと、そこに百足がいました。「医者はどこだ。早く、早く」と言うと、「今わらじをはいているところです。これから医者を迎えに行ってきます」と言いながら、百足は９９足目のわらじをはいていました。

The Centipede's Errand

The King of the Kingdom of Insects became seriously ill.

"(Oh), the pain, the pain! Quick, call the doctor," (he) said.

So the insects had a meeting to discuss what to do.

"(Among us) insects, isn't there someone who's swift of foot?"

"Who'd be good, do you suppose?"

"That's it! The centipede would be good, I think. Since the centipede has (as many as) a hundred legs, surely he's fast," one (insect) said.

(They asked the centipede, saying,) "Mr. Centipede, Mr. Centipede, won't you please go to the doctor and bring him here? Do it quickly, please."

"Of course. I'll go running on my hundred legs," the centipede answered.

Everyone waited for some time, but the doctor didn't come. Nor did the centipede return.

Saying, "Strange, isn't it? I'll go and see what's happened," one insect went to the entrance hall, and there was the centipede.

When (the insect) said, "Where's the doctor? Quick! Quick!" the centipede said,

"(I'm) now putting on my straw sandals. Then I'll go get the doctor." With this, he put on the ninety-ninth sandal.

❏ Vocabulary

百足 （むかで）	centipede
おつかい	errand, mission
虫 （むし）	insects
とのさま	lord, king
苦しい （くる）	painful, suffocating, be difficult, awkward
医者を 呼んでくれ （いしゃ） （よ）	send for/call a doctor
くれ	(plain imperative of くださ い)
そこで	thereupon
足の はやい （あし）	swift of foot
そうだ	that's it!
走っていく （はし）	go running
答える （こた）	answer
ある	a certain, one
わらじ	straw sandals
はいている ところです	(just) now putting on
９９足目 （そく め）	the ninety-ninth
足 （そく）	(Lit.) "pair" (shoes, socks, etc; counter)

目
め
(suffix added to numbers and counters to make ordinal numbers)

LESSON
13

A THANK YOU PHONE CALL
お礼の電話
れい　でん　わ

Mrs. Tanaka follows up a social visit.

田中夫人：　　　もしもし、スミスさんの　お宅でいらっしゃ
たなか ふじん　　　　　　　　　　　　　　　　　　　　たく
　　　　　　　　いますか。

スミスのむすこ：　はい、スミスです。

田中夫人：　　　田中でございますが、お母様　いらっしゃい
　　　　　　　　　　　　　　　　　かあさま
　　　　　　　　ますか。

スミスのむすこ：　はい、おります。ちょっと　お待ちください。
　　　　　　　　　　　　　　　　　　　　　　　　　ま

スミス夫人：　　どうも　お待たせいたしました。

田中夫人：　　　田中でございますが、昨日は　お招きいただ
　　　　　　　　　　　　　　　　さくじつ　　　　まね
　　　　　　　　きまして、ありがとうございました。

スミス夫人：　　こちらこそ、みな様に　おいでいただいて、
　　　　　　　　　　　　　　さま
　　　　　　　　とても　楽しかったです。お送りする　つも
　　　　　　　　　　　たの　　　　　　　　　おく
　　　　　　　　りでしたが、あいにく　車の　調子が　悪く
　　　　　　　　　　　　　　　　　くるま　ちょうし　わる
　　　　　　　　て、失礼いたしました。おつかれに　なりま
　　　　　　　　　しつれい

144

せんでしたか。

田中夫人： いいえ。主人も　子どもたちも　とても　よろこんでおりました。ほんとうに　ありがとうございました。

スミス夫人： こちらこそ　おみやげを　いただいて、ありがとうございました。

田中夫人： いいえ。今度は　私どもの　うちにも　ぜひおいでください。

スミス夫人： ありがとうございます。

田中夫人： では、どうぞ　みな様に　よろしく　おっしゃってください。

スミス夫人： はい。どうも　ごていねいに　お電話を　ありがとうございました。

Mrs. Tanaka:	Hello, is that Mrs. Smith's house?
Mrs. Smith's son:	Yes, it is.
Tanaka:	This is Mrs. Tanaka. Is your mother there?
Mrs. Smith's son:	Yes, she is. Wait a moment please.
Mrs. Smith:	Sorry to keep you waiting.
Tanaka:	This is Mrs. Tanaka. Thank you so much for inviting us yesterday.
Smith:	We should be the ones (to thank you). (We're) very glad everybody could come. (We) intended to take you home, but unfortunately the car wasn't running well. I'm sorry. Weren't you all tired out?
Tanaka:	No. Both (my) husband and the children were very pleased. (We) really do want to thank you.
Smith:	You're welcome. And thank you for your present.
Tanaka:	Not at all. Next time all of you must (please) come to our house.
Smith:	Thank you.
Tanaka:	Please give our best regards to everyone.
Smith:	Certainly. Thank you for calling. It's so considerate of you.

❑ Vocabulary

〜でいらっしゃる	be (respect lang.)
おる	be (humble lang.)
招く	invite
いただきまして	（て form of いただきます）
こそ	(Lit.) "indeed"
おいで	be, come, go (respect lang.)
お〜する	(humble lang.)
あいにく	unfortunately
いたす	do (humble lang.)
お〜に　なる	do (respect lang.)
私ども	we (humble lang.)
おっしゃる	say (respect lang.)
（ご）ていねいに	considerate, (Lit.) "politely, respectfully, conscientiously"

GRAMMAR & LESSON OBJECTIVES

• 敬語 II

The appropriate usage of *Keigo* (terms of respect) depends on the relationships between people, primarily between the speaker and his or her listener, secondarily when a third person is referred to. Let's look at two determinants and the related patterns and vocabulary. The first determinant is the order of hierarchy. While the speaker chooses respect language when speaking to or about seniors or elders, social status, power and patronage are also factors which may come into play. The second determinant, as shown in the diagram, is ingroup-outgroup relationships.

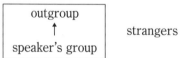
strangers

When speaking or referring to a person in the outgroup, the speaker chooses terms of respect, and he uses humble expressions to talk about himself and his group. *Keigo* are limited primarily to current relationships. They are not usual where strangers are concerned, nor for people who are famous or historical personages known only by name.

Especially in business circles, the ingroup-outgroup dichotomy is important; in ingroup relations, hierarchy is important. Generally speaking, elderly ladies speak in a very polite manner, as shown in the Opening Dialogue. Some businessmen, however, also talk like this, especially when they are speaking to someone important connected with their business.

Here, the forms and usage of *Keigo* are explained in detail. If you find them too difficult, you need not learn them all at this stage but can leave them until you are at a more advanced stage, by which time you will surely realize the importance of *Keigo*.

For the moment, increase your familiarity with some expressions, such as くださる、いただく、いらっしゃる、めしあがる, etc., which have already appeared frequently in former lessons.

• お + ます stem に なる, お + ます stem する and other polite expressions

おつかれに　なりませんでしたか。(to show respect)

お送りする　つもりでした…。(to show humility)

Certain words and patterns clearly identify expressions of respect and humility.

1. Expressions of respect

   As in the first example above, ordinary verbs become respect language when put in the pattern お + ます stem + に　なる.

   ex. お電話を　おかけに　なりますか。"Will (you) phone?"

2. Expressions of humility

   As in the second example, ordinary verbs become humble when put in the pattern of お + ます stem + する／いたす. This is the same type expression as ごあんないしましょう (in Book II, Lesson 3), which might also be ごあんないいたしましょう (politer).

   ex. お見せしましょう。"(We'll) show (you)."

Some special verbs used to show respect and humility are listed in the table below.

Special verbs to show respect	Neutral	Special verbs to show humility
なさる	する	いたす
いらっしゃる／おいでに　なる	来る	まいる／うかがう
いらっしゃる	行く	まいる／うかがう
いらっしゃる	いる	おる
めしあがる	食べる	いただく
おっしゃる	言う	申す
くださる	くれる	———
———	もらう	いただく
ごらんに　なる	見る	はいけんする
———	聞く	うかがう

The usage of まいる is unrestricted, but うかがう is limited to cases where one goes to a place connected with the object of respect. The use of うかがう, "to listen to" or "to ask," and はいけんする, "to see," should also be limited to when the object of the verb is to be respected.

ex. 1. あした　お宅に　うかがいます／まいります。
　　　　 たく

　　　"(I'll) go to (your) house tomorrow."

　　2. あした　京都に　まいります。"(I'm) going to Kyoto tomorrow."
　　　　　　 きょうと

　　3. 学生の　とき　先生の　こうぎを　うかがいました。
　　　 がくせい　　　　 せんせい

　　　"I attended your class (Lit. "I listened to your lecture") when I was a student."

The verbs showing respect conjugate as Regular I verbs, but the ます forms of なさる, いらっしゃる, おっしゃる and くださる (marked with an asterisk above) drop the "r" to become なさいます, いらっしゃいます, おっしゃいます, and くださいます.

The verbs showing humility, except for はいけんする, also belong to the Regular I class.

● でいらっしゃいます, でございます for です

もしもし、スミスさんの　お宅でいらっしゃいますか。
　　　　　　　　　　　　 たく

はい、スミスでございます。

These two patterns make what is said sound polite.

Note the difference between でございます (for です) and が　ございます (for が　あります).

ex. 1. パーティーは　6時からでございます。
　　　　　　　　　　 じ

　　　"The party is from six o'clock."

　　2. あちらに　受付が　ございます。
　　　　　　　 うけつけ

　　　"There's a reception desk over there."

Another expression of this type is ていただく as in みな様に　おいでいただいて　とても　楽しかった です。
　　　　　　　　　　　　　　　　　　　　　　　　　　　 たの

The difference between お + ます stem いただく and お + ます stem する／いたす is that with the former an action is performed for the speaker and with the latter the speaker performs an action for another person. Nouns that combine with する, such as ごあんない, お電話 and ごそうだん, frequently occur in these patterns.
　　　　　　　　　 でんわ

NOTES

1. お招きいただきまして
　 まね

　　まして is the て form of ます. It sounds even politer than お招きいただいて.
　　　　　　　　　　　　　　　　　　　　　　　　　　　　　　 まね

2. こちらこそ　ありがとうございました

　　こそ coming after a word places stress on that word. The sense of こちらこそ is that the obligation is really on this side, i.e., on me/us.

PRACTICE

❏ **KEY SENTENCES**

1. お出かけに　なりますか。
　　 で

2. みな様を 車で お送りしましょう。
   <ruby>様<rt>さま</rt></ruby> <ruby>車<rt>くるま</rt></ruby> <ruby>送<rt>おく</rt></ruby>

3. お招きいただきまして、ありがとうございます。
   <ruby>招<rt>まね</rt></ruby>

1. Are you going out?
2. I'll send you all (home) by car.
3. Thank you very much for inviting (me/us).

EXERCISES

I Practice the following dialogue as a telephone conversation.

（あなた） ： もしもし、加藤さんでいらっしゃいますか。
                        か とう

加藤　　　 ： はい、加藤でございます。

（あなた） ： （あなたの 名前）ですが／でございますが、ご主人は／
                        な まえ   しゅじん

　　　　　　　 おく様は いらっしゃいますか。
                        さま

加藤　　　 ： 今日は 用事で 出かけております。
                        きょう よう じ   で

（あなた） ： そうですか。では、また 後ほど お電話いたします。
                                        のち   でん わ

II Make dialogues by changing the underlined parts as in the examples given.

A. *ex.* **A:** どうぞ 中に お入りください。
                        なか   はい

　　　 B: はい、ありがとうございます。

　　　　　 1. ゆっくり 休む　　　　　　4. そこに かける
                        やす

　　　　　 2. （お）好きなだけ とる　　5. いつでも たずねる
                        す

　　　　　 3. よろしく 伝える
                        つた

B. *ex.* **Q:** いつ お出かけに なりますか。
                        で

　　　 A: 来月の 三日に 出かけます。
                        らいげつ みっか   で

　　　　　 1. どこで 話す、さくら会館で
                        はな   かい かん

　　　　　 2. 何を 読む、しゅうかんしを
                        なに   よ

　　　　　 3. いつ 着く、来週の 土曜日に
                        つ   らいしゅう ど よう び

　　　　　 4. どれを えらぶ、赤いのを
                        あか

III Practice the following patterns by changing the underlined parts as in the example given.

ex. 小沢さんは <u>りっぱな うちを お建てに</u> なりました。

1. タクシーで 6時ごろ 帰った
2. 2か月前に なくなった
3. 先月 定年で やくしょを やめた
4. すいえいを して ずいぶん やせた

IV Make dialogues by changing the underlined parts as in example given.

ex. Q: <u>車で お送り</u>しましょうか。

A: お願いします。

1. にもつを 持つ	4. 見本を 見せる
2. かさを 貸す	5. 東京を あんないする
3. 書類を 届ける	6. みなさんに しょうかいする

V Practice the following patterns by changing the underlined parts as in the examples given.

A. ex. Q: ご主人は <u>います</u>か。→ご主人は <u>いらっしゃいます</u>か。

A: はい、<u>います</u>。 →はい、<u>おります</u>。

1. Q: いつ 東京に <u>来ました</u>か

   A: 先月 <u>来ました</u>

2. A: どうぞ ケーキを <u>食べてください</u>

   B: はい、<u>食べます</u>

3. Q: だれが <u>します</u>か

   A: 私が <u>します</u>

4. A: あした 私の うちに <u>来てください</u>

   B: はい、<u>行きます</u>

5. Q: <u>おくさんの 名前</u>は 何と <u>言います</u>か

A:　ゆき子と　<u>言います</u>

6. Q:　<u>どこへ</u>　<u>行きますか</u>

A:　銀座へ　<u>行きます</u>

7. Q:　<u>だれが</u>　<u>くれましたか</u>

A:　スミスさんに　<u>もらいました</u>

B. *ex.* <u>昨日は</u>　<u>お招きいただいて</u>　ありがとうございました。

1.　きちょうな　本を　お貸しいただく

2.　けっこうな　物を　お送りいただく

3.　いい　方を　ごしょうかいいただく

4.　車で　送っていただく

5.　資料を　届けていただく

❏ Vocabulary

好きなだけ	as much as you like
さくら会館	Sakura Hall
会館	hall
見本	sample
きちょう（な）	valuable, rare (for responses)
まいる	go/come (humble)
めしあがる	eat/drink (respect lang.)
なさる	do (respect lang.)
うかがう	visit (humble)
申す	say (humble)

SHORT DIALOGUES

1. A:　今度　ごいっしょに　お食事でも　いかがですか。

B:　ありがとうございます。ぜひ。

B:　先日は　ごちそうに　なりまして、ありがとうございました。

A:　いいえ、こちらも　楽しゅうございました。

A: Would you have a meal (or something) with me sometime?
B: Thank you (for asking). I'd love to.
B: Thank you for your kind hospitality the other day.
A: Not at all. I enjoyed your company, too.

2. 渡辺：　　鈴木さんの　お父様が　なくなった　ことを　ごぞんじですか。
　　わたなべ　　　　すずき　　　とうさま

　　中村：　　いいえ、知りませんでした。いつですか。
　　なかむら　　　　　　し

　　渡辺：　　先週の　水曜日だそうです。
　　わたなべ　　せんしゅう　すいようび

Watanabe:　　Did you know that Mr. Suzuki's father passed away?
Nakamura:　　No, I didn't. When?
Watanabe:　　I hear it was last Wednesday.

❏ **Vocabulary**

今度 こんど	sometime, soon
ごちそうになる	be treated, entertained
楽しゅうございます たの	(polite form of 楽しいです) たの
ごぞんじですか	(respect form of 知っていますか) し

QUIZ

I Read this lesson's Opening Dialogue and answer the following questions.

1. だれが　だれの　うちに　招かれましたか。
　　　　　　　　　　　　まね

2. スミスさんは　みんなを　車で　送りましたか。
　　　　　　　　　　　くるま　おく

3. 田中さんは　おくさんと　二人で　スミスさんの　うちを　たずねま
　たなか　　　　　　　ふたり
　したか。

4. 田中さんは　スミスさんに　おみやげを　持っていきましたか。
　　　　　　　　　　　　　　　　　も

5. 「みなさんに　よろしく　言ってください」と「みな様に　よろしく
　　　　　　　　　　　い　　　　　　　　　　さま
　おっしゃってください」と　どちらが　ていねいな　言い方ですか。
　　　　　　　　　　　　　　　　　　　　　　　　い　かた

II Put the appropriate particles or inflections in the parentheses.

1. もしもし　田中さんの　お宅でいらっしゃいますか。
　　　　　　　　　　　たく
　はい、田中（　　　）ございます。

2. このごろ　体（　　）調子（　　）よく　ありません。

3. 主人も　子どもたち（　　）とても　よろこんでおりました。

4. 1年ぐらい　勉強すれ（　　）、日本語（　　）話せるよう（　　）な
るでしょう。

III Complete the questions so that they fit the answers.

1. デザートは（　　）を　めしあがりますか。

   アイスクリームを　いただきます。

2. お食事は（　　）に　なさいますか。

   8時に　お願いします。

3. あしたは（　　）に　いらっしゃいますか。

   午前中なら　うちに　おります。

4. （　　）が　ロンドンに　いらっしゃるんですか。

   部長が　いらっしゃるそうです。

IV Complete the sentences with the appropriate form of the verbs indicated.

1. 先生は　来年　大学を　お（　　）に　なります。（やめる）

2. どうぞ　たくさん（　　）ください。（めしあがる）

3. おにもつを　お（　　）しましょう。（持つ）

4. お好きな　ものを　お（　　）ください。（とる）

5. 何時ごろ　お（　　）に　なりましたか。（着く）

   お（　　）に　なったでしょう。（つかれる）

6. 初めに　どなたが　お（　　）に　なりますか。（話す）

7. きのう（　　）方から　お電話が　ありました。（いらっしゃる）

8. 私が　みな様に　ご説明（　　）ます。（いたす）

V Choose a sentence appropriate to the situation described.

A. You wish to express gratitude politely for a present sent to you the pre-
vious day.

1. 昨日は　けっこうな　ものを　お送りいただきまして　ありがと
うございました。

2. きのうは　いいものを　送ってくれて　ありがとう。

3. 昨日は　いいものを　もらいました。ありがとうございます。

B. You want to invite a client for a dinner.

1. おなかが　おすきに　なったら　お食事に　しましょう。

2. 先日は　ごちそうに　なりまして、ありがとうございました。

3. 今度　ごいっしょに　お食事でも　いかがでしょうか。

C. You want to ask Mr. Tanaka in a polite way if it's convenient to visit his company about 3:00 in the afternoon.

1. 午後　3時ごろ　そちらに　うかがいたいと　思いますが、ご都
合は　いかがでしょうか。

2. 午後　3時ごろ　そちらに　行きたいと　思いますが、都合は
どうですか。

3. 午後　3時ごろ　そちらに　いらっしゃりたいと　思いますが、
よろしいでしょうか。

NEW KANJI

1. お宅
タク

2. 失礼
シツレイ

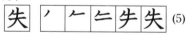

3. 昨日
サクジツ

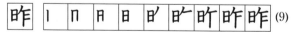

4. 招く
   <ruby>招<rt>まね</rt></ruby>

   | 招 | 一 | 十 | 扌 | 扪 | 扪 | 扣 | 招 | 招 | (8) |

   ショウ

5. 貸す
   <ruby>貸<rt>か</rt></ruby>

   | 貸 | ノ | イ | 仁 | 代 | 代 | 代 | 伫 | 俗 | 贷 | 贷 | 貸 | 貸 | (12) |

   タイ

LESSON
14

LATE FOR A DATE
約束の時間に遅れる
<small>やくそく　じ　かん　おく</small>

Ms. Nakamura is irritated because Mr. Johnson hasn't come yet and she's afraid they'll be late for the concert.

中村：　　ジョンソンさん、遅いですね。待ち合わせの　時間は
<small>なかむら</small>　　　　　　　　　　　　<small>おそ</small>　　　　　　<small>ま　あ</small>　　　　　<small>じ　かん</small>

　　　　6時10分でしょう。
　　　　<small>じ　ぶん</small>

チャン：　ええ。もう　6時半です。約束の　時間を　20分も
　　　　　　　　　　　<small>はん</small>　　　<small>やくそく</small>　　<small>じかん</small>

　　　　すぎているのに、来ませんね。もう　会場に　行かな
　　　　　　　　　　　　<small>き</small>　　　　　　　　<small>かいじょう</small>　　<small>い</small>

　　　　いと、間に合いませんよ。
　　　　　　<small>ま</small>

中村：　　そうですね。ほんとうに　どう　したんでしょう。先
　　　　　　　　　　　　　　　　　　　　　　　　　　　　<small>さき</small>

　　　　に　行きましょうか。けい子さんを　待たせると　悪
　　　　　　　　　　　　　　　　<small>こ</small>　　　　　　　　　　　　　　<small>わる</small>

　　　　いですから。

チャン：　そうですね。いっしょに　行かなくても　ジョンソン

　　　　さんは　場所を　よく　知っていますし、切符も　渡
　　　　　　　　<small>ば　しょ</small>　　　　<small>し</small>　　　　　　<small>きっぷ</small>　　<small>わた</small>

　　　　してありますから、だいじょうぶでしょう。

Johnson apologizes.

ジョンソン： どうも　遅くなって　申しわけありません。出かけ
ようと　した　とき、電話が　かかってきて・・・。
それに　来る　とちゅう、デモに　あって　タク
シーが　なかなか　進まなくて　困りました。

チャン： いったい　どう　したんだろうって、心配してい
たんですよ。

ジョンソン： ご心配　かけて　申しわけありません。

中村： さあ、急ぎましょう。

Nakamura:　Mr. Johnson's quite late, isn't he? The time for meeting was 6:10, wasn't it?
Chang:　Yes. It's already 6:30. Even though it's twenty minutes after the time agreed on, he (still) hasn't come. If we don't go to the concert hall now, we won't be in time.
Nakamura:　That's right. What happened (to him), I wonder? Shall we go on ahead? It's impolite to keep Keiko waiting.
Chang:　Isn't that (the truth). Even if we don't go in together, it's OK because Mr. Johnson knows the place well and (I) already gave him a ticket.
Johnson:　I'm terribly late. I do apologize. Just when I was about to go out, there was a phone call. Then on the way we ran into a demonstration and the taxi couldn't move at all. It was quite frustrating.
Chang:　(We) wondered what on earth might have happened and we were worried.
Johnson:　I'm awfully sorry to make you worry.
Nakamura:　Well, then, let's hurry.

❏ **Vocabulary**

待ち合わせ	meeting (by appointment), waiting
のに	even though (particle)
～（よ）うと　した　とき	just when... (happened)
電話が　かかってくる	receive a phone call
とちゅう	on the way
デモ	demonstration
あう	meet with, encounter
進む	advance, proceed

いったい		what on earth!
心配（を） _{しんぱい}	かける	make (someone) worry
心配 _{しんぱい}		worry, anxiety, uneasiness

GRAMMAR & LESSON OBJECTIVES

• Particle のに

約束の　時間を　２０分も　すぎているのに、来ませんね。
_{やくそく}　_{じかん}　　_{ぷん}　　　　　　　　　_き

のに links two contradictions or apparent contradictions. It comes after plain forms, nouns or な adjectives, as in 雨なのに, 静かなのに. (See Appendix A.) In very polite
_{あめ}　　　　_{しず}
speech, it follows です／ます endings.

ex.　６年間も　学校で　英語を　勉強したのに、話せません。
_{ねんかん}　_{がっこう}　_{えいご}　_{べんきょう}　　_{はな}

"(I) studied English at school for six years but (I) can't speak (it)."

This particle is appropriate when something has already occurred or obviously exists. It can be compared with ても.

ex. 1.　何回も　電話したのに、かれに　れんらくできませんでした。
_{なんかい}　_{でんわ}

"Even though (I) phoned many times, I couldn't reach him."

2.　会社に　電話しても、今日は　かれは　会社に　いませんよ。
_{かいしゃ}　_{でんわ}　_{きょう}　　　　_{かいしゃ}

"(You can) phone the company, but he won't be at work today."

• （よう）と　した　とき

This pattern consists of the volitional form and としたとき. Another example:

外国人に　英語で　話そうと　した　とき、かれが　日本語で　話し始めました。
_{がいこくじん}　_{えいご}　_{はな}　　　　　　　　　_{にほんご}　_{はな はじ}

"Just as (I) was about to speak to a foreigner in English, he began speaking Japanese."

NOTES

1. ほんとうに　どう　したんでしょう。

ほうとうに may be used for its literal meaning, "really," but often it is only for emphasis.

2. けい子さんを　待たせると　悪いですから。
_こ　　　_ま　　_{わる}

悪い implies a feeling of regret or deference about what has happened or is going to
_{わる}
happen. It is like saying "It's impolite to… ," or "I feel bad about…"

ex.　私の　自転車を　今週中　使っても　いいですよ。
_{わたし}　_{じてんしゃ}　_{こんしゅうちゅう} _{つか}

"I don't mind if you use my bicycle all this week."

　ありがとう。悪いですねえ。"Thank you. I feel bad (about depriving you of it)."
_{わる}

3. 出かけようと　した　とき、電話が　かかってきて…。
<ruby>出<rt>て</rt></ruby>かけようと　した　とき、<ruby>電話<rt>でんわ</rt></ruby>が　かかってきて…。

Johnson is giving reasons for being late, so he leaves the sentence unfinished, rather than ending it with 遅れました. The addition of くる after かかる specifies the direction of the call.

4. 来る　とちゅう　デモに　会って…。
<ruby>来<rt>く</rt></ruby>る　とちゅう　デモに　<ruby>会<rt>あ</rt></ruby>って…。

The dictionary form plus とちゅう is a common way of saying "on the way."

5. どう　したんだろうって、心配していたんですよ。
どう　したんだろうって、<ruby>心配<rt>しんぱい</rt></ruby>していたんですよ。

This って is a colloquial equivalent of と, which shows that the previous clause(s) is a quotation. (See Book II, Lesson 8.)

6. ご心配　かけて　申しわけありません。
ご<ruby>心配<rt>しんぱい</rt></ruby>　かけて　<ruby>申<rt>もう</rt></ruby>しわけありません。

Two other expressions similar to this are: お<ruby>手数<rt>てすう</rt></ruby>かけて　<ruby>申<rt>もう</rt></ruby>しわけありません and

ごめんどう　かけて　<ruby>申<rt>もう</rt></ruby>しわけありません, both of which are apologies meaning

"(I'm/We're) awfully sorry to have caused (you) trouble/inconvenience."

PRACTICE

❏ **KEY SENTENCES**

1. <ruby>約束<rt>やくそく</rt></ruby>の　<ruby>時間<rt>じかん</rt></ruby>を　２０<ruby>分<rt>ぷん</rt></ruby>も　すぎているのに、ジョンソンさんは　<ruby>来<rt>き</rt></ruby>ません。

2. <ruby>出<rt>て</rt></ruby>かけようと　した　とき、<ruby>電話<rt>でんわ</rt></ruby>が　かかってきました。

1. Even though it's twenty minutes past (Lit. "have passed") the time agreed on, Johnson still hasn't come.
2. Just as (I) was about to go out, there was a phone call.

EXERCISES

I **Make dialogues by changing the underlined parts as in the examples given.**

A. *ex.* A: <u>３０<ruby>分<rt>ぷん</rt></ruby>も　すぎている</u>のに　まだ　<ruby>来<rt>き</rt></ruby>ませんね。

B: ほんとうに　どう　したんでしょう。

1. <ruby>道<rt>みち</rt></ruby>が　すいています

2. <ruby>早<rt>はや</rt></ruby>く　<ruby>来<rt>く</rt></ruby>ると　<ruby>言<rt>い</rt></ruby>いました

3. ぜったいに　<ruby>遅<rt>おく</rt></ruby>れないと　<ruby>言<rt>い</rt></ruby>いました

4. ていねいに　<ruby>地図<rt>ちず</rt></ruby>を　<ruby>書<rt>か</rt></ruby>いてあげました

5. うちが　近いです

B. ex. **A:** 雨なのに　ゴルフに　行くんですか。

B: しかたが　ありません。仕事ですから。

1. かぜです

2. お子さんが　病気です

3. 下手です

4. きらいです

II Practice the following pattern by changing the underlined parts as in the examples given.

A. ex. 薬を　飲んだのに　ねつが　下がりません。

1. たしかめました、まだ　ミスが　ありました

2. 田中さんが　意見を　言っています、だれも　聞いていません

3. この　テレビは　高かったです、すぐ　こしょうしました

4. 春です、まだ　さむいです

5. 日曜日です、働かなければ　なりません

6. 上手です、日本語を　使いません

7. むかしは　きれいな　海でした、今は　魚も　いません

B. ex. 出かけようと　した　とき　大阪支社から　電話が　ありました。

1. 食事を　する、地震が　ありました

2. 帰る、課長から　仕事を　たのまれました

3. 電車に　のる、ドアが　閉まってしまいました

4. 意見を　言う、ベルが　なって　クラスが　終わりました

5. お金を　払う、さいふを　わすれた　ことに　気が　つきました

C. ex. けい子さんを　待たせると　悪いですよ。

1. 約束の　時間に　遅れます、悪いですよ

2. あなたが　いません、さびしいです

3. おおぜいで　食事を　します、楽しいですね
しょくじ　　　　　　　　　　たの

4. みんな　来てくれます、うれしいですね
き

5. 犬を　さんぽに　つれていきません、かわいそうです
いぬ

6. おとしよりを　歩かせます、気のどくです
ある　　　　　き

7. 子どもの　帰りが　遅いです、心配です
こ　　　かえ　　　おそ　　　　しんぱい

8. やちんが　高いです、たいへんです
たか

III Make dialogues by changing the underlined parts as in the examples given.

A.　*ex.*　**Q:** どこで　じこに　あいましたか。

　　　A: <u>ここに　来る</u>　とちゅう、じこに　あいました。
　　　　　　　　く

　　　1. 会社に　来ます
　　　　　かいしゃ

　　　2. うちに　帰ります

　　　3. 駅に　行きます
　　　　　えき　い

　　　4. 買い物に　行きます
　　　　　か　もの

B.　*ex.*　**A:** どう　したんだろうって、心配していたんですよ。

　　　B: <u>ご心配　かけて</u>　申しわけありません。
　　　　　　　　　　　　　もう

　　　1. ごめいわくを　かける

　　　2. お待たせする
　　　　　ま

　　　3. 遅く　なる

　　　4. 時間に　遅れてしまう
　　　　　じかん

　　　5. 電話するのを　わすれる
　　　　　でんわ

❏ Vocabulary

ぜったいに	absolutely
しかたが　ありません	It can't be helped, (Lit.) "There's no way of doing..."
下がる	go down, fall
さ	
まだ	still

ミス	mistake
意見 _{いけん}	opinion
ベル	bell
気が　つく _き	notice, realize, regain consciousness
かわいそう（な）	poor, miserable
（お）としより	old people
気のどく（な） _き	pitiable
（ご）めいわくを　かける	cause (someone) trouble
（ご）めいわく	(your) trouble, inconvenience

SHORT DIALOGUES

スミス夫人： _{ふじん}	あしたから　1週間ほど　るすに　します。すみませんが、にもつが _{しゅうかん} 来たら　預かっていただけませんでしょうか。 _き　_{あず}
となりの人： _{ひと}	いいですよ。
スミス夫人： _{ふじん}	ごめんどうを　おかけして、申しわけありません。 _{もう}
となりの人： _{ひと}	いいえ、どうぞ　ご心配なく。 _{しんぱい}

Mrs. Smith:	From tomorrow (we'll) be away for a week. Could you please take care of our parcel when it's delivered?
Neighbor:	Yes, I'll take care of (it).
Mrs. Smith:	I'm afraid it'll be troublesome (for you), but. . .
Neighbor:	No, don't worry.

❏ Vocabulary

（ご）めんどうを　かける	cause (a person) trouble
めんどう（な）	troublesome, annoying
（ご）心配なく _{しんぱい}	don't worry

QUIZ

I Read this lesson's Opening Dialogue and answer the following questions.

1. 中村さんたちと　ジョンソンさんは　何時に　待ち合わせる　約束を
_{なかむら}　　　　　　　　　　　_{なんじ}　_ま　_あ　　　_{やくそく}
しましたか。

2. コンサートの　日に、ジョンソンさんの　切符は　だれが　持ってい
　　　　　　　_ひ　　　　　　　　　_{きっぷ}　　　　　　_も

ましたか。

3. ジョンソンさんは　一人で　会場に　行けるだろうと　チャンさんは
   <ruby>ひとり</ruby> <ruby>かいじょう</ruby> <ruby>い</ruby>
   思っていますか。
   <ruby>おも</ruby>

4. けい子さんも　中村さんたちと　いっしょに　ジョンソンさんを　待
   <ruby>こ</ruby> <ruby>なかむら</ruby> <ruby>ま</ruby>
   っていますか。

II　Put the appropriate words in the parentheses.

1. けい子さん（　　）待たせる（　　）悪いですから、先（　　）行き
   <ruby>わる</ruby> <ruby>さき</ruby>
   ましょう。

2. いっしょに　行かなくて（　　）、一人（　　）行けます。

3. ねよう（　　）した　とき、電話（　　）かかってきました。
   <ruby>でんわ</ruby>

4. 大使館（　　）行く　とちゅう　デモ（　　）あって、遅れてしまい
   <ruby>たいしかん</ruby> <ruby>おく</ruby>
   ました。

5. 約束の　時間（　　）４０分も　すぎています。
   <ruby>やくそく</ruby> <ruby>じかん</ruby> <ruby>ぶん</ruby>

6. どうしたんだろうっ（　　）、心配していました。
   <ruby>しんぱい</ruby>

III　Circle the appropriate words in the parentheses.

1. 日曜日は　（めったに、あいにく、あまり）雨で　花見に　行けません
   <ruby>にちようび</ruby> <ruby>あめ</ruby> <ruby>はなみ</ruby>
   でした。

2. （いったい、ぜったいに、たった）どこで　さいふを　おとしたんだ
   ろう。

3. 急いでいますから、資料を　（なかなか、できるだけ、ほとんど）早く
   <ruby>いそ</ruby> <ruby>しりょう</ruby> <ruby>はや</ruby>
   そろえてください。

4. 川の　水が　よごれていて、（なるべく、いったい、めったに）ほたる
   <ruby>かわ</ruby> <ruby>みず</ruby>
   が　見られません。
   <ruby>み</ruby>

5. 予定の　時間を　すぎているのに、会議は　（ほとんど、なかなか、め
   <ruby>よてい</ruby> <ruby>じかん</ruby> <ruby>かいぎ</ruby>
   ったに）終わりません。
   <ruby>お</ruby>

IV Complete the sentences with the appropriate form of the verbs indicated.

1. 地図を　書いて（　　）のに、（　　）しまいました。（もらいました、
なくしました）

2. 水が（　　）のに、海で（　　）います。（つめたいです、およぎま
す）

3. 日本語が（　　）のに、日本語を　話しません。（わかります）

4. 歌が（　　）のに、大きい　声で（　　）います。（下手です、歌いま
す）

5. 朝から　何も（　　）のに、ぜんぜん　おなかが　すきません。（食べ
ていません）

6. もう（　　）のに、ちっとも　あつくなりません。（夏です）

7. 3時に　会う　約束を（　　）のに、まだ　来ません。（しました）

8. 昼ご飯を（　　）と　した　とき、地震が　ありました。（食べます）

9. うちに（　　）と　した　とき、課長に　よばれました。（帰ります）

10. （　　）と　した　とき、電話が　かかってきました。（シャワーを
あびる）

V Choose a sentence appropriate to the situation described.

A. **You apologize for keeping a client waiting.**

1. 遅い　時間で　すみません。

2. お待たせして　申しわけありません。

3. ごめいわくを　かけて　申しわけありません。

B. **You want to say you are sure Suzuki will keep his promise.**

1. けっこうですよ。

2. いいですよ。

3. だいじょうぶですよ。

NEW KANJI

1. 進む
   すす

   シン・すす(める)

2. 心配
   シンパイ
   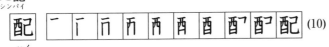
   ハイ

3. 渡す
   わた
   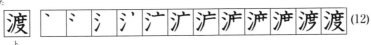
   ト

4. 待つ
   ま

   タイ

5. 悪い
   わる
   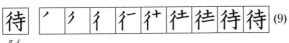
   アク

6. 海
   うみ
   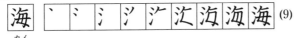
   カイ

A TRANSFER, A RESIGNATION
転勤、辞職
てんきん　じしょく

Mr. Hayashi introduces Mr. Satō, recently transferred to the head office, to Mr. Johnson.

林部長：　ジョンソンさん、こちらは　今度　東京本社に
はやしぶちょう　　　　　　　　　　　　こんど　とうきょうほんしゃ

　　　　　勤務することに　なった　佐藤さんです。
　　　　　きんむ　　　　　　　　　　さとう

佐藤：　　佐藤です。４月から　こちらの　営業部で　働く
　　　　　　　　　　　　　がつ　　　　　　　えいぎょうぶ　　はたら

　　　　　ことに　なりました。

ジョンソン：　京都に　出張に　行った　とき、ちょっと　お目
きょうと　　　しゅっちょう　い　　　　　　　　　　　　　め
にかかりましたね。

佐藤：　　　ええ、覚えています。どうぞ　よろしく　お願い
さとう　　　　　　おぼ　　　　　　　　　　　　　　　　　　　　ねが
します。

ジョンソン：　こちらこそ、どうぞ　よろしく。

Ms. Yamada plans to leave the company to do more congenial work.

鈴木：　　　山田さんが　会社を　やめるんだって？
すずき　　　やまだ　　　かいしゃ

渡辺：　　　ええ、前から　やめたがっていましたから。3月で
わたなべ　　　まえ　　　　　　　　　　　　　　　　　　　　　　　がつ
やめる　ことに　したそうです。

鈴木：　　　それで、これから　どうする　つもりだろう。

渡辺：　　　勤めを　やめて、好きな　デザイン関係の　仕事を
つと　　　　　　　す　　　　　　　　　かんけい　　しごと
友だちと　始めるそうです。
とも　　　はじ

When Ms. Yamada leaves the company.

山田：　　　いろいろ　お世話に　なりました。3月で　たいしょ
せわ
くする　ことに　なりました。

林部長：　ごくろうさまでした。デザイン関係の　仕事を　始め
はやしぶちょう
るそうですね。若い　ときに　いろいろ　やってみる
わか
のは　いい　ことですね。

山田：　　　ありがとうございます。自分の　店を　持つのが　ゆ
じぶん　　みせ　も
めでした。

林部長：　そうですか。うちの　会社も　何か　力に　なれると
　　はやしぶちょう
　　　　　　思いますよ。何でも　えんりょなく　言ってください。
　　　　　　　おも　　　　　　なん　　　　　　　　　　　　い
山田：　　　ぜひ、お願いします。長い　間、ありがとうございま
　　やまだ　　　　　　ねが　　　　　　　なが　　あいだ
　　　　　　した。

Department
Chief Hayashi: Mr. Johnson, this is Mr. Satō. It's been decided he'll work at the Tokyo head
　　　　　　office from now on.
Satō:　　　　I'm Satō. From April I'll be working in the sales department here.
Johnson:　　When I went to Kyoto on business we met, didn't we?
Satō:　　　　Yes, I remember that. I'm glad I'll be working with you.
Johnson:　　The pleasure's all mine.

Suzuki:　　　Did you hear—Yamada's leaving the company?
Watanabe:　　Um. She's been wanting to quit for some time. I heard she's decided to leave in March.
Suzuki:　　　What's she planning to do, I wonder?
Watanabe:　　She said she's going to stop going to an office and start doing the design-related work
　　　　　　she likes with her friend.

Yamada:　　　Thank you for helping me in many ways. I have decided to resign from the company in
　　　　　　March.
Hayashi:　　Many thanks for your hard work. I've heard you are going to begin work in the design
　　　　　　field. I think it's good to try out various things when you're young.
Yamada:　　　Thank you (for your interest). It's been my dream to have my own shop.
Hayashi:　　I see. I believe our company will be able to help you somehow. Don't hesitate to ask for
　　　　　　anything.
Yamada:　　　(Please do help me.) Thank you (for looking after me) for a long time.

❏ Vocabulary

勤務する きんむ	work, serve
勤務 きんむ	service, duty
ことに　なる	be decided (that)
営業部 えいぎょうぶ	sales department
営業 えいぎょう	sales
お目に　かかる め	meet (humble)
ことに　する	decide (that)
勤め つと	work (for a company) duty, service
デザイン	design

たいしょくする	resign, leave a company
ごくろうさま	many thanks for your trouble/hard work
ゆめ	dream
力に　なる _{ちから}	help, support
力 _{ちから}	power, strength
長い　間 _{なが}　_{あいだ}	for a long time

GRAMMAR & LESSON OBJECTIVES

● ことに　なる／する

こちらは　今度　東京に　勤務する　ことに　なった　佐藤さんです。
_{こんど}　_{とうきょう}　_{きんむ}　　　　　　_{さとう}

４月から　こちらの　営業部で　働く　ことに　なりました。
_{がつ}　　　　　　_{えいぎょうぶ}　_{はたら}

（山田さんは）　３月で　（会社を）　やめる　ことに　したそうです。
_{やまだ}　　　_{がつ}　　_{かいしゃ}

These patterns, the dictionary form with ことに　なる／する, are the same in meaning as に　なる and に　する. They are preceded by a clause summarizing the situation that has been decided on or changed. The negative pattern is ない form ことに　なる／する.

ex. 1. 大阪へ　行かない　ことに　なりました。
_{おおさか}　_い

"It's been decided that I won't go to Osaka."

2. 大阪へ　行かない　ことに　しました。 "(I) decided not to go to Osaka."
_{おおさか}　_い

NOTES

1. 覚えています.
_{おぼ}

Attention must be given to which forms of 覚える express which meanings. The ている
_{おぼ}

form is appropriate in this case because the meaning is "Something became fixed in my mind (once) and I (still) remember it." For the meaning "I'll memorize/learn," 覚えます
_{おぼ}

can be used. To say "I remember (now)" or "I recall/have (just) recalled (it now), a different verb is necessary, namely, 思い出しました.
_{おも}　_だ

2. 会社を　やめる。
_{かいしゃ}

勤めを　やめる。
_{つと}

The particle を is used with やめる, and also with 休む, as in 会社を　休む.
_{やす}　　　　　_{かいしゃ}　_{やす}

PRACTICE

❏ KEY SENTENCES

1. 来年　本社が　移転する　ことに　なりました。
_{らいねん}　_{ほんしゃ}　_{いてん}

2. 私は たばこを やめる ことに しました。
   わたし

1. It's been decided to move the head office next year.
2. I've decided to stop smoking.

EXERCISES

Make dialogues by changing the underlined parts as in the examples given.

  A. *ex.* **Q:** 会議の けっかは どう なりましたか。
          かい ぎ

        A: <u>会社が 移転する</u> ことに なりました。
          かいしゃ い てん

         1. 全員の 給料が 上がります
           ぜんいん きゅうりょう あ

         2. ホンコンに 支店を 作ります
                  し てん つく

         3. オフィスで たばこを すっては いけません

         4. ストライキを しません

  B. *ex.* **Q:** こちらは どなたですか。

        A: <u>今度 営業部で 働く</u> ことに なった 佐藤さんです。
          こん ど えいぎょうぶ はたら   さ とう

         1. 仕事を 手伝ってくれます
           し ごと て つだ

         2. シドニーに はけんされます

         3. せんでん部で デザインの 仕事を します

         4. 今度 うちの 会社に 来てもらいます
                      き

  C. *ex.* 鈴木: 夏休みに 何を するつもりですか。
       すず き   なつやす   なに

        チャン: <u>国に 帰る</u>ことに しました。
             く に かえ

         1. うちで ゆっくり 休みます
                    やす

         2. 日本語の 集中こうざを 受けます
           に ほん ご しゅうちゅう   う

         3. 休まないで 働きます

         4. ボランティアとして 子どもの キャンプに さんかします
                        こ

  D. *ex.* **Q:** やっぱり <u>会社を やめる</u>んですか。

        A: いろいろ 考えましたが、<u>やめ</u>ない ことに しました。
               かんが

         1. にわの 木を 切ります
               き き

  2. べっきょします

  3. お見合いを　します

  4. 会社の　近くに　引っこします

  5. 社長に　直接　話します

E. *ex.* **Q:** <u>にもつの　けんさを　するんですか。</u>

  A: すみません。そういう　ことに　なっていまして・・・。

  1. たばこを　すっては　いけません

  2. くつを　ぬいで　入ります

  3. ここに　しょめいします

  4. はんこじゃ　なければ　だめです

F. *ex.* **Q:** 中村さんは　<u>休みを　とらないんだって？</u>

  A: そうらしいですよ。

  1. ミスを　した　ことが　ありません

  2. ぜんぜん　およげません

  3. よく　出張します

  4. アメリカに　りゅうがくした　ことが　あります

❏ **Vocabulary**

オフィス	office
シドニー	Sydney
はけんする	send (a person)
はけん	dispatch
集中こうざ	intensive course
集中	concentration
こうざ	course, lecture
ボランティア	volunteer
キャンプ	camp
さんかする	participate, take part in
さんか	participation

べっきょする   live separately

（お）見合いを　する   have a marriage interview

けんさ   inspection, examination, test

SHORT DIALOGUES

1. 清水：   あのう、今度　けっこんする　ことに　なりました。

   加藤：   ほう、それは　おめでとう。

   清水：   実は　うちの　課の　佐藤さんとなんです。

   Shimizu: Er, I'm going to get married.
   Katō: Oh, congratulations!
   Shimizu: Actually, I'm marrying Mr. Satō in our section.

2. A: 先週　三日も　休んでしまった。

   B: まじめに　働かないと　くびに　なるよ。

   A: I took three days off last week.
   B: If (you) don't get more serious about your work, you'll be fired.

3. 佐藤：   長い　こと　お世話に　なりましたが、今度　本社に　もどる　ことに
              なりました。今日は　転勤の　ごあいさつに　まいりました。

   とりひき先： それは　ごていねいに。こちらこそ　お世話に　なりました。

   佐藤：   こちら　こうにんの　山下です。今後とも　よろしく　お願いいたしま
              す。

   Satō: Thank you for your help over such a long time. I've been transferred back to the
               main office. I've come today to say good-bye.
   Client: That's very thoughtful. Thank you, too.
   Satō: This is Yamashita. He's taking over (from me).

❏ Vocabulary

清水	Japanese surname
ほう	oh
おめでとう	congratulations
くびに　なる	get/be fired
くび	neck
長い　こと	for a long time

こうにん	successor (to a post)
今後とも こんご	from now on
山下 やました	Japanese surname

I Read this lesson's Opening Dialogue and answer the following questions.

1. ジョンソンさんと 佐藤さんは 以前 会った ことが ありますか。
   さとう　　　　　　いぜん　あ

2. 佐藤さんは いつから 東京本社で 働く ことに なりましたか。
   とうきょうほんしゃ　はたら

3. 山田さんは 会社を やめて 何を 始める ことに しましたか。
   やまだ　　　かいしゃ　　　　　なに　はじ

4. 山田さんが 会社を やめる ことを 渡辺さんは 前から 知って
   わたなべ　　　まえ　　し
   いましたか。

5. ジョンソンさんは どこから 東京に 転勤してきたか あなたは
   てんきん
   覚えていますか。
   おぼ

6. 山田さんの ゆめは 何でしたか。
   なん

II Put the appropriate particles in the parentheses.

1. ねつ（　　）４０度も あるので、会社（　　）休むことに しまし
   ど　　　　　　　　　　　　　　やす
   た。

2. 林さんは ぼうえき関係（　　）仕事（　　）なさっていたそうで
   はやし　　　　　　かんけい　　　しごと
   す。

3. 先日 パーティー（　　）東京電気の 社長に お目（　　）かかり
   せんじつ　　　　　　　　とうきょうでんき　しゃちょう　　め
   ました。

4. 友だち（　　）手伝ってもらわないで、自分（　　）日本語の 手紙
   とも　　　　てつだ　　　　　　　　じぶん　　　　にほんご　てがみ
   を 書いてみます。
   か

III Complete the questions so that they fit the answers.

1. 夏休みに（　　）を する 予定ですか。
   なつやす　　　　　　　　よてい
   北海道を 旅行する ことに しました。
   ほっかいどう　りょこう

2. （　　）が 手伝いに 来てくれるんですか。
   てつだ　　き

近くに　住んでいる　姉が　来てくれる　ことに　なりました。

3. 会議の　けっかは　（　　）　なりましたか。

あの　プロジェクトは　やめる　ことに　なりました。

IV Complete the sentences with the appropriate form of the verbs indicated.

1. おいわいに　時計を　（　　）ことに　します。（さしあげます）

2. 駅前の　道は　車が　（　　）ことに　なりました。（通れません）

3. つぎの　会議は　京都で　（　　）ことに　なりました。（開かれます）

4. 鈴木さんを　ロンドンに　勉強に　（　　）ことに　しました。（行かせます）

5. ジョンソンさんが　げんこうを　（　　）ことに　なりました。（ほんやくしてくれます）

6. 中村さんは　1か月　けんしゅうを　（　　）ことに　なっています。（受けます）

V Choose a sentence appropriate to the situation described.

A. You want to ask someone if he or she remembers when Johnson's birthday is.

1. ジョンソンさんの　たんじょう日を　覚えていますか。

2. ジョンソンさんの　たんじょう日を　覚えるんですか。

3. ジョンソンさんの　たんじょう日を　覚えましたか。

B. You acknowledge being introduced to a friend's section chief.

1. どうぞ　よろしく　お伝えください。

2. どうぞ　よろしく　お願いいたします。

3. どうぞ　よろしくと　おっしゃっていました。

C. You introduce a newcomer, Yamashita, to your coworkers.

1. こちらは　今度　転勤する　ことに　なった　山下さんです。

2. 山下さんは　新しく　会社に　入りました。

3. こちらは　今度　会社に　入った　山下さんです。

1. 働く
   はたら
    ノ イ 亻 仃 仃 佇 佇 佇 俥 俥 働 働 働 (13)
   ドウ

2. 力
   ちから
   力 フ 力 (2)
   リョク・リキ

3. 覚える
   おぼ
   覚 丶 丷 丷 丷 ⺍ ⺍ 労 労 労 労 労 覚 (12)
   カク

4. 若い
   わか
   若 一 十 ⺾ ⺾ 芢 芢 若 若 (8)

5. 姉
   あね
   姉 く 夕 女 女 姉 姉 姉 姉 (8)
   シ

6. 妹
   いもうと
   妹 く 夕 女 女 妡 妦 妦 妹 (8)
   マイ

LESSON
16

SUZUKI CAUGHT LOAFING
仕事をさぼるな
しごと

Mr. Katō, faced with some urgent business, wants to know what Mr. Suzuki's been up to.

加藤： 鈴木くん、大事な 書類を 広げたまま どこに 行っ
かとう すずき だいじ しょるい ひろ い
てたんだ。きみの いない 間に、大阪支社から 何度
あいだ おおさかししゃ なんど
も 電話が あったよ。
でんわ

鈴木： すみません。

加藤： もう一度 書類に 目を 通して、メモに 書いてある
いちど め とお か
通りに 必要な 資料を そろえといてくれないか。
とお ひつよう しりょう

鈴木： いつまでに すれば よろしいでしょうか。

加藤： あしたの 会議で 使うから、今日中に たのむよ。
かいぎ つか きょうじゅう

鈴木： はい、わかりました。

Mr. Satō hears that Suzuki's been loafing.

佐藤： 鈴木くん、ちょっと 話が あるんだけど・・・。今日
さとう はなし
は ずいぶん 忙しそうだね。
いそが

鈴木： 課長から　今日中に　資料を　そろえろって　言われて
るので、やってしまわなければ　ならないんだ。

佐藤： それじゃ、じゃましない　ほうが　いいね。

鈴木： 仕事を　さぼるなって、さっき　言われたし。仕事が
終わったら、きみの　ところに　行くよ。

佐藤： じゃ、待ってるよ。

Katō: Suzuki, (some) papers were left lying on your desk. Where have you been? There were many telephone calls from the Osaka office while you weren't around.
Suzuki: Sorry.
Katō: Look the papers over again and get the necessary documents ready, as was written up in the memorandum.
Suzuki: When does (it) have to be finished?
Katō: I want it (done) today since they're to be used at the meeting tomorrow.
Suzuki: I'll do it (right away).
Satō: Suzuki, I have something to talk to you about, but you seem to be quite busy today.
Suzuki: I was told by the section chief to get some documents ready sometime today and I have to finish doing it.
Satō: I shouldn't be bothering you, then.
Suzuki: I was just told not to loaf on the job. I'll come to you when I finish (my) work.
Satō: I'll be waiting for you.

❏ Vocabulary

大事（な）	important
広げる	(lie) open, spread, unfold
（～た）まま	as it is/was
言ってた	(contraction of 言っていた)
間に	while
メモ	memorandum
通りに	as, like, (Lit.) "way"
そろえといて	(contraction of そろえておいて)
そろえる	get ready
～てくれないか	(less polite than てくれませんか)
～てくれ	(imperative of てください)
そろえろ	(imperative of そろえる)

〜って	(colloquial for と)
言われてる	(contraction of 言われている)
じゃまする	bother, interfere
じゃま	hindrance, barrier, inconvenience
仕事を　さぼる	loaf on the job
さぼる	loaf, play hooky (from "sabotage")
な	don't
待ってる	(contraction of 待っている)

GRAMMAR & LESSON OBJECTIVES

- Rough speech

どこに　行ってたんだ instead of... 行っていたんですか.

必要な　書類を　そろえといてくれないか instead of... そろえておいてくれませんか.

Mr. Katō is irritated by Suzuki's manner and snaps at him. This style of speech is not heard in more formal situations. Young boys are apt to use this style of speech, as well as fathers when talking to their offspring, and teachers or others in positions of authority when talking to those under them.

- Plain imperatives—"Do" and "Don't"

Plain imperatives should not be used in ordinary situations either, but they may occur in emergencies. The forms are as follows.

Reg. I:	行く → 行け;　飲む → 飲め;　帰る → 帰れ;　言う → 言え
Reg. II:	そろえる → そろえろ;　食べる → 食べろ;　いる → いろ;　見る → 見ろ
Irreg:	来る → 来い;　する → しろ

Note that くれる does not become くれろ. "Give!" is くれ.

Another common pattern—the ます stem + なさい (imperative form of なさる)—is favored by superiors when speaking to those under them and is given in this lesson's Short Dialogues. This pattern is also used conventionally in instructions for tests, as in つぎの　文を　英語に　やくしなさい. "Translate the following sentences into English."

さぼるな instead of さぼっては　いけません is a negative imperative. The pattern is dictionary form plus な and means "Don't. . ." Other examples are: 来るな, "Don't come"; 出るな, "Don't go out"; 飲むな, "Don't drink (it)"; 動くな, "Don't move" or "Freeze."

In addition to urgent situations or in rough speech, these imperatives are used when one quotes orders given by others.

ex. 1. 資料を　そろえろって　言われました。 "I was told to get the documents ready."

2. 仕事を　さぼるなって　言われた。 "I was told not to loaf on the job."

• Contracted forms

言ってたんだ, そろえといて, 言われてる, 待ってる

Contracted forms appear frequently in informal speech, whether friendly or not. Note how the え of て or the い of いる／いた are dropped, as follows: そろえておいて → そろえといて, 行っていたんだ → 行ってたんだ, 言われている → 言われてる, 待っている → 待ってる, and so on. Other frequently encountered examples are: 待っててください, for 待っていてください, and しときました for しておきました.

NOTES

1. 大事な 書類を 広げたまま

た form of a verb followed by まま indicates there has been no change since something was done or occurred. Adjectives and demonstratives also come before まま.

   ex. 1. 切らずに 大きいまま 食べてください。

        "Eat it whole, without cutting it up."

      2. そのまま お待ちください。

        "Please wait (right there)." "Hold on, please."

2. きみの いない 間に

間 is a noun meaning "space" or "interval (of time)." It does not occur after the た form of verbs.

   ex. 1. 待っている 間に この 資料を 読んでおいてください。

        "Please (finish) reading this material while (you're) waiting."

      2. るすの 間に だれか 来ましたか。

        "Did anybody come while I was out?"

3. メモに 書いてある 通りに...

The particle に is sometimes dropped. 通り comes after demonstratives and verbs (dictionary form and た form). After nouns, 通り becomes 通り.

   ex. 1. この 通り (に) 作ってください。 "Please make it like this."

      2. かれの 言う 通り (に) しました。 "I did it just as he told me to."

      3. 言われた 通り (に) しました。 "I did (it) the way I was told to."

      4. 約束通り (に) ３時に 来てください。

        "Please come at three, the appointed time."

4. いつまでに すれば よろしいでしょうか。

Either いいでしょうか or いいですか might have been used here, but the speaker chose the more polite よろしいでしょうか.

5. 鈴木くん、ちょっと。
   _{すずき}

   Although ちょっと in this context defies translation and so seems meaningless, it makes the sentence softer, less demanding.

6. きみの　ところに　行くよ。
   _い

   This would never be きみに　行く. It is always the equivalent of "your place," "the
   _い

   place where you are." Similarly with objects in many cases, for example:

   1. まどの　ところに　行ってください。"Go to the window, please."
      _い

   2. ドアの　ところで　待っています。"I'll be waiting at the door."
      _ま

PRACTICE

❏ KEY SENTENCES

1. まどを　閉めろと　言ったのに、かれは　開けたまま　部屋を　出ていっ
   _し　　　　_い　　　　　　　　_あ　　　　　　_{へや}　　　_で
   た。

2. けいかんに　ここに　車を　止めるなって　言われた。
   　　　　　　　　_{くるま}　_と

3. 言った　通りに　必要な　書類を　そろえといてくれないか。
   　　　_{とお}　　_{ひつよう}　_{しょるい}

4. きみの　いない　間に、3度も　電話が　あったよ。
   　　　　　　　_{あいだ}　_ど　　_{でんわ}

1. I told him to close the window, but he went out of the room leaving it open.
2. I was told by a policeman not to park the car here.
3. Prepare the necessary papers as I told you to.
4. While you weren't around, there were three telephone calls.

EXERCISES

I **Verbs: Study the examples, convert into affirmative and negative imperative forms, and memorize.**

　　　ex.　Reg. I　　　　　　　　　Reg. II

　　　書く → 書け、書くな　　　　食べる → 食べろ、食べるな
　　　_か　　　　　　　　　　　　_た

　　　話す → 話せ、話すな　　　　見る → 見ろ、見るな
　　　_{はな}　　　　　　　　　　　_み

　　　言う → 言え、言うな　　　　Irreg.
　　　_い

　　　待つ → 待て、待つな　　　　来る → 来い、来るな
　　　_ま　　　　　　　　　　　_く　　_こ　　_く

　　　　　　　　　　　　　　　　　する → しろ、するな

1. 読む よ	5. まがる	9. 止める と
2. かたづける	6. あそぶ	10. およぐ
3. 持ってくる も	7. 見せる み	11. 買う か
4. そうだんする	8. 開ける あ	12. 走る はし

II Make dialogues by changing the underlined parts as in the examples given.

A. *ex.* 部長： ちょっと <u>これを 調べて</u>くれないか。
   ぶちょう   しら

鈴木： はい、わかりました。
すずき

1. 資料を せいりする
   しりょう

2. お客さんの あいてを する
   きゃく

3. 契約書を もう 一度 見る
   けいやくしょ   いちど

4. この 新聞きじを 切りとる
   しんぶん   き

B. *ex.* 佐藤： 課長に 何て 言われたんだ？
   さとう かちょう なん い

鈴木： <u>資料を そろえろ</u>って 言われたんだ。
すずき

1. すぐ 帰ってくる
   かえ

2. ゆっくり 話す
   はな

3. 早く かたづける
   はや

4. 気を つける
   き

5. もっと 勉強する
   べんきょう

C. *ex.* **Q:** あそこに 何て 書いてありますか。
   か

A. <u>交差点の 近くに 車を 止める</u>なって 書いてあります。
   こうさてん ちか   くるま と

1. ここを 渡る
   わた

2. スピードを 出す
   だ

3. さけを 飲んで 運転する
   の   うんてん

4. ここに ごみを すてる

III Practice the following patterns by changing the underlined parts as in the examples given.

A. *ex.* <u>地震だ</u>！　<u>火を　けせ</u>！
じしん　　　ひ

   1.　地震だ、　ガスを　止める
              と

   2.　火事だ、１１９に　電話する
     かじ　　　　　　　てんわ

   3.　じこだ、　救急車を　よぶ
         きゅうきゅうしゃ

   4.　どろぼうだ、　１１０番する
              ばん

   5.　あぶない、　にげる

   6.　火事だ、　あわてない

   7.　地震だ、　外に　出ない
          そと　で

B. *ex.* 写真を　<u>見ています</u>。　　　→　　　写真を　<u>見てます</u>。
しゃしん　み

     コピーを　<u>しておきました</u>。　→　　コピーを　<u>しときました</u>。

   1.　めがねを　さがしています

   2.　エンジンの　調子を　調べているんです
          ちょうし　しら

   3.　書類を　そのままに　しておいてください
     しょるい

   4.　今日中に　れんらくしておきましょう
     きょうじゅう

   5.　ふねに　のる　前に　薬を　飲んでおきました
          まえ　くすり　の

C. *ex.* 佐藤さんは　<u>まどを　開けた</u>まま　<u>外出する</u>そうです。
さとう　　　　　　あ　　　　　　がいしゅつ

   1.　テレビを　つけました、ねてしまいます

   2.　店の　前に　車を　止めました、どこかへ　行ってしまいました
     みせ　　まえ　くるま　　と　　　　　　　　　　　　　い

   3.　あそびに　行きました、帰ってきません
            かえ

   4.　じしょを　借りていきました、返しに　来ません
         か　　　　　　　かえ　　き

IV Make dialogues by changing the underlined parts as in the examples given.

A. *ex.* **Q:** <u>まどを　閉め</u>ましょうか。
し

    A: いいえ、<u>開けたまま</u>で　いいです。

    1.　電気を　けす、つける
     でんき

2. この 書類を しまう、出す
   （しょるい）（だ）

3. ケーキを 小さく 切る、切らずに 大きい
   （ちい）（き）（おお）

4. スープを あたためる、つめたい

B. *ex.* **Q:** どう 書いたら いいですか。
   （か）

   A: 言う 通りに 書いてください。
   （い）（とお）

   1. やります、言われました

   2. します、思っています
   （おも）

   3. 準備します、書いてあります
   （じゅんび）

   4. 説明します、見ました
   （せつめい）（み）

V **Practice the following patterns by changing the underlined parts as in the examples given.**

   A. *ex.* 時間 通りに 来てください。
   （じかん）（とお）（き）

   1. 約束、3時に 来ました
   （やくそく）（じ）

   2. 予定、実行します
   （よてい）（じっこう）

   3. 計画、行われます
   （けいかく）（おこな）

   4. せいきゅう書、お払いします
   （しょ）（はら）

   B. *ex.* 子どもが ねている 間に 買い物に 行ってきます。
   （こ）（あいだ）（か）（もの）（い）

   1. 出かけています、どろぼうに 入られました
   （で）（はい）

   2. ここで お待ちに なっています、できます
   （ま）

   3. トラックで 運んでいます、くさってしまいました
   （はこ）

   4. 旅行しています、花が かれてしまいました
   （りょこう）（はな）

   5. るすです、だれか 来たようです

❏ **Vocabulary**

   せいりする   put in order, (re)adjust

   せいり   (re)arrangement, regulation

あいてを　する	deal with, wait on
あいて	partner, other party, opponent
きじ	article
切りとる	cut out, tear off, amputate
何て	＝何と
気を　つける	be careful, pay attention
渡る	cross
スピードを　出す	(put on) speed
スピード	speed
ガス	gas
１１９番	119 (emergency number for fire, ambulance)
１１０番する	dial 110 (emergency number for police)
１１０番	110 (emergency number for police)
にげる	run away
あわてる	be flustered, confused, panic
そのまま	as it is/was
あたためる	warm up, heat up
実行する	carry out, execute
実行	practice, action, implementation
トラック	truck
くさる	rot, go bad, corrupt
かれる	wither, die

SHORT DIALOGUES

1. 母：　　　　早く　しなさい。学校に　遅れますよ。
   子ども：　ノートが　なくなっちゃった。
   母：　　　　そこの　ソファーの　上に　あるでしょ。早く　行きなさい。

   Mother:　Hurry up! You'll be late for school.
   Child:　My notebook's disappeared.
   Mother:　It's on that sofa. Now, get going.

2. 女：　たすけて！　どろぼう！
   男：　あ、あいつだ。つかまえろ！　待て！

   Woman:　Help! Thief!
   Man:　Ah, that's him. Catch him! (Hey you) Wait!

❏ **Vocabulary**

ノート	notebook
～ちゃった	(contraction of てしまった)
ソファー	sofa
行きなさい	go!
たすけて	Help me! (abbreviation of たすけてください)
たすける	help, save
あいつ	that guy, he (colloquial men's speech)
つかまえる	catch, arrest

QUIZ

I Read this lesson's Opening Dialogue and answer the following questions.

1. 大阪支社から　電話が　あった　とき、鈴木さんは　書類を　広げた　まま　どこかに　行っていましたか。

2. 鈴木さんは　加藤さんに　資料を　そろえておくように　言われましたか、大阪支社に　電話するように　言われましたか。

3. 佐藤さんと　鈴木さんは　ていねいな　ことばで　話していますか。

4. 佐藤さんは　鈴木さんの　ところへ　仕事の　話を　しに　来たと　思いますか、それとも　おしゃべりを　しに　来たと　思いますか。

II Put the appropriate particles in the parentheses.

1. その　仕事（　　）終わったら、部長（　　）ところに　行ってくれないか。

2. メモ（　　）書いてある　通りに　電話（　　）伝えてください。

3. 鈴木さんは　仕事（　　）さぼって、お茶を　飲み（　　）行ったようだ。

4. まちがい（　　）ない（　　）どうか　もう一度　書類（　　）目を　通してください。

5. ちょっと　出かけてくるから、田中さん（　　）電話（　　）あった
   ら、聞いておいてください。

6. 今日中（　　）必要な　資料（　　）そろえなければ　ならないんだ。

III Complete the questions so that they fit the answers.

1. （　　）までに　すれば　よろしいんでしょうか。

   今週中に　たのむよ。

2. （　　）デザインに　しましょうか。

   この　図面　通りに　作ってください。

3. （　　）で　会おうか。

   駅の　前で　待ってるよ。

4. （　　）したら　いいんだろう。

   まず　電話で　たしかめたら。

5. あそこに（　　）て　書いてありますか。

   ごみを　すてるなって　書いてあるんですよ。

IV Complete the sentences with the appropriate form of the words in the parentheses.

1. 佐藤さんは　まどを（　　）まま　出かけてしまった。（開けました）

2. 先生から（　　）通りに　資料を　調べた。（言われました）

3. きみが（　　）間に　手紙が　届いた。（休んでいます）

4. 車に（　　）まま　買い物が　できます。（のりました）

5. スーパーで　買い物を（　　）間に　自転車を　とられてしまいまし
   た。（しています）

6. きみが（　　）通りに　やりなさい。（思いました）

V Complete the sentences with a plain imperative form of the verbs indicated.

1. 早く（　　）。（来ます）

2. 大事な　書類だから、（　　）。（なくしません）

3. 手を（　　）。（上げます）

4. 約束を（　　　）。（わすれません）

5. 電気を（　　　）。（けします）

VI **Choose a sentence appropriate to the situation described.**

   A. Tell a close friend not to be late (as man to man).

     1.　約束を　したから　遅れないでくださいませんか。

     2.　約束の　時間に　遅れるなよ。

     3.　約束の　時間に　遅れるよ。

   B. Ask a close friend to contact you when he arrives at the station (as man to man).

     1.　駅に　着いたら、れんらくしてくれないか。

     2.　駅に　着いたら、れんらくしていただけませんか。

     3.　駅に　着いたら、れんらくしてあげてくれないか。

NEW KANJI

1. 資料
シリョウ

(13)

2. 書類
ショルイ

類　類　類　類 (18)

3. 必要
ヒツヨウ

必 ` ソ 必 必 必 (5)
かなら(ず)

要 一 厂 戸 両 西 要 要 要 (9)
い(る)

4. 忙しい
いそが

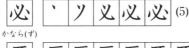 (6)
ボウ

5. 運転する
ウンテン

転 一 ㇠ ㇠ 亡 車 車 軒 転 転 転 (11)

外来語
がいらいご

　日本では外来語が多く使われています。新聞、雑誌、広告、
にほん　　　がいらいご　おお　つか　　　　　　しんぶん　ざっし　こうこく
看板などいろいろなところで、かたかなで書かれたことばを
かんばん
見かけます。今では、日本人の生活に深く入りこんでいて、
み　　　　いま　　　にほんじん　せいかつ　ふか　はい
外来語を使わずに文を書いたり話したりすることは、ほとん
がいらいご　つか　　　ぶん　か　　　はな
ど不可能です。「ジュース」「パン」「クリスマス」「コンピュ
ふかのう
ーター」「アレルギー」など物品や行事、科学の知識など
ぶっぴん　ぎょうじ　かがく　　ちしき
とともに入ってきた名詞がもっとも多いのですが、「サボる」
はい　　　めいし　　　　　おお
「ダブる」のように動詞として使われ、ほとんど日本語化して
どうし　　つか　　　　　にほんごか
しまったことばもあります。

「仕事をさぼってしまった」
しごと
「ばらの花を買ってきたわ」「あら、私もよ。だぶってしまっ
はな　か　　　　わたし
たわね」

のようにひらがなで書かれることもあり、ほんとうは外来語
か　　　　　　　がいらいご
だということに気がつかない人もいます。他に「メモる」「デ
き　　　ひと　　ほか
モる」など「外来語＋る」の形で動詞化されるもの、「ダイエ
がいらいご　　かたち　どうしか
ットする」「エキサイトする」のように「外来語＋する」の形
がいらいご　　　かたち
で動詞化されるものなどがあります。
どうしか

Loanwords

Many loanwords are used in Japan. You come across such words written in katakana in newspapers, magazines, and advertisements, on signboards, and in many other places. Nowadays, such loanwords have become such an integral part of Japanese daily life that it is virtually impossible to write or speak without using them. Most loanwords—like *jūsu* (juice), *pan* (bread), *kurisumasu* (Christmas), *konpyūtā* (computer), and *arerugi* (allergy)— are nouns that entered as physical objects, science, or rites and rituals, while others, such as *saboru* (to skip, cut a class, etc.) and *daburu* (to end up with two of the same thing) are used in their verb forms and become almost completely naturalized Japanese.

"I skipped out on work today."

"I bought some roses." "Oh my, me too. We went and did the same thing."

As in the examples above, loanwords are sometimes written in hiragana, and there are people who don't realize that they are actually loanwords. There also instances, such in *memoru* (to take a memo) and *demoru* (to demonstrate), in which the loanword is followed by *-ru* and made into a verb, as well as loanwords verbalized by the addition of *suru*, as in *daietto suru* (to diet) and *ekisaito suru* (to become excited).

❏ **Vocabulary**

外来語 がいらいご	loanword
広告 こうこく	advertisement
看板 かんばん	signboard
ことば	word
見かける み	happen to see
深く ふか	deeply, profoundly
入りこんでいる はい	penetrate
文 ぶん	sentence, text, writing
不可能 （な） ふ か のう	impossible
アレルギー	allergy
物品 ぶっぴん	article, commodity
行事 ぎょうじ	(religious or social) rites, events, functions
科学 か がく	science
知識 ち しき	knowledge
～とともに	together with
名詞 めい し	noun
もっとも	the most...
だぶる	duplicate, repeat the same thing (from "double")
動詞 どう し	verb

〜化する	-change, turn, be transformed into
メモる	take a note, make a memo
デモる	demonstrate, take part in a demonstration
形	form, shape
ダイエットする	diet
エキサイトする	become excited

LESSON
17

WEIGHT CONTROL
やせるため

Mr. Hayashi and Mr. Smith chat during their coffee break.

林：　スミスさん、ずっと　ジョギングを　続けておられま
はやし　　　　　　　　　　　　　　　　　　　　　　つづ
　　　すか。

スミス：　毎朝　続けるのは　なかなか　むずかしいですね。夜
　　　　　まいあさ　　　　　　　　　　　　　　　　　　　　　よる
　　　は　遅くまで　仕事が　ありますし、日曜日の　朝は
　　　　　おそ　　　　しごと　　　　　　　にちようび　　あさ
　　　ゴルフに　行きますし・・・。
　　　　　　　　い

林：　妻も　やせる　ために　ジョギングを　始めたんです
　　　つま　　　　　　　　　　　　　　　　　　　　はじ
　　　けど、ぜんぜん　こうかが　上がりません。
　　　　　　　　　　　　　　　　　あ

スミス：　私も　このごろ　かなり　ふとってきましたから、食
　　　　　わたし　　　　　　　　　　　　　　　　　　　　　　　た
　　　べすぎないように　注意しています。
　　　　　　　　　　　ちゅうい

林：　妻は　あまい　ものが　好きで　よく　食べますから、
　　　　　　　　　　　　　　す
　　　ちっとも　やせません。

スミス：　そう言えば、先日　おくさんが　作られた　ケーキを
　　　　　　い　　　せんじつ　　　　　　　つく
　　　いただきましたが、とても　おいしかったですよ。

林：　　　スミスさんの　おくさんの　日本料理も　すばらしい
(はやし)　　　　　　　　　　　　　　　　(にほんりょうり)
　　　　　です ね。

スミス：　このごろは　ふとらないように　日本料理を　食べて
　　　　　　　　　　　　　　　　　　　　　　　　　　　(た)
　　　　　います。林さんは　けんこうの　ために　何か　運動
　　　　　　　　　　　　　　　　　　　　　(なに)　(うんどう)
　　　　　を　始められたと　うかがいましたが。
　　　　　　(はじ)

林：　　　大した　ことでは　ないんです。毎朝　１５分くらい
(たい)　　　　　　　　　　　　　(まいあさ)　　(ふん)
　　　　　なわとびや　たいそうを　するように　しています。

スミス：　今でも　山に　登られるんですか。
　　　　(いま)　(やま)　(のぼ)

林：　　　ええ、たまに　登ります。運動を　始めてから、よく
　　　　　眠れるように　なりました。
　　　　(ねむ)

Hayashi:　Mr. Smith, have you kept up your jogging all this time?
Smith:　　To keep on (doing it) every morning is quite difficult. There are (days when) I have work to do until late at night, and on Sunday mornings I play golf so...
Hayashi:　My wife started jogging to lose weight, but it doesn't have any effect at all.
Smith:　　I'm getting fat these days, too, so I take care not to overeat.
Hayashi:　My wife likes sweet things and eats a lot, so she doesn't lose weight at all.
Smith:　　In fact, the other day we had some cake your wife made. It was very good.
Hayashi:　Mrs. Smith's Japanese cooking is also splendid.
Smith:　　Nowadays, so as not to gain weight, I eat Japanese cooking. I heard you started (taking) some exercise for (your) health.
Hayashi:　Oh, it's nothing special. Mornings I try to do fifteen minutes of skipping rope or calisthenics.
Smith:　　Do you climb mountains, even now?
Hayashi:　Yes, occasionally (I go climbing). Since starting (my) exercises I've begun to sleep very well.

❏ **Vocabulary**

続ける (つづ)	keep up, continue, go on
～ておられる	= ている (respect lang.)
～（の）ために	(in order) to, for
こうか	effect, efficiency
上がる (あ)	(Lit.) "be derived/attained"

192　VOCABULARY

ふとる	get fat, gain weight
～ないように	(so as) not to...
注意する ちゅうい	take care, pay attention
注意 ちゅうい	care, attention, warning
作られる つく	(respect form of 作る) つく
うかがう	hear (humble lang.)
なわとび	jumping rope
たいそう	calisthenics, gymnastics
たまに	occasionally
眠る ねむ	sleep

GRAMMAR & LESSON OBJECTIVES

● 敬語 III
けい ご

This lesson is the third and last about *keigo*. In addition to the other polite expressions introduced so far, the conventionally polite communication patterns in this lesson are often heard in the world of commerce and industry. In some districts or among certain individuals, this れる／られる pattern is more popular than those in Lesson 13, which are extremely polite.

● れる／られる as respect language

ずっと　ジョギングを　続けておられますか。
つづ

何か　運動を　始められたと　うかがいました。
なに　うんどう　はじ

今でも　山に　登られるんですか。
いま　やま　のぼ

These forms are given in Lesson 8 as so-called passive verbs.
Remember that おられる is used for いる in this style of speech.

NOTES

1. 妻も　やせる　ために　ジョギングを　始めたんですけど…。
つま　　　　　　　　　　　　　　　　　はじ

けんこうの　ために

ため is a noun found in such patterns as dictionary form ＋ ために and noun ＋ の　ため
に and has meanings like "to," "in order to," "for the purpose of," and so on.

ex.　　1. かつ　ために　がんばりましょう。"Let's do our best to win."

　　　　2. 会議の　ために　準備しておいてください。
　　　　　 かいぎ　　　　　　じゅんび

　　　　　"Please prepare (things) for the meeting."

2. 食べすぎないように　注意しています。

た　　　　　　　　　　ちゅうい

このごろは　ふとらないように、日本料理を　食べています。

　　　　　　　　　　　　　　　　にほんりょうり　　た

ないように means "not to" and the affirmative ように means "in order to/that," or "so that."

ex.　よく　聞こえるように　大きい　声で　話します。

　　　　き　　　　　　　おお　　こえ　　はな

"(I'll) speak loudly so you can hear (me) easily."

ように is used when an action is expected to result in some improvement, whereas ために stresses the purpose or intent of an action. Note that... ように　しています, as in なわとびや　たいそうを　するように　しています, is another usage meaning "try" or "keep in mind to do." (See Grammar, Lesson 12.)

3. 大した　ことでは　ないんです。

　たい

This is a stock expression heard in a variety of contexts.

ex.　お兄さんは　ご病気だったそうですね。"I hear your brother was sick."

　　にい　　　　びょうき

ええ、でも　大した　ことでは　なかったんです。

　　　　　　たい

"Umm, but it was nothing serious."

PRACTICE

❏ **KEY SENTENCES**

1. 部長は　あした　アメリカから　帰られます。

ぶちょう　　　　　　　　　　　　かえ

2. フランス語を　覚える　ために　フランス人の　友だちと　いっしょに

　　　　ご　　おぼ　　　　　　　　　　　じん　　とも

住んでいます。

す

3. 約束の　時間に　遅れないように、少し　早く　家を　出ました。

やくそく　じかん　おく　　　　　　すこ　はや　いえ　で

1. The department chief is coming back from the United States tomorrow.
2. To learn French I'm living with a French friend.
3. (We) left the house a little early so as not to be late for (our) appointment.

EXERCISES

I Make dialogues by changing the underlined parts as in the examples given.

A. *ex.* **Q:** <u>いい　えを　買われた</u>そうですね。

　　　　　　　　　か

A: ええ、でも　大した　ものでは　ないんです。

1. すばらしい　作品を　書いた

　　　　　　　さくひん　　か

2. りっぱな　うちを　建てた

　　　　　　　　た

3. レストランを　始めた

B. ex. **Q:** どこで　カメラを　買われますか。

A: デパートで　買います。

1. どこで　田中さんに　会う、銀座で
2. いつ　テニスを　する、毎週　日曜日に
3. 何について　話す、かんきょう問題について
4. 何で　行く、自分の　車で

C. ex. **Q:** きょうじゅは　もう　帰られましたか。

A: ええ、もう　お帰りに　なりました。

1. 先生、出かける
2. きょうじゅ、ろんぶんを　書く
3. しゅしょう、この　きじを　読む
4. 社長、旅行先に　着く

D. ex. **Q:** 何の　ために　勉強しているんですか。

A: べんごしに　なる　ために　勉強しています。

1. ちょきんしている、うちを　建てます
2. すいえいを　している、やせます
3. （お）金を　ためている、子どもを　医者に　します
4. 日本に　来た、せんたんぎじゅつを　学びます

E. ex. **Q:** わすれないように　注意してください。

A: はい、気を　つけます。

1. こわしません
2. かぜを　ひきません
3. まちがえません
4. 食べすぎません
5. すべりません

II Practice the following pattern by changing the underlined parts as in the example given.

ex. <u>遅れない</u>ように　<u>早く　うちを　出ました</u>。

1. わすれません、てちょうに　書いた

2. くさりません、れいぞうこに　入れておいた

3. 早く　病気が　なおります、医者に　みてもらった

4. よく　聞こえます、大きい　声で　話した

5. 読みやすいです、書き直した

❏ **Vocabulary**

旅行先 りょこうさき	destination
ちょきんする	save (money)
ちょきん	savings, deposit
ためる	save, gather, accumulate
医者に　する いしゃ	make (a person) a doctor
せんたんぎじゅつ	high tech(nology)
せんたん	(Lit.) "point, tip"
学ぶ まな	earn, study
まちがえる	make a mistake
すべる	slip, slide, skate
てちょう	pocket notebook, diary

SHORT DIALOGUES

1. A社の課長：　先日の　プレゼンテーション、すばらしかったですね。とても　勉強に
　　しゃ　かちょう　せんじつ　　　　　　　　　　　　　　　　　　　　　　　　　べんきょう
　　なりました。

　B社の課長：　それは　きょうしゅくです。ごさんこうに　なりましたでしょうか。

   Section Chief of A Company:　Your presentation the other day was wonderful. I learned a lot from it.
   Section Chief of B Company:　Thank you. I hope it was useful to you.

2. 木村：　日ざしが　つよいね。
　きむら　ひ
　鈴木：　うん。目を　悪くしないように　サングラスを　かけた　ほうが　いいよ。
　すずき　　　め　わる

Kimura: The sunlight is strong, isn't it!

Suzuki: Yeah. It's better to wear sunglasses so you don't harm your eyes.

❏ **Vocabulary**

プレゼンテーション	presentation
勉強に　なる べんきょう	learn a great deal
きょうしゅく	(feeling) obliged/grateful/embarrassed, appreciate
さんこう	useful information, reference
日ざし ひ	sunlight

QUIZ

I Read this lesson's Opening Dialogue and answer the following questions.

1. スミスさんは　毎朝　ジョギングを　続けるのは　むずかしいと　思
まいあさ　　　　　　　　つづ　　　　　　　　　　　　　　　　おも
っていますか。

2. 林さんの　おくさんは　やせる　ために　ジョギングを　始めたのに
はやし　　　　　　　　　　　　　　　　　　　　　　　はじ
どうして　やせませんか。

3. スミスさんは　なぜ　日本料理を　食べていますか。
にほんりょうり　た

4. 林さんは　以前も　山に　登っていましたか。
いぜん　やま　のぼ

II Put the appropriate particles in the parentheses.

1. 毎日　朝　早く　（　　）夜　遅く　（　　）仕事を　しなければ　なら
まいにち　あさ　はや　　　　　　よる　おそ　　　　　　しごと
ないので、つかれます。

2. 毎年　夏　（　　）なると　山　（　　）登ります。
まいねん　なつ　　　　　　　　やま　　　　　のぼ

3. けんこう　（　　）ために　スポーツを　始めました。
はじ

4. 部長の　おく様が　なくなられた　（　　）うかがいました。
ぶちょう　さま

5. 毎朝　ジョギング　（　　）続ける　（　　）は　むずかしいです。
まいあさ

6. わすれないよう　（　　）ノート　（　　）書いておきました。
か

III Complete the sentences with the appropriate form of the verbs indicated.

1. けいざいを　（　　　）ために、大学に　入りました。（学びます）
だいがく　はい　まな

2. （　　）ように　よく　注意して　しょっきを　運んでください。（こ
わしません）

3. 後ろの　方に（　　）いる　人からも　よく（　　）ように　大きい
字を　書いた。（すわります、見えます）

4. 医者に（　　）ために　勉強している。（なります）

5. まちがいが（　　）ように、何度も　たしかめた。（ありません）

IV Complete the sentences with the れる or られる form of the verbs indicated.

1. おくさんが（　　）ケーキは　とても　おいしいです。（作りました）

2. 課長も　とりひき先の　社長に（　　）か。（会います）

3. あしたは　何時に　会社に（　　）か。（来ます）

4. おにもつは　受付に（　　）か、それとも（　　）か。（預けます、持
っていきます）

5. 部長が　ご自分で（　　）そうです。（説明します）

V あなたが　けんこうの　ために　気を　つけている　ことを　下から　え
らびなさい。

1. できるだけ　しおを　とらないように　しています。

2. 肉を　食べないように　しています。

3. あまり　たくさん　食べないように　しています。

4. あまい　ものを　たくさん　食べないように　しています。

5. やさいを　たくさん　食べるように　しています。

6. できるだけ　歩くように　しています。

7. 毎日　たいそうを　するように　しています。

8. おさけを　飲みすぎないように　しています。

9. 夜　１２時前に　ねるように　しています。

10. 毎日　ジョギングを　するように　しています。

11. あまり　むりを　しないように　しています。

12. たばこを　たくさん　すわないように　しています。

13. 何も　していません。
   <small>なに</small>

NEW KANJI

1. 続ける
   <small>つづ</small>
    (13)
   <small>ゾク</small>

2. 注意
   <small>チュウイ</small>
   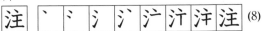 (8)

3. 登る
   <small>のぼ</small>
    (12)
   <small>トウ</small>

4. 眠る
   <small>ねむ</small>
    (10)
   <small>ミン・ねむ(い)</small>

5. 料理
   <small>リョウリ</small>
    (11)

6. 遅い
   <small>おそ</small>
    (12)
   <small>チ</small>

Kanji for recognition:　妻
   <small>つま</small>

LESSON
18

A ROCK CONCERT
コンサート

Mr. Johnson, Ms. Nakamura and Mr. Chang arrive at the concert hall, where Keiko is waiting.

ジョンソン： 待たせちゃって、ごめん。

けい子： あたしも　たった　今　来た　ところよ。

中村： コンサートは　もう　始まっているの？

けい子： ちょうど　始まる　ところです。

チャン： プログラム　買ってきますから、ちょっと　待っ
ててください。

As they enter the auditorium.

ジョンソン： わあ、すごい　人だなあ。けい子さん、ここ　階
段が　あるから　気を　つけて。

チャン： わあ、ひさしぶりだなあ、こんな　すごい　コン
サート。

中村： よく　切符が　とれたわね。

けい子： ほんとうに　チャンさんの　おかげだわ。

As the performance begins.

ジョンソン： けい子さんの　好きな　歌手は　どの人？

けい子： ほら、シンセサイザーの　前で　歌ってる　あの
人よ。よく　聞いて。

ジョンソン： 歌は　うまいね。でも、まるで　女みたいな　か
っこうを　してて　いやだなあ。

中村： シンセサイザーって　不思議な　音が　するわね。

けい子： あら、あそこに　いるの　大介くんじゃない？

チャン： そうだ、大介くんだ。となりに　いるのは　ガー
ルフレンドの　まり子さんだ。

けい子： ねえ、コンサートが　終わったら、みんなで　ど
っかに　行かない？

ジョンソン： うん、大介くんたちも　さそって、みんなで　ディ
スコに　行こうよ。

みんな： さんせい。

Johnson:	Sorry to have kept you waiting.
Keiko:	I just got here, too.
Nakamura:	Has the concert already started?
Keiko:	It's just about to start.
Chang:	I'll go buy a program. Wait a minute.
Johnson:	Wow, what a lot of people! Keiko, there are steps here. Be careful.
Chang:	Oh, it's been a long time (since I've been) to a fantastic concert like this!
Nakamura:	And we could get tickets—how about that!
Keiko:	Thanks to Chang, really.
Johnson:	Who's your favorite singer, Keiko?
Keiko:	There! That one singing in front of the synthesizer. Listen!
Johnson:	He sings well, but I don't like the way he's dressed like a girl.
Nakamura:	The synthesizer makes a strange sound, doesn't it?
Keiko:	Hey, isn't that Daisuke over there?
Chang:	So it is. The person next (to him) is his girlfriend, Mariko.
Keiko:	Say, after the concert's over, why don't we all go someplace?
Johnson:	Yes, let's ask Daisuke (and his friend) and go to a disco.
All:	We'll go along (with that).

❏ **Vocabulary**

ごめん	sorry (informal)
あたし	I (informal women's speech)
たった 今	just now
(～た) ところ	just (happened, about to happen)
ちょうど	just
プログラム	program
わあ	(exclamation of surprise)
階段	steps, stairs
切符を　とる	buy an advance sales ticket (for a reserved seat)
おかげ	(Lit.) "indebtedness, support, backing"
歌手	singer
シンセサイザー	synthesizer
うまい	well, skillful, delicious
まるで～みたい	(be/look) like
かっこうを　してる	be dressed
かっこう	appearance, dress
してて	＝していて
不思議 (な)	strange, uncanny, weird

音が　する	make a sound
まり子	female given name
ねえ	say!
さそう	ask, invite
ディスコ	disco
さんせい	(Lit.) "agreement, approval, endorsement"

GRAMMAR & LESSON OBJECTIVES

• Speech levels

Introduced in this lesson is conversation that is friendly but less polite than in earlier lessons. It will be noted that while Johnson and Keiko converse in an informal manner, Keiko and Chang's speech is less informal when they address Nakamura.

プログラム　(を)　買ってきます。

ここ　(に)　階段が　あるから　気を　つけて　(ください)。

あそこに　いるの　(は)　大介くんじゃない？

There were some examples of omissions in Book I. In this dialogue the particles and other words dropped are typical of informal conversation.

ひさしぶりだなあ、こんな　すごい　コンサート。

Inverted word order is not at all unusual in this style of speech. Of course, the normal word order would be こんな　すごい　コンサート　(は)　　ひさしぶりだなあ.

待たせちゃって、ごめん。

歌は　うまいね。

みんなで　ディスコに　行こうよ。

The plain expressions in these sentences were once heard exclusively from men but are now used by young women as well. You will also remember plain forms as sentence endings are found in certain writing styles, as in Book II, Lesson 17.

あたしも　たった　今　来た　ところよ。

ほんとうに　チャンさんの　おかげだわ。

The sentence endings (noun plus) よ and　(だ)　わ, said in a rising tone, are characteristic of women's speech. Men never use あたし.

• ところ as a time expression

あたしも　たった　今　来た　ところよ。

ちょうど　始まる　ところです。

The basic meaning of ところ is related to space, but it also occurs in time expressions. When the た form precedes ところ, it means that something has just happened. With the dictionary form, the meaning is "be about to."

Similarly, ているところ means "be doing just now."

ex. 新聞を 読みましたか。 "Have you read the newspaper?"

今 読んでいる ところです。 "I'm reading it (just now)."

Some examples of idiomatic usages of ところ with adjectives are: お忙しい ところ, "when you are busy," おあつい／おさむい ところ, "when it is hot/cold."

- する

As you have seen, する is a versatile verb that occurs with many types of words and in many contexts. The following summarizes examples in this lesson and related usages.

1. シンセサイザーって 不思議な 音が するわね。 Similar to this are: 味が する, "it tastes," and においが する, "it smells."

2. する is used with certain articles of clothing and accessories such as rings, bracelets, neckties, etc. ネクタイを する, "put on a tie." 時計を する, "put on a watch."

   Similarly with a person's appearance: まるで 女みたいな かっこうを していて, which literally is "He has a girlish appearance." リンダさんは 青い 目を しています。 "Linda has blue eyes."

3. Occupation, in the pattern を している: かれは 大阪で べんごしを しています。 "He's a lawyer in Osaka."

NOTES ————————————————————————————————

1. あら、あそこに いるの 大介くんじゃない？

   あら, heard in female speech, indicates discovery. じゃない with a rising tone is informal for では ありませんか.

2. ねえ、コンサートが 終わったら、みんなで どっかに 行かない？

   ねえ is an attention-getting word and occurs only in informal situations. 行かない is informal for 行きませんか.

3. さんせい

   Although the English translation makes use of a verb, さんせい by itself signifies acceptance of a suggestion or proposal. In this situation, it would never be さんせいする, which may occur in other contexts. It is not limited to informal speech and may be used to indicate approval by a committee or other body.

❏ KEY SENTENCES

1. 鈴木くんは？
   すずき

   たった　今　出かけた　ところだよ。
   いま　で

2. 上手ね、ジョンソンさんの　日本語。
   じょうず　　　　　　　　　　　　　にほんご

3. 私に　その　写真、見せて。
   わたし　　　しゃしん　み

1. Where's Suzuki?
   He just left.
2. (How) good your (Johnson's) Japanese is!
3. Show me the pictures.

EXERCISES

I Make dialogues by changing the underlined parts as in the examples given.

ex. A.　女の　学生A：　あら、ひさしぶりね、元気？
　　　　　おんな　がくせい　　　　　　　　　　　　げんき

　　　　　女の　学生B：　うん、元気よ。<u>いっしょに　お昼ご飯　食べ</u>
　　　　　　　　　　　　　　　　　　　　　　　ひる　はん　た

　　　　　　　　　　　　　<u>ない？</u>

　　　　　女の　学生B：　ああ、いいわね。どこに　行く？
　　　　　　　　　　　　　　　　　　　　　　　　　い

　　　　　女の　学生B：　<u>おいしい　カレーの　店　知ってる</u>わ。
　　　　　　　　　　　　　　　　　　　　　　みせ　し

　　　　　女の　学生A：　じゃ、そこに　しましょ。

ex. B.　男の　学生A：　やあ、ひさしぶりだなあ、元気か？
　　　　　おとこ

　　　　　男の　学生B：　うん、元気だよ。<u>いっしょに　昼ご飯　食べ</u>

　　　　　　　　　　　　　<u>ないか？</u>

　　　　　男の　学生B：　ああ、いいね、どこに　行く？

　　　　　男の　学生B：　<u>おいしい　カレーの　店　知ってる</u>よ。

　　　　　男の　学生A：　じゃ、そこに　しよう。

　　　1.　ちょっと　お茶（を）　飲む、かっこいい　（お）店が　ある
　　　　　　　　　　　ちゃ　　　　の

　　　2.　これから　映画（を）　見る、銀座で　おもしろいの（を）や
　　　　　　　　　　　えいが　　　み　　ぎんざ

　　　　　ってる

II Practice the following pattern by changing it as in the example given.

  ex. 気を　つけてください。　→　気を　つけて。
   き

   1.　すぐ　タクシーを　よんでください

   2.　だれか　手伝ってください
      てつだ

   3.　おいしいか　どうか　食べてみてください
          た

   4.　早く　飲んでしまってください
    はや　の

III Make dialogues by changing the underlined parts as in examples given.

 A.　*ex.*　**Q:** <u>ミーティング</u>は　もう　<u>始まりました</u>か。
           はじ

     A: たった　今　<u>始まった</u>　ところです。
       いま

    1.　会議、終わりました
     かいぎ　お

    2.　かいひ、払いました
       はら

    3.　借りた　資料、返しました
     か　しりょう　かえ

    4.　お客様、お着きに　なりました
     きゃくさま　つ

 B.　*ex.*　**Q:** もう　<u>名前を　書きました</u>か。
      なまえ　か

     A: いま　<u>書いている</u>　ところです。

    1.　けいさんする

    2.　かたづける

    3.　じしょで　調べる
       しら

    4.　ぶんぽうの　説明を　読む
      せつめい　よ

 C.　*ex.*　母：　　早く　<u>かたづけて</u>しまいなさい。
   はは

   男の子：　今　<u>かたづける</u>　ところだよ。
   おとこ　こ

    1.　食べる

    2.　宿題を　する
     しゅくだい

    3.　おふろに　入る
       はい

    4.　あしたの　準備を　する
      じゅんび

D. *ex.* A: <u>外で へんな 音が します。</u>
　　　　　　　　そと　　　　　　おと

　　　B: そうですか。

　　　　　1. この スープは へんな 味が する
　　　　　　　　　　　　　　　　　　　あじ

　　　　　2. この 花は とても いい においが する
　　　　　　　　　　はな

　　　　　3. どこかで 人の 声が した
　　　　　　　　　　　　ひと　こえ

　　　　　4. ねつが あるような 気が する
　　　　　　　　　　　　　　　　　き

E. *ex.* A: <u>いい 時計 （を） していますね。</u>
　　　　　　　　とけい

　　　B: <u>ありがとう。兄からの プレゼントなんです。</u>
　　　　　　　　　　　　あに

　　　　　1. すてきな ネクタイ、いやあ どうも ありがとう

　　　　　2. しゃれた ゆびわ、デザインが 気に 入って 買ったん
　　　　　　　　　　　　　　　　　　　　　　い　　　　か
　　　　　です

　　　　　3. あたたかそうな 手ぶくろ、 ええ、母が 送ってくれた
　　　　　　　　　　　　　　て　　　　　はは　おく
　　　　　んです

　　　　　4. きれいな かみ、ありがとうございます

IV Practice the following sentences.

A. *ex.* <u>あの 人は いい 人ですね。</u>　→　　<u>いい 人ですね、</u>

　　　　　　　　　　　　　　　　　　　　　　　<u>あの 人は。</u>

　　　　　1. あの ニュースは ひどいです

　　　　　2. あの 話は すばらしいです
　　　　　　　　　はなし

　　　　　3. あんな 事件は いやです
　　　　　　　　　じけん

　　　　　4. 夕べの 地震には おどろきました
　　　　　　　ゆう　じしん

B. *ex.* もう 読んでしまいました。　→　　<u>もう 読んじゃいました。</u>
　　　　　　　　よ

　　　帰ってしまった。　　　　　　→　　<u>帰っちゃった。</u>
　　　かえ

　　　　　1. 宿題は してしまった
　　　　　　　しゅくだい

　　　　　2. 早く 食べてしまいましょう
　　　　　　はや　た

3. あした　試験が　あるのに、遅くまで　あそんでしまいました
しけん　　　　　　　　　おそ

4. ちょうど　終わってしまった　ところなんです
お

5. 全部　読んでしまったら　返してください
ぜんぶ　よ　　　　　　　　　　かえ

❏ **Vocabulary**

カレー	curry
やあ	hi
かっこ（う）　いい	chic, cool, super
飲んじゃって の	(contraction of 飲んでしまって) の
かいひ	dues, membership fee
けいさんする	calculate, compute
けいさん	calculation, accounts
ぶんぽう	grammar
（お）ふろに　入る はい	take a bath
（お）ふろ	bath
においが　する	smell
におい	smell, odor
気が　する き	feel, think
すてき（な）	smart, stunning, wonderful
手ぶくろ	gloves
ひどい	terrible, harsh, severe
事件 じけん	happening, incident

SHORT DIALOGUES

1. A:　夕べの　地震、すごかったですね。
　　　ゆう　　じしん

　B:　そうだそうですね。ちょうど　外を　歩いてた　ところで、私は　気が　つきま
　　　　　　　　　　　　　　　　そと　あるいてた　　　　　わたし　き
せんでした。

　A:　Last night's earthquake was terrible, wasn't it!
　B:　That's what I heard. I was walking outside just then and I didn't notice.

2. A:　むすこさんの　お仕事は？
　　　　　　　　　しごと

　B:　医者を　しています。
　　　いしゃ

A: What's your son's job?

B: He's a doctor.

3. A: お忙しい　ところ、おいでいただいて　申しわけありません。
　　　　いそが　　　　　　　　　　　　　　　　　　　　　　　もう

   B: いえ、一度　お目に　かかりたいと　思っておりました。いつも　うちの　社の
　　　　　　いちど　め　　　　　　　　　　　　おも　　　　　　　　　　　　　　　　しゃ
       者が　お世話に　なっておりまして、ありがとうございます。
　　　もの　　せわ

   A: Thank you for coming (Lit. "I'm sorry for making you come) when (I know) you're busy."

   B: Not at all. I've been wanting to meet you. I am grateful for your kindness to our staff.

❏ **Vocabulary**

お忙しい　ところ いそが	(Lit.) "although you are busy"
社 しゃ	(our) company

QUIZ ───────────────

I Read this lesson's Opening Dialogue and answer the following questions.

1. 中村さんたちが　着いたとき、コンサートは　もう　始まっていまし
　なかむら　　　　　　つ　　　　　　　　　　　　　　　　　はじ
　た か。

2. コンサートには　人が　おおぜい　来ていましたか。
　　　　　　　　ひと　　　　　　き

3. 女みたいな　かっこうを　して　歌っている　歌手は　歌が　上手だ
　おんな　　　　　　　　　　　　うた　　　　　　かしゅ　　うた　　じょうず
　と　ジョンソンさんは　言いましたか。
　　　　　　　　　　　い

4. 大介くんと　まり子さんも　中村さんたちと　いっしょに　コンサー
　だいすけ　　　　こ
　トに　行きましたか。
　　　い

5. コンサートが　終わったら　どこに　行こうと　ジョンソンさんは
　　　　　　　　お
　言いましたか。

II Put the appropriate particles in the parentheses.

1. へんな　かっこう（　　）している　人が　会社の　前に　立ってい
　　　　　　　　　　　　　　　　　　かいしゃ　まえ　た
　ます。

2. ごうかく　おめでとうございます。

ありがとうございます。ほんとう（　　）先生（　　）おかげです。

3. お盆で こんでいますから 新幹線の 切符（　　）とれる（　　）
   どうか わかりません。

4. シンセサイザーって 不思議な 音（　　）しますね。

5. あそこ（　　）立っている（　　）は けい子さんじゃない？

III Complete the questions so that they fit the answers.

1. （　　）を してるんですか。

   めがねを さがしてるんです。

2. （　　）帰ってきたんですか。

   たった 今 帰ってきた ところです。

3. （　　）を さそおうか。

   チャンさんと ジョンソンさんを さそおう。

4. （　　）味が する？

   薬みたいな 味が する。

IV Complete the sentence with the appropriate form of the verbs indicated.

1. 資料は もう（　　）終わりましたか。（読みます）
   いいえ、今（　　）ところですから、もう 少し（　　）ください。
   （読んでいます、待ちます）

2. どうも（　　）申しわけありません。（遅くなります）
   たった 今 電車が（　　）ところです。つぎので 行きましょう。
   （出ました）

3. 課長、げんこうが できましたが、（　　）いただけませんか。（目を
   通します）
   今（　　）ところだから、つくえの 上に（　　）おいてくれないか。
   （出かけます、おきます）

4. いい においが しますね。
   今 料理を（　　）ところです。あなたも（　　）ください。（作っ

ています、手伝います)

V Convert the following sentences to a more polite level.

A: あそこに いるのは 佐藤さんじゃない？

B: そうだね。佐藤さんだ。いっしょに いるのは 清水さんのようだね。

A: 二人を さそって、どっかに 行かない？

B: でも、じゃましない ほうが いいよ。

1. 階段
   カイダン

    階 ʾ 3 阝 阝⁻ 阝ᵗ 阝ᵗ 阝ᵗᵗ 阝ᵗᵗ 阝ᵗᵗ 階 階 階 (12)

   段 ʾ 亻 亻 𠂤 𠂤 𠂤 𠂤 段 段 (9)

2. 歌
   うた

   歌 一 ⼮ ⼮ 口 可 哥 哥 哥 哥 哥 哥 歌 歌 歌 (14)
   カ・うた(う)

3. 音
   おと

   音 ⼀ ⼀ ⼀ 立 立 产 音 音 音 (9)
   オン

4. 不思議
   ふしぎ

   不 一 プ 不 不 (4)

5. 兄
   あに

   兄 ⼁ 冂 口 尸 兄 (5)
   ケイ・キョウ

"FLOATING-WORLD" PICTURES
浮世絵の里帰り
うきよえ　さとがえり

Mrs. Tanaka and Mr. Brown discuss the fate of ukiyo-e pictures.

田中夫人：　きのう　上野の　美術館へ　行って　浮世絵の
たなかふじん　　うえの　　びじゅつかん　い　　　うきよえ
里帰り展を　見てきました。
さとがえてん　み

ブラウン：　アメリカや　ヨーロッパの　美術館から　いい

ものが　たくさん　運ばれてきたようですね。
はこ

田中夫人：　ええ、浮世絵は　日本より　外国の　ほうに　有
にほん　がいこく　　　　　ゆう
名な　ものが　あるそうです。明治時代の　日本
めい　　　　　　　　　　めいじじだい
人が　どんどん　売ってしまったらしいです。
じん　　　　　う

ブラウン：　その　ころの　日本人には　外国の　ものは　み

んな　よく　見えて、日本の　ものは　つまらな

く　見えたんでしょうか。

田中夫人：　そうですね。江戸時代の　さこくの　反動かもし
えどじだい　　　　　　はんどう
れません。でも、外国人の　目には　浮世絵は
め
しんせんな　おどろきだったようです。それで

たくさんの　浮世絵が　日本から　出ていった
わけです。

ブラウン：　日本の　すばらしい　でんとう美術が　外国へ
行ってしまって、日本人は　ざんねんに　思って
いませんか。

田中夫人：　そう　思っている　人は　多いかもしれませんが、
私は　そうは　思いません。きのう　てんらん会
を　見て　感心しました。みんな　とても　よく
ほぞんされているんです。

ブラウン：　浮世絵の　美しさを　みとめて、関係者が　大事
に　してきたんでしょうね。

田中夫人：　そうですね。あの　ころは　日本は　今ほど　お
金も　ぎじゅつも　ありませんでしたから、よい
じょうたいで　ほぞんできたか　どうか　わかり
ませんしね。

ブラウン：　美しい　ものは　すべて　大切に　ほぞんしてほ
しいですね。

田中夫人：　ええ、後世の　人の　ためにもね。

ブラウン：　でんとう美術は　みんなの　文化いさんと　いう
わけですね。

Tanaka:　Yesterday I went to the art museum in Ueno and saw an exhibition of ukiyo-e from abroad.

Brown:　It seems many good things were brought from museums in the United States and Europe.

Tanaka:　Yes. They say there are more famous ukiyo-e in foreign countries than in Japan. It seems Meiji-period Japanese sold them off one after another.

Brown: Could it be that all foreign goods looked good to the Japanese at that time, and Japanese things seemed to be worthless?

Tanaka: Well, it might have been a reaction to the national isolation during the Edo period. Anyway, in foreigners' eyes ukiyo-e were apparently a new wonder. That's why a lot of ukiyo-e left Japan.

Brown: Don't Japanese feel regretful about this splendid traditional art going to foreign countries?

Tanaka: People who do feel that way are probably quite numerous, but I don't feel so. Seeing the exhibition yesterday, I was impressed. Everything had been very well taken care of.

Brown: Probably the people concerned, appreciating the beauty of ukiyo-e, valued (them) highly.

Tanaka: I think so, too. Japan in those days did not have the wealth or technology of today, and I doubt whether they could have preserved (the ukiyo-e) in good condition.

Brown: I'd like (to see) all beautiful things well taken care of.

Tanaka: Yes, (it'd be) for future generations too, wouldn't it?

Brown: Traditional art is the cultural heritage of all human beings, so to speak.

❏ Vocabulary

上野 うえの	Ueno (area in Tokyo)
美術館 びじゅつかん	art museum
浮世絵 うきよえ	ukiyo-e, Lit. "floating-world pictures"
里帰り展 さとがえ てん	exhibition of returned works
里帰り さとがえ	(Lit.) "return to (one's native) village"
～展 てん	exhibition (of)
明治時代 めいじ じだい	Meiji period (1868–1912)
どんどん	one after the other, steadily, rapidly
よく 見える み	look good
つまらなく 見える み	seem (to be) worthless
さこく	national isolation
反動 はんどう	reaction
しんせん（な）	new, fresh
おどろき	wonder, surprise, fright
わけです	(Lit.) "it is for this reason (that)"
わけ	reason, cause
でんとう	tradition
美術 びじゅつ	art
ざんねんに 思う おも	feel regret

てんらん会	exhibition
感心する	be impressed
ほぞんする	take care of, preserve
ほぞん	preservation, maintenance
美しさ	beauty
みとめる	appreciate, recognize
大事に する	value highly, take good care of
ほど～ない	not so... as...
じょうたい	condition, state of affairs
すべて	all
後世の 人	future generations
後世	coming/later age
文化	culture
いさん	heritage, property, legacy

GRAMMAR & LESSON OBJECTIVES

- （という）わけです

それで たくさんの 浮世絵が 日本から 出ていった わけです。

わけ, a noun meaning "reason" which occurs in patterns like this, conveys the idea of a natural result. Like certain other nouns, it follows verbs and adjectives.

ex. 1. A: あした うちの パーティに 来ないと 聞きましたが、どうしてですか。

"You're not coming to our party tomorrow, I hear. Why is that?"

B: 出張なんです。"Business trip."

A: ああ、そう いう わけですか。"So that's why."

2. となりが おてらですから、ここは 静かな わけです。

"Next door is a temple, so naturally it's quiet here."

でんとう美術は みんなの 文化いさんと いう わけですね。

と いう わけです can be used for summing up, the sense being "in brief" or "so to speak."

NOTES

1. 浮世絵の　里帰り展
   うきよえ　さとがえ　てん

   浮世絵, mostly woodblock prints, were a very popular genre of art from the seven-
   うきよえ
   teenth century through the nineteenth. 里帰り (里, "hometown," plus ます stem of 帰る,
   さとがえ　さと　　　　　　　　　　　　　　　　　　　　　　　　かえ
   "return") actually refers to a bride's first visit to her parents' home and is here combined

   with 展 to figuratively mean an exhibition of Japanese things on loan or repurchased
   てん
   from foreign collections.

2. その　ころの　日本人には
   にほんじん

   には after a noun that refers to people means "for" or "to."

   ex. 1. この　本は　子どもには　むずかしすぎます。
   ほん　こ
   "This book is too difficult for children."

   2. 田中さんには　おもしろいかもしれませんが、私には　たいくつです。
   たなか　　　　　　　　　　　　　　　　わたし
   "(It) may be interesting to Tanaka, but to me it's boring."

3. さこく

   From 1639 until the end of the Edo period in 1868 the Tokugawa shoguns enforced a
   policy of not having intercourse with other countries. The only port permitted to
   engage in foreign trade was the island of Dejima in Nagasaki harbor, where there were
   at various times Dutch and Chinese traders. Sakoku literally means "closed country."

4. しんせんな　おどろきだったようです

   The ます stem of the majority of verbs functions as a noun. Some other examples that
   are also separate dictionary entries are: よろこび, "happiness"; かなしみ, "sadness"; わ
   らい, "smile, laughter"; 行き, "going"; 食べすぎ, "overeating"; 飲みすぎ, "intemperance."
   い　　　　　たべ　　　　　の

5. 私は　そうは　思いません。
   わたし　　　おも
   The は put into the simple negative そう　思いません expression is for the sake of
   おも
   contrast, the sense being, "Whatever others may think, I think differently." そう　思い
   おも
   ません is not usual.

6. ...ほど...ない

   あの　ころは　日本は　今ほど　お金も　ぎじゅつも　ありませんでした。
   にほん　いま　　かね
   Mrs. Tanaka is comparing the Meiji period and the present day as regards Japan's
   wealth and technology. The pattern "A は B ほど + negative verb/adjective" means "A
   is not so... as B."

   ex. 大阪は　東京ほど　大きくないです。 "Osaka is not so large as Tokyo."
   おおさか　とうきょう　おお

PRACTICE

❏ KEY SENTENCES

1. あの お皿は 江戸時代の ものだそうですよ。

   それで 高い わけですね。

2. 加藤さんは 出張中で、鈴木さんは 病気で 会社を 休んでいます。佐

   藤さんも 午後は 約束が あると 言っていました。うちの 課からは

   だれも ミーティングに 出席できないと いう わけです。

1. That plate is said to date to the Edo period.
   That's why it's expensive, isn't it?
2. Katō is on a business trip and Suzuki is off because he's sick. Satō says he has an afternoon appointment. That's why nobody in our section can attend the meeting.

EXERCISES

I   Make dialogues by changing the underlined parts as in the example given. (The phrase to the left of the slash is for female students to practice, and that to the right is for male students.)

　ex. A: 伊藤さんは <u>毎日 遅くまで 働いている</u>んですって／んだって。

　　　 B: それじゃ、<u>つかれる</u> わけね／わけだね。

　　　　 1. 毎日 テープを 聞いている、上手に なる

　　　　 2. きちんと せいりしない、大事な ものが なくなる

　　　　 3. 説明を 聞いていなかった、わからない

　　　　 4. きのう 会社を 休んだ、この 話を 知らない

II   Practice the following patterns by changing the underlined parts as in the example given.

　ex. <u>森さんは アメリカに 住んでいた</u>から、<u>英語が 上手な</u> わけです。

　　　 1. 伊藤さんは 海の 近くで 生まれた、すいえいが 上手です。

　　　 2. この ホテルは 森の 中に ある、静かです。

　　　 3. 新しい 事務所は 広くて 便利だ、やちんが 高いです。

　　　 4. この 映画は 山田さんの 作品だ、おもしろいです。

III Make dialogues by changing the underlined parts as in examples given.

A. *ex.* **A:** あの　人は　なぜ　<u>行か</u>ないんでしょう。

B: <u>時間と　お金が　ない</u>から、<u>行き</u>たくても　<u>行け</u>ない　という

わけですよ。

1. 食べる、いの　しゅじゅつを　したばかりだ

2. 意見を　言う、自分の　せんもんでは　ない

3. 部長に　なる、のうりょくと　じんぼうが　ない

4. ふとる、ふきそくな　生活を　している

B. *ex.* **A:** 試験は　どうでしたか。

B: <u>思っていた</u>ほど　<u>むずかしく</u>　なかったですよ。

1. きのうの　映画、聞いていた、　おもしろい

2. 社長の　スピーチ、心配していた、長い

3. 夏休みに　泊まった　ホテル、写真で　見た、きれい

4. 先週　見に　行った　マンション、パンフレットに　書い

てあった、いい

C. *ex.* **Q:** どう　思われましたか。

A: とても　<u>ざんねんに</u>　思いました。

1. 不思議

2. かなしい

3. うれしい

4. さびしい

❏ **Vocabulary**

きちんと	neatly, accurately
森	Japanese surname
森	forest

い	stomach
じんぼうが　ない	unpopular
じんぼう	popularity, reputation
ふきそく　（な）	irregular
パンフレット	pamphlet, leaflet, brochure
かなしい	sad, pathetic, unhappy

SHORT DIALOGUES

1. A: れんきゅうの　ドライブの　予定は　決まった？
   B: その　こと　なんだけど、れんきゅうは　どこも　こんでいるし、天気が

   よくないらしいし、それに・・・。
   A: 要するに　やめたいって　わけか。
   B: まあ、そういう　わけ。

   A: What happened about the plan for a drive over the holidays?
   B: Oh, that, well, everywhere is crowded over the holidays, and the weather isn't expected to be good, and...
   A: In other words, you don't want to go.
   B: Well, yes, that's true.

2. A: 旅行は　どうでしたか。
   B: きたいしてたけれど、それほどじゃ　ありませんでした。

   A: How was the trip?
   B: It wasn't as good as I expected.

3. A: 田中さん　来年　定年だそうですよ。
   B: ほんとうですか。しんじられません。お若く　見えますね。

   A: I hear Mr. Tanaka (will reach) retirement age next year.
   B: Really? I can't believe it. He looks so young.

❏ Vocabulary

れんきゅう	(consecutive) holidays
要するに	in other words, in short

きたいする expect, hope for

きたい expectation, anticipation

QUIZ

I Read this lesson's Opening Dialogue and answer the following questions.

1. 田中さんが 上野の 美術館で 見た 浮世絵は どこから 運ばれ てきた ものですか。

2. 明治時代に 浮世絵を つまらない ものだと 思ったのは 外国人 ですか、日本人ですか。

3. 田中さんは 浮世絵が 外国に 行ってしまった ことを ざんねん に 思っていますか。

4. 田中さんは なぜ 明治時代の 日本では 浮世絵を よい じょう たいで ほぞんできなかったかもしれないと 思っているのですか。

5. 田中さんも ブラウンさんも でんとう美術は みんなが 大切に しなければ ならないと 思っていますか。

II Put the appropriate words in the parentheses.

1. 東京 (　　) 京都の ほうに 古い 建物が たくさん あります。

2. 若い 人 (　　) は かぶきは つまらなく 見えるらしいです。

3. 古い ものの よさ (　　) みとめて、大事 (　　) しなければ な らない。

4. アメリカ (　　) 日本に 運ばれてきた えは よい じょうたい (　　) ほぞんされています。

5. あの 映画は すばらしいと 聞いていたけれど、きたいしていた (　　) おもしろく なかった。

III Circle the most appropriate word in the parentheses.

1. かれの おくさんの 病気は かなり 悪いらしいです。

(そこで、それで、それでは) かれは よく 休むんですね。

2. 夫は 新幹線が 大好きなんです。

   （ちょうど、かなり、まるで）子どもみたいです。

3. これから 田中さんの うちに よります。（ここから、そこから、あ

   そこから）電話で お宅に れんらくしますから、（これまで、それま

   で、あれまで）待っていてください。

IV Complete the sentences with the appropriate form of the words indicated.

1. ぜんぜん 練習しないから、うまく （　　　）わけです。（なりません）

2. くつが 小さすぎるから、（　　　）わけです。（つかれます）

3. あなたに （　　　）、とても （　　　）思っています。（会えません、ざん

   ねんです）

4. あの 人は ７０すぎだそうですが、とても （　　　）見えます。（若い

   です）

5. となりが おてらだから、ここは （　　　）わけです。（静かです）

6. これは あの 人の せんもんでは ないから、（　　　）わけです。

   （わかりません）

V Choose a sentence appropriate to the situation described.

A. You invite a friend, who's just come to see you, to join you for dinner.

1. 食事に 出た ところだから、ちょっと 待っていて？

2. 食事を すませた ところだから、いっしょに 出かけない？

3. 食事に 出る ところだから、いっしょに 食べに 行かない？

B. You wish to disagree with an otherwise unanimous opinion at a meeting.

1. みなさんは さんせいのようですが、私は そうは 思いません。

2. みなさんが さんせいするなら、私は さんせいしません。

3. みなさんは さんせいしましたが 私は さんせいしませんでした。

C. You ask a friend to go on vacation with you.

1. だれか 行きませんか。

2. いつ　行くつもり？

3. どこかに　行かない？

NEW KANJI

1. 反動
   ハンドウ

   反 ｜ 一 ｜ 厂 ｜ 厉 ｜ 反 (4)

2. 文化
   ブンカ

   文 ｜ 丶 ｜ 亠 ｜ ナ ｜ 文 (4)

   化 ｜ ノ ｜ イ ｜ 亻 ｜ 化 (4)

3. 美しい
   うつく

   美 ｜ 丶 ｜ 丷 ｜ 丷 ｜ 丷 ｜ 半 ｜ 羊 ｜ 羊 ｜ 美 (9)
   ビ

4. 感心
   カンシン

   感 ｜ ノ ｜ 厂 ｜ 厂 ｜ 尸 ｜ 戸 ｜ 咸 ｜ 咸 ｜ 咸 ｜ 咸 ｜ 感 ｜ 感 ｜ 感 (13)

Kanji for recognition:　美術　明治　浮世絵　里帰り展
　　　　　　　　　　びじゅつ　めいじ　うきよえ　さとがえ　てん

午前　午後というわけです
　　ごぜん　ごご

　東洋には古くから「年」を動物で表す習慣があります。
　とうよう　　ふる　　　　とし　　どうぶつ　あらわ　しゅうかん

「私はねずみ年に生まれた」とか「来年はうま年だ」など
　わたし　　　　とし　う　　　　　　らいねん　　　　とし

と言います。「ね、うし、とら、う、たつ、み、うま、ひつじ、
　い

さる、とり、いぬ、い」の１２の動物にあてはめます。
　　　　　　　　　　　　　　　どうぶつ

　　「年」のほか、「時間」や「方角」を表すのにも使われてい
　　とし　　　　じかん　　ほうがく　あらわ　　　つか

ました。２４時間を１２に分けると、ひとくぎりが２時間に
　　　　じかん　　　　わ　　　　　　　　　　　じかん

なります。午後１１時から午前１時までが「ね」の刻、午前１時から３時までが「うし」の刻というように、順にあてはめていくと、午前１１時から午後１時までは「うま」の刻になります。「うま」の漢字は「馬」ではなく「午」の字を使います。「午」の刻の真ん中、つまり１２時を正午と言います。そして、「午」の刻より前は午前、「午」の刻より後は午後というわけです。

"Before the Horse" and "After the Horse"

From olden times in the East, it has been customary to refer to years by the names of animals. For example, a person might say, "I was born in the year of the rat" or "Next year is the year of the horse." The twelve animals that are applied are the rat, ox, tiger, hare, dragon, snake, horse, sheep, monkey, rooster, dog, and boar.

In addition to the years, these animals are also used for time and direction. A day's twenty-four hours are divided into twelve periods of two hours each. In order, the hour of the rat is the period from 11:00 p.m. to 1:00 a.m., the hour of the ox is from 1:00 a.m. to 3:00 a.m., and so forth, with the hour of the horse indicating the period between 11:00 in the morning and 1:00 in the afternoon. In this case the kanji for horse is not the usual 馬 (*uma*) but rather 午 (*uma/go*). The exact midpoint of the hour of the horse, that is, 12:00 a.m., is referred to as *shōgo* (正午), which might be translated as "true horse." The time before the hour of the horse is referred to as *gozen* (午前; lit., "before the horse," that is, "before noon" or a.m.), and the time after the hour of the horse is referred to as *gogo* (午後; "after the horse," that is, "after noon" or p.m.). This is the background to "before the horse" and "after the horse."

❏ Vocabulary

東洋 (とうよう)	the East, the Orient
動物 (どうぶつ)	animals
表す (あらわ)	indicate, show
習慣 (しゅうかん)	custom, tradition
あてはめる	apply
方角 (ほうがく)	direction

分ける わ	divide
ひとくぎり	one section
刻 こく	a two-hour period
じゅんに	in order
つまり	that is to say, in short
正午 しょうご	noon

LESSON
20

EDO-PERIOD EDUCATION
江戸時代の教育
えどじだい　きょういく

　江戸時代には　まだ　統一的な　学校教育制度は　確立してい
えどじだい　　　　　　　　とういつてき　　　がっこうきょういくせいど　　　かくりつ
なかった。しかし、各藩では　藩の　学校を　作って、武術ばか
　　　　　　　　　　　かくはん　　はん　　がっこう　　つく　　　　ぶじゅつ
りでなく　いろいろな　学問を　奨励した。１７世紀後半には
　　　　　　　　　　　がくもん　　しょうれい　　　　せいきこうはん
全国で　２４０校あまりの　藩校が　あったと　言われる。
ぜんこく　　　　こう　　　　　はんこう　　　　　　　い

　この　藩校では　主に　武士階級の　子どもたちに　儒学や
　　　はんこう　　おも　　ぶしかいきゅう　　こ　　　　　　じゅがく
国学などを　教えた。一方、町人の　子どもたちは　寺子屋に
こくがく　　　おし　　いっぽう　ちょうにん　　こ　　　　　　てらこや
通って　勉強していた。それまでは　主に　学校の　役割を　寺
かよ　　べんきょう　　　　　　　　　　おも　　がっこう　　やくわり　　じ

院などが　していた。そして、その　場所を　寺子屋と　呼んだ
のが、その　名の　起こりである。江戸時代の　中ごろに　なる
と、町人が　だんだん　経済力を　持ち始め、寺院ばかりでなく
ふつうの　家を　使って　「読み書きそろばん」など、実用的な
ことを　教えるように　なったが、これも　やはり　寺子屋と
呼ばれた。１８世紀の　中ごろには　江戸の　町だけでも　８００
くらいの　寺子屋が　あったと　言われている。

　　江戸時代の　有名な　学者の　本居宣長には　弟子が　大勢
いた。現在　わかっている　４８０人の　弟子の　うち、町人は
１６６人、農民は　１４４人、神官　６７人、武士　５８人、医
者　２７人などと　なっている。女性も　２２人　いた。

　　このように　すぐれた　学者を　中心と　する　私塾が　発達
して、医学や　地理学など　自然科学の　教育も　行われていた
のである。

In the Edo period a unified educational system had not yet been established. However, in each fief they created fief schools and promoted not only military science but various (other) studies. It is said that in the latter half of the seventeenth century there were over 240 fief schools in the country as a whole.

At these fief schools they taught Confucianism, the Japanese classics and so on, mainly to the children of the samurai class. On the other hand, the children of townspeople attended *terakoya*. Previously, temples had mainly been used as schools, which were called "temple schools," the origin of the name *terakoya*. In the middle of the Edo period, townspeople began to have economic power, and practical things like reading, writing and the abacus came to be taught, not particularly at temple schools but by making use of ordinary houses. These, too, were also called *terakoya*. It is said that in the mid-eighteenth century in Edo alone there were around eight hundred *terakoya*.

One famous scholar of the Edo period, Motoori Norinaga, had many students. Among the 480 students known (to us) now were 166 townspeople, 144 farmers, 67 Shinto priests, 58 samurai, 27 doctors and a few others. There were also 22 women.

In this way, around (such) eminent scholars, private schools developed, (with) courses on medicine, geography, natural sciences, and so on being offered.

❏ Vocabulary

統一的（な） とういつてき	unified
統一 とういつ	unification, uniformity
学校教育制度 がっこうきょういくせいど	school education system
教育 きょういく	education
制度 せいど	system
確立する かくりつ	establish, settle
確立 かくりつ	establishment, settlement
しかし	however
各 かく	each
藩 はん	fief, domain
武術 ぶじゅつ	military science, martial arts
～ばかりでなく	not only
学問 がくもん	studies, learning
奨励する しょうれい	promote, encourage
奨励 しょうれい	promotion, stimulation
後半 こうはん	latter half
全国 ぜんこく	the whole country
全～ ぜん	whole, all
～校 こう	(counter for schools)
あまり	over
藩校 はんこう	school established by a *han*
主に おも	mainly
武士 ぶし	warrior, samurai
階級 かいきゅう	class, caste
儒学 じゅがく	Confucianism
国学 こくがく	Japanese classics
一方 いっぽう	(on the) other hand, (on) one hand/side
町人 ちょうにん	townspeople
寺子屋 てらこや	temple/private school
通う かよ	attend, go to and from, commute
役割 やくわり	role, part
寺院 じいん	temple
名 な	name

起こり <small>お</small>	origin
経済力 <small>けいざいりょく</small>	economic strength
〜力 <small>りょく</small>	power, strength
そろばん	abacus
実用的(な) <small>じつようてき</small>	practical
やはり	also
学者 <small>がくしゃ</small>	scholar
本居宣長 <small>もとおりのりなが</small>	a famous Japanese classical (1730–1801) scholar during the Edo period
〜には〜いる	(someone) has (students, children, etc.)
弟子 <small>てし</small>	student, follower, disciple
〜のうち	among
神官 <small>しんかん</small>	Shinto priest
〜と なる	(lit.) "come to, amount to"
すぐれた	eminent, outstanding, superior
中心と する <small>ちゅうしん</small>	be centered on
中心 <small>ちゅうしん</small>	center, core
私塾 <small>しじゅく</small>	private school/college
発達する <small>はったつ</small>	develop, progress
発達 <small>はったつ</small>	development, growth, advancement
医学 <small>いがく</small>	medicine
地理学 <small>ちりがく</small>	geography
自然科学 <small>しぜんかがく</small>	natural science
科学 <small>かがく</small>	science

NOTES

The prose in this lesson, which is literary/reportorial in style, contains a number of expressions you are likely to come across in your reading.

1. 本居宣長には 弟子が 大勢 いた。
<small>もとおりのりなが　　　てし　　おおぜい</small>

The pattern person(s) には person(s) が いる means the former has the latter and carries the implication of an empathetic relationship.

ex. 1. 会社を やめさせられたし お金も 失った。でも 私には 家族や 友だ
<small>かいしゃ　　　　　　　かね　うしな　　　　　わたし　　かぞく　とも</small>
ち が いる。

"I was fired by (my) company and lost money, yet I have family and friends (who believe in and support me)."

2. かれには　味方も　いるが　敵も　いる。
みかた　　　　　　てき

"He has many friends, but his enemies are numerous too."

2. 町人は　１６６人...医者　２７人などと　なっている。
ちょうにん　　　　　にん　　いしゃ　　にん

と　なっている has the same meaning as で　ある, but when what is being said is based on a record, document or regulation, と　なっている is preferred. It sounds more formal and indirect.

ex.　1. ここは　立入禁止と　なっています。"This place is No Entry."
たちいりきんし

　　　2. 会議の　きかんは　来週の　月曜から　木曜までと　なっている。
かいぎ　　　　　　らいしゅう　げつよう　　もくよう

"The period (set aside) for the conference is next week, from Monday till Thursday."

QUIZ

Read this lesson's opening passage and answer the following questions.

1. 藩校は　１７世紀後半には　全国で　何校ぐらい　ありましたか。
はんこう　　せいきこうはん　　ぜんこく　なんこう

2. 藩校には　主に　どういう　子どもたちが　通っていましたか。
おも　　　　　　こ　　　　かよ

3. 寺子屋には　どういう　子どもたちが　通っていましたか。
てらこや

4. 寺子屋では　どんな　ことを　教えていましたか。
おし

5. １８世紀の　中ごろに　江戸の　町には　寺子屋が　どのくらい　あったと　言われていますか。
なか　　えど　　まち　　　　　　　　　　　　　　い

6. 本居宣長と　いう　人は　どういう　人ですか。
もとおりのりなが　　　ひと

7. 本居宣長の　弟子のうち、一番　多いのは　武士ですか。
でし　　いちばん　おお　　　　ぶし

8. 本居宣長の　弟子には　女性も　いましたか。
じょせい

9. 江戸時代には　自然科学の　教育も　行われていましたか。
じだい　　しぜんかがく　きょういく　おこな

10. 江戸時代と　いうのは　何世紀から　何世紀ごろまでですか。(See the
なん

Opening Dialogue, Lesson 8.)

NEW KANJI

1. 教育
キョウイク

| 育 | 丶 | 一 | 士 | 玄 | 产 | 育 | 育 | 育 | (8) |

2. 科学
   カ ガク
 (9)

3. 医学
   イ ガク
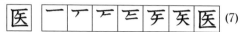 (7)

4. 実用的
   ジツヨウテキ
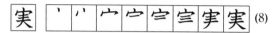 (8)

的 ＇ ＇ ｆ 白 白 的 的 的 (8)

APPENDICES

A: Plain Forms and Connective Patterns

The plain adjective and verb forms given in the charts below are used in a number of patterns. Exceptions, which occur only in the case of a な adjective or a noun followed by だ, are shown in boxes.

Verbs

	Present		Past	
	aff.	neg.	aff.	neg.
Reg. I	使う	使わない	使った	使わなかった
Reg. II	いる	いない	いた	いなかった
Irr.	来る	来ない	来た	来なかった
	する	しない	した	しなかった

Adjectives, Noun + です

	Present		Past	
	aff.	neg.	aff.	neg.
い adj.	赤い	赤くない	赤かった	赤くなかった
な adj.	静かだ	静かでは/じゃ ない	静かだった	静かでは/じゃなかった
N + です	Nだ	Nでは/じゃない	Nだった	Nでは/じゃなかった

Four connective patterns using the following words and phrases are encountered in Book II and Book III.

1. Basic Pattern

   Before と思う, と言う, と聞く (Book II, Lesson 8), etc., verbs and adjectives end in the plain form without exception.

2. Noun-modifying Pattern

   Nouns (Book II, Lesson 7), とき, ばあい (Book II, Lesson 12), つもり (Book II, Lesson 18), ようです (Book III, Lesson 1), はず (Book III, Lesson 2), わけ (Book III, Lesson 19).

   When these words are modified, the following exceptions occur:
   After な adj.: 静かな　こうえん／とき, etc.

   After noun: こどもの　本／とき, etc.

3. でしょう Pattern

でしょう (Book II, Lesson 8), だろう (Book II, Lesson 13), かもしれません (Book II, Lesson 13), らしい (Book III, Lesson 4).

な adjectives and nouns plus だ are exceptions. The stem of な adjectives and nouns comes directly before these words.

な adj.: 静かでしょう (after the stem)

noun: 子どもでしょう

4. なので Pattern

の/ん です (Book II, Lesson 11), ので (Book II, Lesson 13)., のに (Book III, Lesson 14)

な adjectives and nouns plus だ are exceptions.

な adj.: 静かなので

noun: 子どもなので

Index: ばあい (2), だろう (3), でしょう (3), はず (2), かもしれません (3), ので (4), の/ん です (4), のみ (4), noun (2), らしい (3), そうです (I hear) と言う/聞く/思う/伝える (1), とき (2), つもり (2), ようです (2), わけ (2).

Notes: The number in the parentheses refer to the pattern number.

   For other words, such as れる/られる/せる/させる/まま/そうです (it seems), which follow other forms, refer to their connective pattern in the grammar sections of the respective lessons.

B: Grammatical Patterns and Common Constructions

Lesson 1	1	〜ようです	会議はまだ終わっていないようです。
	2	〜ような／ように	今日は春のようにあたたかいです。
	3	〜そうです	田中さんは大阪に行くそうです。
	4	〜たがっています	山田さんは会社をやめたがっています。
	5	〜によって	給料は仕事によってちがます。
	6	〜の間で	この仕事は若い人の間で人気があります。
	7	〜ているnoun→〜たnoun	田中さんはあのこんのせびろを着た人です。
	8	〜とか〜とか	新聞とかざっしとか借りられます。
Lesson 2	9	〜で、〜	かぜで会社を休みました。
	10	〜はずです	先週送りましたから、もう届いているはずです。
	11	〜たら、〜んですが	時間があったら、読むんですが。
	12	〜compound verbs	ホテルの予約をし直します。

Lesson 3	13	～か～	何時に帰るかわかりません。
	14	～ように言って／ 伝えてください。	ビールを20本持ってくるように言って ください。
	15	～かどうか～	ゴルフに行くかどうか聞いてくださ い。
Lesson 4	16	～そうです	あのかびんは高そうです。
	17	～そうな／そうに	高そうなレストランです。
	18	～く／に　します	安くしましょう。
	19	～らしい	台風でひこうきがとばないらしいで す。
	20	～ですって／だって	30万円ですって。
Lesson 5	21	～てしまいます	道がこんでいて、3時間もかかってし まいました。
	22	～てみます	くつをはいてみてください。
	23	～さ	広さはどのぐらいがいいですか。
	24	～たら／ばいいです	あしたは何時に来たらいいですか。 10時に来ればいいです。
Lesson 6	25	～ておきます	レストランの席を予約しておきまし た。
	26	～てあります	レストランの席が予約してありまし た。
	27	～たらどうですか	こうばんで聞いたらどうですか。
	28	～すぎます	このスープはからすぎます。
Lesson 7	29	～ていきます／きます	世界の人口はふえていくでしょう。
	30	～てもらいます	友だちにホテルを予約してもらいまし た。
	31	～てほしい	その計画をやめてほしいと思います。
	32	～ても、～	あした雪がふっても、ゴルフに行きま す。
	33	なん～も	ひこうきじこうで、何百人も死にまし た。

Lesson 8	34	Passsive	けい子さんは先生にほめられました。
	35	〜というのは〜	金沢というのはどんな町ですか。
Lesson 9	36	Causative	加藤さんは鈴木さんに会議の準備をさせました。
	37	〜せ／させてください	あした休ませてください。
	38	〜せ／させていただきます	私が説明させていただきます。
Lesson 10	39	〜、〜ます	みどりがへり、海がよごれ、かんきょうは年々悪くなっていきます。
	40	〜ようになります	新幹線ができてから、東京から大阪まで3時間で行けるようになりました。
Lesson 11	41	〜敬語 I	
		いただきます	田中さんにかびんをいただきました。
		さしあげます	おみまいに花をさしあげます。
		くださいます	田中さんにかびんをくださいました。
	42	〜ていただきます	先生に本を送っていただきました。
	43	〜てくださいます	先生が本を送ってくださいました。
	44	〜てあげます	説明してあげてください。
	45	決める・決まるetc	部長が計画を決めました。
			計画が決まりました。
Lesson 12	46	〜ないで／ずに〜	外出しないで／外出せずに待っています。
	47	〜なくて、〜	ビデオの使い方がわからなくて、困っています。
	48	〜ようにします	なるべく早くれんらくするようにします。
	49	〜てもらえませんか	これを届けてもらえませんか。
	50	〜みたいな	春みたいな日ですね。

Lesson 13	51	～敬語 II	
		いらっしゃいます	あしたまいります。
	52	お～に　なります	お出かけになりますか。
	53	お～します	お送りしましょう。
	54	お～いただきます	お招きいただきまして、ありがとうございます。
Lesson 14	55	～のに、～	2時間も待ったのに、鈴木さんは来ませんでした。
	56	～う／ようとしたとき	出かけようとしたとき、電話がかかってきました。
	57	～と、～	けい子さんを待たせると悪いです。
	58	～とちゅう、～	ここに来るとちゅう、デモにあいました。
Lesson 15	59	～ことになります	来年本社が移転することになりました。
	60	～ことにします	たばこをやめることにしました。
	61	～だって？	山田さんが会社をやめるんだって？
Lesson 16	62	～れ／ろ	まどを閉めろ。
	63	～な	ここに車を止めるなと言われた。
	64	～てます／～といて	何をしてるんですか。 コピーをしといてください。
	65	～た　まま～	ドアを開けたまま出かけた。
	66	～通りに	言った通りに書類をそろえておいてくれ。
	67	～間に	君のいない間に電話があった。
Lesson 17	68	敬語 III ～れ／られます	部長はあしたアメリカから帰られます。
	69	～（の）ために、～	やせるために、ジョギングを始めました。
	70	～（ない）ように、～	遅れないように、早く家を出ました。

Lesson 18	71	Informal Speech	私にその写真、見せて。
	72	〜ところ	今出かけたところです。
	73	（音）がします	へんな音がします。
	74	Inversion	ひさしぶりだなあ、こんなコンサート。
Lesson 19	75	〜わけです	有名な人の作品ですから、高いわけです。
	76	〜というわけです	みんなの文化いさんというわけです。
	77	〜ほど〜ありません	試験は思ったほどむずかしくありませんでした。
	78	〜に／く思います	ざんねんに思います。

C: Verb Conjugations

Except for the two irregular verbs くる and する, all verbs belong to either the Regular I or Regular II category and conjugate as in the following tables. The て/た form comes from the ます form, but euphonic changes occur in the case of most Regular I verbs. Note the last sound of the ます stem is underlined.

Regular I

	ない	ます	dictionary	conditional	volitional	て	た	type
walk	歩かない	歩きます	歩く	歩けば	歩こう	歩いて	歩いた	いて/いた
swim	およがない	およぎます	およぐ	およげば	およごう	およいで	およいだ	いで/いだ
buy	買わない	買います	買う	買えば	買おう	買って	買った	って/った
wait	待たない	待ちます	待つ	待てば	待とう	待って	待った	って/った
get on	のらない	のります	のる	のれば	のろう	のって	のった	って/った
live	住まない	住みます	住む	住めば	住もう	住んで	住んだ	んで/んだ
die	死なない	死にます	死ぬ	死ねば	死のう	死んで	死んだ	んで/んだ
call	よばない	よびます	よぶ	よべば	よぼう	よんで	よんだ	んで/んだ
push	おさない	おします	おす	おせば	おそう	おして	おした	no euphonic change

Note: Remember one exception. The て form of 行く is 行って.

Regular II

	ない	ます	dictionary	conditional	volitional	て	た	
eat	食べない	食べます	食べる	食べれば	食べよう	食べて	食べた	
get off	おりない	おります	おりる	おりれば	おりよう	おりて	おりた	

Irregular

	ない	ます	dictionary	conditional	volitional	て	た	
come	来ない	来ます	来る	来れば	来よう	来て	来た	
do	しない	します	する	すれば	しよう	して	した	

QUIZ ANSWERS

Lesson 1

Ⅰ 1. 来年の　春　卒業する　大学生です。（しゅうしょくしたい　会社へ　面接
を受けに　来た　学生です。）

  2. いいえ、前は　こんじょうの　ある　人を　もとめていました。

  3. 給料の　多い　会社とか、やりがいの　ある　仕事が　できる　会社とか、
人に　よって　えらぶ　きじゅんは　いろいろです。

  4. 加藤さんが　言いました。

Ⅱ 1. の、で、が　2. の、な　3. に、の　4. に　よると、で　5. に　よって

  6. に、とか、とか

Ⅲ 1. どう／いかが　2. どんな　3. だれ／どなた　4. どうして／なぜ

Ⅳ 1. どくしんの　2. 病気だ　3. 上手な　4. にがてだ　5. よくない　6. ない

  7. 受けた　8. 働き

Ⅴ A. 1　B. 3

Lesson 2

Ⅰ 1. 予約を　とりけしたかったので　電話を　しました。

  2. ひこうきで　出かける　つもりでした。

  3. いいえ、その　場合は　キャンセルチャージを　払わなくても　いいです。

  4. スミスさんは　4、5日前に　内金を　送ったので、もう　届いている
はずだと　思っています。

Ⅱ 1. で、を　2. に、を、から　3. に　4. から、に

Ⅲ 1. どうして／なぜ　2. いつ　3. どのくらい／いくら　4. 何時

Ⅳ 1. 来られない　2. 使い、かえた　3. にぎやかな　4. 出せ、着く　5. 会議だっ
た／でした、行かなかった　6. あっ、行けない　7. 休みの

Ⅴ 1. 急に　2. 必ず　3. たしかに

Lesson 3

　Ⅰ　1. もう　1枚　買おうと　思って　電話を　しました。

　　　2. はい、知っていました。

　　　3. 3292-3365に　電話するように　たのみました。

　　　4.（チャンさんの　電話を　中野さんに　伝えたのは）　スタジオQの　人です。

　　　5. 全部で　4枚　買う　つもりです。／4枚　買おうと　思っています。

　Ⅱ　1. が　2. と　3. か、か　4. か　5. に　6. から

　Ⅲ　1. もちろん　2. なるべく　3. とにかく

　Ⅳ　1. おとした　2. 気に　入る　3. 食べたい　4. よごれて、あらう　5. 聞いた
　　　6. 来なくても　いい　7. 外出中だ

　Ⅴ　A. 3　B. 1

Lesson 4

　Ⅰ　1. 30万円です。

　　　2. 1枚　1,500円ぐらいの　皿が　ほしいと　言いました。

　　　3. 田中さんです。

　　　4. 1,600円に　しました。

　Ⅱ　1. で、に　2. の、に　3. な、に

　Ⅲ　1. もう　2. もっと　3. もう、もっと　4. もう、もう　5. もっと

　Ⅳ　1. 忙し、たいへん　2. よさ　3. おち　4. 行って、した　5. ない　6. 安くて、
　　　おいしい　7. デザイナー

　Ⅴ　A. 3　B. 1

Lesson 5

　Ⅰ　1. 事務所が　移転して　中村さんの　うちから　会社まで　遠くなってしまったからです。

　　　2. 今の　ほかに　部屋が　一つ　あれば　いいと　言いました。

　　　3. いいえ、犬を　かいたがっています。

　　　4. 55万円になります。

5. 借りないと 思います。／借りるか どうか わかりません。

 II 1. に 2. から、か、か 3. と 4. で、を

 III 1. どの 2. 何 3. いつ 4. いつ

 IV 1. 止まって 2. わすれて 3. わって 4. 食べて 5. 聞いて 6. はいて、
　　　気に 入っ 7. 乗りかえ 8. 払え

 V A. 3 B. 1

Lesson 6

 I 1. はい、会議が 始まる 前に 並べておくように 言いました。
　　　／はい、そう 言いました。

　　 2. 会議の 出席者は 18人です。

　　 3. 20部 コピーしてあります。

　　 4. はい、知っていました。

　　 5. 4時ごろ 持ってくるように 言いました。

 II 1. に、を 2. で 3. の、を 4. が、の 5. に、を

 III 1. どんな 2. どこ 3. どう／いかが 4. 何人

 IV 1. あま、食べられ 2. 働き、なって 3. けし、出かけて 4. わからなかっ、
　　　調べて 5. 会っ、聞いて 6. 大切な、しまって 7. 話して 8. おいて

Lesson 7

 I 1. 北海道の 計画です。

　　 2. しょめい運動を 始めました。

　　 3. いいえ、たくさんの 木を 切らなくても、ルートを かえれば どうろ
　　　は 作れます。

　　 4. 地元の 関係者に うったえてくる つもりです。

　　 5. はい、友だちにも しょめいを してもらう つもりです。

 II 1. も 2. で、も 3. から、が 4. でも

 III 1. どこ 2. だれ 3. どう／いかが 4. どちら

 IV 1. なって、入り 2. 見せて 3. 直して 4. おかないで 5. かえれ、切らなく
　　　6. 飲ん、なおり

Lesson 8

I 1. 江戸時代の 建物が 集められている 所を 見物しています。

　2. 200年ぐらい 前に 建てられました。

　3. いいえ、さむらいの 家の ほうが のうみんの 家より ずっと 大き
　　　いです。

　4. 大名が のうみんから 米を とりあげました。

　5. はい、そう 思います。／いいえ、そう（は） 思いません。

II 1. に、 2. で、と 3. に、を 4. を、に 5. で、に

III 1. どうして／なぜ 2. どこ 3. いつ／何年 4. どういう

IV 1. 聞かれる 2. しょうかいされる 3. たのまれる 4. 止められる

　5. こわされる 6. 見られる 7. 来られる 8. 調べられる 9. わらわれる

V 1. たのまれ 2. とられ 3. 思われて 4. やめられて 5. 調べられ

　6. ゆしゅつされる

Lesson 9

I 1. 鈴木さんに 作らせました。

　2. いいえ、鈴木さんに 調べさせました。

　3. 作ったときの じじょうが ふくざつなので、わかりにくい（の）です。

　4. 横浜支社に 行って、問い合わせの あった 契約書について 説明しま
　　　す。

II 1. で、に 2. を 3. の、で 4. を、に、に

III 1. さがさせる 2. 書かせる 3. 電話を かけさせる 4. 飲ませる

　5. 手伝わせる 6. お茶を 入れさせる 7. やめさせる 8. 持ってこさせる

　9. 仕事を させる

IV 1. させ 2. 行かせないで 3. 待たせて 4. 帰らせ 5. 調べさせ

　6. 考えさせて 7. 持ってこさせて

V A. 1 B. 2

Lesson 10

I 1. 1964 年に　開通しました。

2. 1964 年です。

3. 7 時間以上　かかりました。

4. はい、かわりました。東京から　関西方面に　出張する　場合、日帰りが
できるように　なりました。

5. 転勤を　めいじられ、家族と　はなれて　生活している　人です。

II 1. 話せる　2. 歩ける　3. ふにんする　4. 開通し、でき

Lesson 11

I 1. いいえ、(鈴木さんは　自分で　出しませんでした。) 渡辺さんに　出し
てもらいました。

2. まず　林部長が　書いて、それを　ジョンソンさんが　ほんやくしました。

3. はい、200 名より　多いです。

4. ホテルの　人と　最後の　うちあわせを　します。

II 1. に、を　2. を、と　3. を　4. から、が　5. を、が

III 1. どなた　2. いつ　3. だれ　4. どう

IV 1. 招待して　2. して　3. 直して　4. 入れて　5. 運ぶ、手伝って
6. 届いて

V A. 3　B. 1

Lesson 12

I 1. 鈴木さんの　うちから　電話を　かけています。

2. (鈴木さんは)テレビが　よく　映らないので／映らなくて、困っていま
す。

3. 6 階建てで、(白くて)　ふねみたいな　ビルです。

4. いいえ、センターに　もどらないで　直接　鈴木さんの　うちに　行こう
と　思っています。

II 1. に、と、に　2. を、に　3. に、の、が　4. に

III 1. どの　2. どう　3. 何時　4. どうして／なぜ

IV 1. ふらなくて 2. けさない、ねて 3. たしかめ、して 4. みがいて

5. 見_みつからなくて 6. あびない

Lesson 13

I 1. 田中_{たなか}さん 一家_{いっか}が スミスさんの うちに 招_{まね}かれました。

2. いいえ、車_{くるま}で 送_{おく}りませんでした。

3. いいえ、子_こどもたちも いっしょに 行きました。

4. はい、(おみやげを) 持_もっていきました。

5. 「みな様_{さま}に よろしく おっしゃってください」の ほうが ていねいな

言_いい方_{かた}です。

II 1. で 2. の、が 3. も 4. ば、が、に

III 1. 何_{なに} 2. 何時_{なんじ} 3. どちら／どこ 4. どなた

IV 1. やめ 2. めしあがって 3. 持_もち 4. とり 5. 着_つき、つかれ 6. 話_{はな}し

7. いらっしゃった 8. いたし

V A. 1 B. 3 C. 1

Lesson 14

I 1. 6時_じ 10分_{ぷん}に 待_まち合_あわせる 約束_{やくそく}を しました。

2. ジョンソンさんが 自分_{じぶん}で 持_もっていました。

3. はい、そう思_{おも}っています。

4. いいえ、けい子_こさんは いっしょに 待_まっていません。

II 1. を、と、に 2. も、で 3. と、が 4. に、に 5. を 6. て

III 1. あいにく 2. いったい 3. できるだけ 4. めったに 5. なかなか

IV 1. もらった、なくして 2. つめたい、およいで 3. わかる 4. 下手_{へた}な、

歌_{うた}って 5. 食_たべていない 6. 夏_{なつ}な 7. した 8. 食_たべよう 9. 帰_{かえ}ろう

10. シャワーを あびよう

V A. 2 B. 3

Lesson 15

I 1. はい、(会_あったことが) あります。

2. 4月_{がつ}から 東京本社_{とうきょうほんしゃ}で 働_{はたら}くことに なりました。

3. デザイン関係の　仕事を　始める　ことに　しました。

4. はい、知っていました。

5. はい、ロンドンの　事務所から　東京に　転勤してきました。／いいえ、覚えていません。

6. 自分の　店を　持つのが　ゆめでした。／自分で　デザイン関係の　店を持つのが　ゆめでした。

II 1. が、を　2. の、を　3. で、に　4. に、で

III 1. 何　2. どなた／だれ　3. どう

IV 1. さしあげる　2. 通れない　3. 開かれる　4. 行かせる　5. ほんやくしてくれる　6. 受ける

V A. 1　B. 2　C. 3

Lesson 16

I 1. はい、どこかに　行っていました。／そうです。

2. (鈴木さんは　加藤さんに)　資料を　そろえておくように　言われました。

3. いいえ、ていねいな　ことばで　話していません。

4. おしゃべりを　しに　来たと　思います。

II 1. が、の　2. に、で　3. を、に　4. が、か、に　5. から、が　6. に、を

III 1. いつ　2. どんな　3. どこ　4. どう　5. 何

IV 1. 開けた　2. 言われた　3. 休んでいる　4. のった　5. している　6. 思った

V 1. 来い　2. なくすな　3. 上げろ　4. わすれるな　5. けせ

VI A. 2　B. 1

Lesson 17

I 1. はい、そう　思っています。

2. あまいものが　好きで　よく　食べますから　(やせません)。

3. ふとりたくないので／ふとらないように、日本料理を　食べています。

4. はい、以前も　山に　登っていました。

II 1. から、まで　2. に、に　3. の　4. と　5. を、の　6. に、に

III 1. 学ぶ　2. こわさない　3. すわって、見える　4. なる　5. ない

IV 1. 作られた　2. 会われます　3. 来られます　4. あずけられます、持っていか
れます　5. 説明される

Lesson 18

I 1. いいえ、ちょうど　始まる　ところでした。

2. はい、人が　おおぜい　来ていました。

3. はい、そう　言いました。

4. いいえ、いっしょに（は）　行きませんでした。

5. ディスコに　行こうと　言いました。

II 1. を　2. に、の　3. が、か　4. が　5. に、の

III 1. 何　2. いつ　3. だれ　4. どんな

IV 1. 読み、読んでいる、待って　2. 遅くなって、出た　3. 目を　通して、出か
け、おいて　4. 作っている、手伝って

V A: あそこに　いるのは　佐藤さんでは（じゃ）　ありませんか。

B: そうですね。佐藤さんです。いっしょに　いるのは　清水さんの　ようで
すね。

A: 二人を　さそって　どこかに　行きませんか。

B: でも　じゃましない　ほうが　いいですよ。

Lesson 19

I 1. アメリカや　ヨーロッパの　美術館から　運ばれてきた　ものです。

2. 日本人です。

3. いいえ、そうは　思っていません。

4. 明治時代には　浮世絵を　ほぞんする　ための　お金も　ぎじゅつも　今
ほど　ありませんでしたから／なかったからです。

5. はい、そう　思っています。

II 1. より　2. に　3. を、に　4. から、で　5. ほど

III 1. それで　2. まるで　3. そこから、それまで

IV　1. ならない　2. つかれる　3. 会えなくて、ざんねんに　4. 若く　5. 静かな

　　6. わからない

V　A. 3　B. 1　C. 3

Lesson 20

1. 全国で　240 校ぐらい　ありました。

2. （藩校には）　主に　武士階級の　子どもたちが　通っていました。

3. 寺子屋には　町人の　子どもたちが　通っていました。

4. 「読み　書き　そろばん」など　実用的な　ことを　教えていました。

　　（本を　読んだり　字を　書いたり、計算したり　することなどを　教えてい

ました。）

5. 800 くらいの　寺子屋が　あったと　言われています。

6. 江戸時代の　有名な　学者です。

7. いいえ、一番　多いのは　町人です。

8. はい、女性も　いました。

9. はい、自然科学の　教育も　行なわれていました。

10. 江戸時代と　いうのは　17 世紀の　初めから　19 世紀の　中ごろまでです。

JAPANESE-ENGLISH GLOSSARY

あいだに／間に while 177

あいつ that guy, he (colloquial men's speech) 185

あいづちを　うつ give a signal to show that the listener is carefully listening to the speaker 38

あいて／相手 partner, other party 39, 184

あいてを　する deal with, wait on 184

あいにく unfortunately 146

あう／会う meet with, encounter 157

あがる／上がる be raised 80, 126; rise, (lit.) be derived attained 192

あげる／上げる raise 126

あじ／味 taste, flavor 9

あしのはやい／足のはやい swift of foot 142

あたし I (informal women's speech) 202

あたためる warm up, heat up 184

あつまる／集まる gather, come together 33

あてはめる apply 223

あと more 69

あまい sweet, indulgent 68

あまり over 227

あらわす／表す express, indicate, show 38, 223

ある a certain, one 97, 142

アレルギー allergy 189

あわてる be flustered, confused, panic 184

い stomach 219

いがく／医学 medicine 228

いかせる／行かせる have (someone) go 101

いきなさい／行きなさい go! 185

いけない no good, wrong 59

いけん／意見 opinion 162

いさん heritage, property, legacy 215

いしゃに　する／医者に　する make (a person) a doctor 196

いしゃに　みてもらう／医者に　みてもらう see a doctor 80

いしゃを　よぶ／医者を　呼ぶ call a doctor 142

いぜん／以前（は）previously 111

いたす do (humble) 16, 146

いちいちきゅうばん 119 emergency number for fire, ambulance 184

いったい what on earth! 158

いってた／言ってた（contraction of いっていた）177

いっぱん（の）general, widespread 3

いっぱんてき／いっぱん的（な）general 3

いっぽう／一方 (on the) other hand, (on) one hand/side 227

いてん／移転 move, moving 53; いてんする／移転する move 53

いみ／意味 meaning 97

イラン Iran 93

いれる make (coffee, tea, etc.) 69

いろり hearth 86

いわい congratulations, celebration 126

いわれてる／言われてる（contraction of いわれている）86

うえの／上の older, upper 127

うえの／上野 Ueno (area in Tokyo) 214

うかがう visit (humble) 151; hear (humble lang.) 193

うきよえ／浮世絵 ukiyo-e, Lit. "floating-world pictures" 214

うちあわせ　meeting for arrangements 119; うちあわせを　する make arrangements 119

うっかり without thinking, inadvertently, carelessly 59

うつくしさ／美しさ beauty 215

うったえる make an appeal, complain 74

うつる／映る be reflected (appear as an image) 132

うなずく nod 39

うまい well, skillful, delicious 202

うんどう／運動 campaign 73

エアコン air conditioner 33

えいぎょう／営業 sales 168

えいぎょうぶ／営業部 sales department 168

エキサイトする become excited 190
えきまえ／駅前 area near a station 33
えはがき picture postcard 126
エレベーター elevator 21
エンジニア engineer 126

おいそがしいところ／お忙しいところ
 "although you are busy" 209
おいでになる be, come, go (respect lang.) 146
おおいに considerably, greatly 111
おおきな／大きな big 132
おおやさん／大家さん landlord, owner 54
おかげ indebtedness, support, backing 202
おく hundred million 93
おこなう／行なう hold, carry out 93
おこり／起こり origin 227
おしいれ closet 54
おそく／遅く late 21
おつかい errand, mission 142
おっしゃる say (respect lang.) 146
おとが　する／音が　する make a sound 203
おどろき wonder, surprise, fright 214
おなかが　すく be/become hungry 80
おひきする／お引きする deduct 16
オフィス office 171
おまちする／お待ちする wait (humble form of
 待つ) 16
おまわりさん police officer 47
おみあいを　する／お見合いを　する have
 a marriage interview 172
おめでとう congratulations 172
おめに　かかる／お目に　かかる meet
 (humble) 168
おもに／主に mainly 227
おや／親 parent(s) 68
おる be (humble) 146
おれいに／お礼に as a token of gratitude 126

ガードマン guard, security staff 126
かいがい／海外 abroad, foreign countries, over-
 seas 16
かいかん／会館 hall 151
かいぎちゅう／会議中 in conference/a meet-
 ing 33
かいきゅう／階級 class, caste 227
がいし／外資 foreign capital 3

がいしけい／外資系 foreign capital affiliation 3
がいしゅつ／外出 going out, outing 27
がいしゅつちゅう／外出中 is out 27
かいじょう／会場 reception hall, meeting place
 119
がいじん／外人 foreigner 4
かいだて／階建て storied building 132
かいだん／階段 steps, stairs 202
かいちょう／会長 chairman 126
かいつう／開通 opening to traffic 110; かいつ
 うする／開通する go into operation, be
 opened to traffic 110
ガイド guide 86
かいはつ／開発 development 74
かいひ dues, membership fee 208
がいらいご／外来語 loanword 189
かいわ／会話 conversation 38
かう keep, raise (animals, not children) 54
かえす／返す give back, repay 137
かお／顔 face 39
かがく／科学 science 189, 228
かかる be locked 126
かきなおす／書き直す rewrite 21
かぎを　かける lock 126
かく／各 each 227
がくしゃ／学者 scholar 227
かくにん confirmation 118; かくにんを　する
 confirm 118
がくもん／学問 studies, learning 227
かくりつ／確立 establishment, settlement 226;
 かくりつする／確立する establish, settle
 226
かける lock 126
かじ／火事 fire 21
かしゅ／歌手 singer 202
かしょ／〜か所 (counter for places) 100
〜かしら I wonder (informal women's speech) 42
ガス gas 184
かず／数 number 80
〜かする／〜化する -change, turn, be trans-
 formed into 190
ガソリンスタンド gas station 132
かた shoulder 68
〜がた -shaped 64
かた／方 person (polite) 33
かたち／形 form, shape 63, 190

かっこ（う）　いい chic, cool, super 208

かっこう appearance, dress 202; かっこうをしている be dressed 202

がっこうきょういくせいど／学校教育制度 school education system 226

〜か　どうか whether (or not) 27

かなしい sad, pathetic, unhappy 219

かなり considerably, fairly 111

かのじょ she 9

かばん bag, briefcase, suitcase 47

かぶる wear, put on (headgear) 10

かまいません I don't mind, it's all right 81

かよう／通う attend, go to and from, commute 227

からい salty, hot 68

カレー curry 208

かれる wither, die 184

かわ／河 (big) river 97

かわ／川 river 97

かわいそう（な）　poor, miserable 162

〜かん／〜間 between, among 110

かんきょう environment 113

かんけい／関係 relationship, concern 74

かんけいしゃ／関係者 people concerned 74

かんこう sightseeing 73

かんさい／関西 Kansai (district name) 111

かんしんする／感心する be impressed 215

かんばん／看板 signboard 189

き／気が　する feel, think 208

き／気が　つく notice, realize, regain consciousness 162

きかく planning, plan 64

ききて／聞き手 listener 38

きじ article 184

きじゅん criterion, standard 3

きたい expectation, anticipation 220; きたいする expect, hope for 220

きちょう（な）　valuable, rare (for responses) 151

きちんと neatly, accurately 218

きっぷ／切符を　とる buy an advance sales ticket (for a reserved seat) 202

きねん／記念 commemoration 118

きねんひん／記念品 memento, souvenir 119

きのどく（な）／気のどく pitiable 162

きまり／決まり rule, decision 16

きまる／決まる be decided 119

きもち／気持ち feeling 38

キャンセルチャージ cancellation charge 16

キャンプ camp 171

きゅうきゅうしゃ／救急車 ambulance 21

きゅうじつ／休日 holiday 111

きゅうよう／急用 urgent business 35

きょういく／教育 education 226

きょうかしょ／教科書 textbook 126

ぎょうじ／行事 (religious or social) rites, events, functions 189

きょうしゅく　(feeling) obliged/grateful/embarrassed, appreciate 197

きりとる／切りとる cut out, tear off, amputate 184

キロ（メートル）　kilo(meter) 58

キログラム kilogram 58

き／気を　つける be careful, pay attention 184

きんむ／勤務 service, duty 168; きんむする／勤務する work, serve 168

くさる rot, go bad, corrupt 184

くび neck 172

くびに　なる get/be fired 172

くらい＝ぐらい 54

（に）くらべると if (you) compare 114

グリーン green 10

くりかえす repeat 93

くるしい／苦しい painful, suffocating, be difficult, awkward 142

くれ plain imperative of ください 142

〜けい／〜系 origin, lineage, system 4

けいかく／計画 plan 74

けいけん experience 10

けいこう trend, tendency 3

けいざいりょく／経済力 economic strength 227

けいさん calculation, accounts 208; けいさんする calculate, compute 208

けいやくしょ／契約書 (written) contract 68

（けっこんを）もうしこむ／（結婚を）申し込む propose (marriage) 93

けれど but 42

けん／件 matter, subject 101
げんかん entrance hall 54
げんこう manuscript 119
けんさ inspection, examination, test 172
げんざい (as of) now, presently 119
げんせいりん virgin forest 73

〜こう／〜校 (counter for schools) 227
こうか effect, efficiency 192
こうかい regret, repentance 74
こうかいする be sorry, regret 74
こうこく／広告 advertisement 189
こうざ account 27
こうざ course, lecture 171
こうしょう negotiation 42
こうせい／後世 coming/later age 215
こうせいの／後世の　人 future generations 215
こうにん successor (to a post) 173
こうはん／後半 latter half 227
こえ／声 voice 39
こえを　だす／声を　出す utter 39
コーヒーショップ coffee shop 64
こく／刻 a two-hour period 224
こくがく／国学 Japanese classics 227
ごくろうさま many thanks for your trouble/hard work 169
こころ／心 mind, heart 33
こし lower back, waist, hips 68
ごじつ／後日 later date, another day 16
ごしゅうしょうさまです Please accept my sincere condolences 115
こしょう breakdown, trouble 58
こしょうする break down, be out of order 58
ごしんぱい／心配なく don't worry 162
こせい／個性 individuality 3
こせいてき／個性的(な) original, individual 3
こそ indeed 146
ごぞんじですか (respect form of 知っていますか) 152
こたえる／答える answer, reply 137, 142
ごちそう treat, banquet, entertainment 152
ごちそうになる be treated, entertained 152
ことに　する decide (that) 168
ことに　なる be decided (that) 168
ことば word 189

このごろ these days, recently 10
コピーライター copywriter 93
こまかい small, fine 137
こめ／米 (uncooked) rice 86
ごめん sorry (informal) 202
こわい scary, fearful, terrible 47
こわす break 89
こわれる get/be broken 138
こん dark blue, navy 3
こんごとも／今後とも from now on 173
コンサート concert 27
こんじょう fighting spirit, willpower, disposition 3
こんど／今度 sometime, soon 152

〜さ (suffix to make a noun from an adj.) 54
さいご／最後 final 119
さいごに／最後に finally 119
サイズ size 94
さがる／下がる go down, fall 161
〜さき／〜先 destination 111
さき／先 future 16
さきほど／先ほど a little while ago (less colloquial than さっき) 101
さくじつ／昨日 yesterday (less colloquial than きのう) 16
さくひん／作品 work, composition 42
さこく national isolation 214
さしあげる give (polite) 119
さそう ask, invite 203
さとがえり／里帰り return to one's village 214; さとがえりてん／里帰り展 exhibition of returned works 214
さびしい lonely 68
さぼる loaf, play hooky (from "sabotage") 178
さら／皿 plate, dish 42
さんか participation 171; さんかする participate, take part in 171
サングラス sunglasses 10
さんこう useful information, reference 197
さんせい agreement, approval, endorsement 203; さんせいする go along with, agree, approve 203
ざんねんに　おもう／思う feel regret 214

しあい／試合 game, match, bout 21

しあわせ（な）happy 21

シーズンちゅう／シーズン中 in (high) season 16

じいん／寺院 temple 227

しかし however 226

しかたが　ありません It can't be helped 161

しかる scold 92

しききん／しき金 deposit 54

じけん／事件 happening, incident 208

しごとを　さぼる／仕事を　さぼる loaf on the job 178

じこに　あう meet with an accident 137

しじゅく／私塾 private school/college 228

じじょう situation, background 101

しぜんかがく／自然科学 natural science 228

じそく speed per hour 58

じたく／自宅 one's own home 35

したの／下の younger, lower 127

じっこう／実行 practice, action, implementation 184; じっこうする／実行する carry out, execute 184

しつない／室内 indoor, interior 21

じつようてき／実用的（な）practical 227

しつれいする／失礼する leave 69

してんちょう／支店長 branch manager 126

じどうしゃ／自動車 automobile 93

シドニー Sydney 171

しな／品 wares, articles, goods 42

しなおす／し直す redo 16

しばらく for a short while, for a few minutes 97

しぶや／渋谷 Shibuya (place name) 132

しまう finish, put an end to 54

しまう keep, put away, save 68

じもと／地元 locality 74

しゃ／社 (our) company 209

しゃしんや／写真屋 photographer, photo studio 94

しゃべる chatter, talk (colloquial) 59

じゃま hindrance, barrier, inconvenience 178; じゃまする bother, interfere 178

しゃれた attractive, tasteful, chic 34

〜しゅう／〜周 circuit, lap 118

しゅうかん／習慣 custom, tradition 223

じゅっしゅうねん／10周年 tenth year 105

しゅうしょくする get a job 3

しゅうちゅう／集中 concentration 171; しゅう

ちゅうこうざ／集中こうざ intensive course 171

しゅうてん terminus, terminal, last stop 59

しゅうり repair, fix up 132

じゅがく／儒学 Confucianism 227

しゅくはく／宿泊 lodging 111; しゅくはくする／宿泊する put up at, stay (overnight) 111

しゅじゅつ surgical operation 21; しゅじゅつする undergo a surgical operation 21

しゅっきん／出勤 attendance/presence at the office 105; しゅっきんする／出勤する be at the office, report for work 105

しゅっせきしゃ／出席者 attendee 64

じゅんに in order 224

〜じょう (counter for tatami) 54

〜じょう／〜上 upper (part) 74

しょうご／正午 noon 224

じょうたい condition, state of affairs 215

しょうちしました I understand, certainly 33

じょうほう information 126

しょうれい／奨励 promotion, stimulation 227; しょうれいする／奨励する promote, encourage 227

しょくぎょう occupation 93

しょっき tableware, dinner set, flatware 34

しょめい signature 73; しょめいする sign 74

しらべる／調べる check, investigate, 33

しろ castle 138

しんかん／神官 Shinto priest 228

じんこう／人口 population 77

じんじぶ／人事部 personnel department 33

しんじゅ pearl 93

しんせき relative 115

シンセサイザー synthesizer 202

しんせん（な）new, fresh 214

しんぱい／心配 worry, anxiety, uneasiness 33, 38, 158; しんぱいする／心配する worry 33

じんぶつ／人物 person, character, figure 3

じんぼう popularity, reputation 219

じんぼうが　ない unpopular 219

スイス Switzerland 126

スイスせい Swiss-made 126

すいよう／水曜 Wednesday 33

すきなだけ／好きなだけ as much as you like 151

〜すぎに after 27
すぎる pass 9
〜すぎる too, excessively 64
すぐに right away, soon 138
すぐれた eminent, outstanding, superior 228
すごく very (colloquial), terrible 47
すし sushi 9
すすむ／進む go forward, advance, proceed 38,
　157
スタジオ studio 27
すてき（な） smart, stunning, wonderful 208
ステレオ stereo 58
〜ずに - without... -ing 132
スピード speed 184; スピードを　だす／出
　す (put on) speed 184
すべて all 215
すべる slip, slide, skate 196
スポーツカー sports car 47
すり pickpocket 93
する cost, be worth 80
する pick a pocket 93
〜せい made in... 126
せいき／世紀 century 86
せいきゅうしょ／せいきゅう書 bill 68
せいこう success 33; せいこうする succeed 33
せいど／制度 system 226
せいふく／せい服 uniform 3
せいり (re)arrangement, regulation 183; せいり
　する put in order, (re)adjust 183
せき／席 seat 66
せきゆ oil, petroleum, kerosene 93
ぜったいに absolutely 161
セットする set (up) 64
せびろ (man's) suit 3
ぜん／全〜 whole, all 227
せんきょ election 21
ぜんこく／全国 the whole country 227
ぜんじつ／前日 previous day 16
センター center 132
せんたん point, tip 196
せんたんぎじゅつ high tech(nology) 196
せんでん publicity 80; せんでんする advertise
　80
ぜんぶで／全部で all together 42
せんめんじょ／洗面所 washroom 54
せんもんか／せんもん家 specialist, profes-

sional 9
そういえば／そう　言えば speaking of... 9
そうそう／早々 early, immediately 119
そうたい leaving early 105; そうたいする leave
　(office, school) early 105
そうです I hear, they say 4
〜そうです looks (like), seems 42
そうりつ／創立 establishment 118
〜そく／足 (lit.) pair (shoes socks, etc.) 142
そこで thereupon 142
そのご／その後 later, afterwards 111
そのまま as it is/was 184
ソファー sofa 185
それで and then, therefore 38
それで that's why, for that reason 74
それとも or 138
そろえる get ready 177
そろそろ soon, it's time to... 63
そろばん abacus 227
そんな such, like that 100
そんなに〜ない not so... 47

〜だい／〜代 charge, fee 47
ダイエットする diet 190
だいがくせい／大学生 college student 3
だいきん／代金 money, charge, fee 27
だいじ／大事（な） important 177; だいじに
　する／大事に　する value highly, take good
　care of 215
たいしょくする resign, leave a company 169
たいせつ／大切（な） important, valuable,
　serious 39, 68
たいそう calisthenics, gymnastics 193
ダイニングキッチン combined dining room and
　kitchen 54
たいふう／台風 typhoon 16
だいぶぶん／大部分 most, greater part, major-
　ity 86
だいぶ greatly, considerably 111
だいみょう／大名 daimyō (feudal lord) 86
タイヤ tire 137
たかさ／高さ height, altitude 58
〜たがる want to 3
〜だけ all there is, no more than 132
だす／出す put out 68
だす／出す serve 64

たすけて Help me! (abbreviation of たすけてく
ださい) 185

たすける help, save 185

ただ only, but 101

ただいま right now, just now, in a minute (more
formal than 今) 34

たたく hit, slap 98

たつ／建つ be built 126

たった いま／たった 今 just now 202

〜だって I hear (informal for ですって) 48

たて height, vertical (direction) 94

たてる／建てる build 86

たのしゅうございます／楽しゅうございま
す (polite form of 楽しいです) 152

だぶる duplicate, repeat the same thing (from
"double") 189

たまに occasionally 193

〜（の）ために (in order) to, for 192

ためす／試す test, try out 64

ためる save, gather, accumulate 196

たんしん alone, unaccompanied 111

だんだん gradually, step by step 80

ちがい difference 97

ちがう be different, be wrong 10

ちから／力 power, strength 169

ちからに なる／力に なる help, support
169

ちきゅうじょう／地球上 earth's surface (Lit.
"upper part") 74

チケット ticket 27

ちしき／知識 knowledge 189

ちっとも…ない not at all 3

ちゃった (contracting of てしまった) 185

ちゃわんむし steamed savory custard 33

チャンス chance 4

ちゃんと regularly, correctly, perfectly 138

〜ちゅう／〜中 in the middle of, during 27

ちゅうい／注意 care, attention, warning 193; ち
ゅういする／注意する take care, pay atten-
tion 193

ちゅうし／中止 cancellation 48

ちゅうしん／中心 center, core 228; ちゅうし
んと する／中心と する be centered on
228

ちゅうもん／注文 order 64; ちゅうもんす

る／注文する order 64

ちょうし／調子 condition 33

ちょうど just 202

ちょうにん／町人 townspeople 227

ちょきん savings, deposit 196

ちょくせつ／直接 directly, straightforwardly
132

ちょくつう／直通 direct communication,
through service 27

ちりがく／地理学 geography 228

（お）つかい errand, mission 142

つく be lit/ignited 6

つかまえる catch, arrest 185

つたえる／伝える introduce 93

つづく／続く continue 21

つづける／続ける keep up, continue, go on 38,
192

って (re) said, that (informal) 178

つとめ／勤め work (for a company) duty, ser-
vice 168

つまらなく みえる seem (to be) worthless 214

つまり that is to say, in short 224

つむ load, pile up 68

で because of 16

〜てあげる do something for someone 123

ていあん proposal 48; ていあんする propose,
suggest 48

〜ていく (See Grammar.) 74

ディスコ disco 203

ていでん power failure 21

ていねい（な） polite 10

ていねいに considerate, politely, respectfully,
conscientiously 146

ていねん／定年 retirement age 10

で いらっしゃる be (respect) 146

てきとうな／適当（な） appropriate 39

できるだけ as… as possible, to the best of one's
ability 132

〜てくれ (imperative of てください) 177

〜てくれないか (less polite than 〜てくれま
せんか) 177

デザイン design 168

でし／弟子 student, follower, disciple 227

ですから therefore 38

ですって (re) said that 42

てちょう pocket notebook, diary 196

でてくる／出てくる be found 94

てはい／手配 arrangement, preparations 119; 手配する make arrangements, prepare 105

てぶくろ／手ぶくろ gloves 208

でも even if 74

デモ demonstration 157

デモる demonstrate, take part in a demonstration 190

てらこや／寺子屋 temple/private school 227

～てん／展 exhibition 214

てんきん／転勤 transfer 111

でんごん／伝言 message 27

でんとう tradition 214

てんらんかい／てんらん会 exhibition 215

でんわが　ある／電話が　ある have a phone call 27; 電話が　かかってくる receive a phone call 157

～と　いう called 27

といあわせ／問い合わせ inquiry 101; といあわせる／問い合わせる ask, inquire 33

とういつ／統一 unification, uniformity 226

とういつてき／統一的（な）unified 226

とうかいどう／東海道 (district name) 110

とうきょうだいがく／東京大学 Tokyo University 34

どうし／動詞 verb 189

どうしても no matter what, no matter how hard 97

どうぶつ／動物 animals 223

とうほく／東北 Tohoku (district name) 111

どうも somehow 106

とうよう／東洋 the East, the Orient 223

どうろ route, road, street, highway 73

とおす／通す pass 119

トーマス Thomas 34

とおりに／通りに as, like 177

とか…とか things like ... or... 3

どくしん single 9

とくに／特に especially 39

（た）ところ just (happened, about to happen) 202

としより old people 162

とちゅう on the way 157

～とともに together with 189

～と　なる come to, amount to 228

とにかく anyway, in any case 27

とのさま lord, king 142

（お）とまり／泊まり stay 16

トラック truck 184

トラベラーズチェック traveler's check 68

とりあげられる be appropriated/confiscated/taken away 86

とりけし (your) cancellation 16

とりけす cancel 16

どりょく effort; どりょくする make an effort, do one's best 138

とる eat 138

とる rob, steal 93

どろぼう thief 93

どんどん one after the other, steadily, rapidly 214

な don't 178

な／名 name 227

ナイフ knife 58

ないよう contents, details 105

～ないように (so as) not to... 193

ながい　あいだ／長い　間 for a long time 169

ながい　こと／長い　こと for a long time 172

なくす lose 126

なくなる be lost, be gone 58

なぐる punch 93

なさる do (respect lang.) 151

ならぶ／並ぶ be lined up 3

ならぶ／並ぶ line up, be arranged 126

ならべる／並べる arrange 63

なるべく as... as possible 16

なるほど I see, indeed 39

なわとび jumping rope 193

なんか＝など like, such as, and so on 54

なんて／何て how 184

なんども／何ども many times 38

～に　ともなって with, accompanying 111

～に　よると according to 10

にあう suit, match (well) 47

にいがた／新潟 Niigata (prefecture, city) 111

におい smell, odor 208

においが　する smell 208

にげる run away 184

にゅういん／入院 hospitalization 21; にゅうい
　んする／入院する go into hospital 21
にゅうかいきん／入会金 entrance fee 80
〜によって depending on 3
にんき／人気 popularity 4
にんずう／人数 a number of people 64
にんずうぶん／人数分 (sets/portions) for a
　number of people 64

ねえ say! 203
（お）ねがい／願い request, hope 73
ねこ cat 58
ねだん price 45
ねぼう oversleeping, late riser 80; ねぼうする
　oversleep, sleep late 80
ねむる／眠る sleep 193
ねんがはがき New Year's card 69
ねんねん／年々 every year, year after year 113
ねんれい age 10

〜の　あいだで／の　間で among, between 4
〜のうち among 227
のうみん farmer 86
のうりょく ability 4
ノート notebook 185
のこる remain 138
〜の　ために (in order) to, for 192
のちほど／後ほど later 106
〜のに even though (particle) 157
のばす postpone, extend 16
のりかえる transfer 58
のんじゃって／飲んじゃって (contraction of
　飲んでしまって) 208

はあ yes, I understand 16
バーゲン (bargain) sale 48
パーセント percent 16
はいしゃ／歯医者 dentist 81
はいりこんでいる penetrate 189
〜ばかりでなく not only 227
はけん dispatch 171; はけんする send (a person)
　171
はし bridge 58
はし chopstick 42
はしおき chopstick rest 42
ばしょ／場所 place, seat, scene 132

はず should, be expected to 16; はずは　ない it
　can't be 100
はったつ／発達 development, growth, advance-
　ment 228; はったつ／発達する develop,
　progress 228
はってん development, growth, expansion; はっ
　てんする develop, grow, expand 111
はなして／話手 speaker 38
はなれて apart, separately from 111
はやすぎる／早すぎる too early 64
バランス balancing, balance 74
バルコニー balcony 54
はん／藩 fief, domain 227
はんこう／藩校 school established by a han 227
はんどう／反動 reaction 214
はんとし／半年 six months (Lit. "half year") 21
ハンドバッグ handbag 137
パンフレット pamphlet, leaflet, brochure 219

ひ／火 fire 47
ひがい damage 10
ひがえり／日帰り one-day, (trip), go and return
　the same day 111
〜びき／〜引き - discount 48
ひきだし／引出し drawer 68
ひく／引く deduct, discount, subtract 16
ひざ knee 98; ひざを　たたく slap one's knee
　98
ひざし sunlight 197
ひさしぶりに after/for a long time 111
びじゅつ／美術 art 214
びじゅつかん／美術館 art museum 214
ビタミン vitamin 80
ひどい terrible, harsh, severe 208
ひとくぎり one section 224
ひとたち／人たち people 74
ひとやすみ／一休み (short) rest 69
ひゃくとおばん 110 emergency number for
　police; ひゃくとおばんする dial 110 184
ひよう cost, expenses 33
ひょうじょう／表情 facial expression 39
びょうどうに equally 4
ひょうばん reputation 4
ひらく／開く hold, open 93
ひるねする take a nap 98
ひろげる／広げる (lie) open, spread, unfold 177

ひろさ／広さ space, (Lit.) "area" 54

〜ぶ／〜部 copy (counter) 64
ふかく／深く deeply, profoundly 189
ふきそく（な） irregular 219
ふく vice-, sub-, assistant, deputy 33
ふくしゃちょう／ふく社長 executive vice
　president 33
ふくそう (style of) dress 3
ぶし／武士 warrior, samurai 227
ふしぎ／不思議（な） strange, uncanny, weird
　202
ぶじゅつ／武術 military science, martial arts
　227
ふつう usual 111
ぶっか (commodity) prices 80
ぶっぴん／物品 article, commodity 189
ふどうさんや／ふどうさん屋 realty dealer 54
ふとる get fat, gain weight 193
ふにんさき／ふにん先 place of appointment
　111
ふね ship, boat 132
ブラジル Brazil 93
プレジデント President 33
プレゼンテーション presentation 197
ふろ bath 208
プログラム program 202
ふろにはいる／入る take a bath 208
ぶん／文 sentence, text, writing 189
ふんいき air, atmosphere, ambience 3
ぶんか／文化 culture 215
ぶんぽう／文法 grammar 208

へえ dear me, indeed 39
べっきょする live separately 172
へっぽこ clumsy, worthless, useless (slang) 97
へやだい／部屋代 room charge, rent 47
へる decrease 74, 80
ベル bell 162
べんきょうに　なる／勉強に　なる learn a
　great deal 197

ほう oh 172
ほうがく／方角 direction 223
ぼうし hat, cap 10
ぼうねんかい／ぼうねん会 year-end party 68

ほうめん／方面 district, direction 111
ほうもん／訪問 visit 3
ほご preservation, protection 74
ポスト position, post 47
ほぞん preservation, maintenance 215; ほぞんす
　る take care of, preserve 215
ほど about 110
ほど〜ない not so... as... 215
ほめる praise 89
ボランティア volunteer 171
ぼんさい bonsai (dwarf tree) 126
ほんと really 39
ほんにん／本人 the person himself, said person
　101
ほんやく translation 119; ほんやくする trans-
　late 119

まいる go/come (humble) 151
まことに really 16
また and, moreover, besides 39
まだ still 161
まちあわせ／待ち合わせ meeting (by appoint-
　ment), waiting 157
まちがい mistake 100
まちがえる make a mistake 196
まってる／待ってる (contraction of 待ってい
　る) 177
まなぶ／学ぶ earn, study 196
まねく／招く invite 146
（た）まま as it is/was 177
まよう not be able to decide 81
まるで...みたい (be/look) like 202
マンション apartment building (usually ferrocon-
　crete) 132

（お）みあいをする／（お）見合いをする
　have an marriage interview 172
ミーティング meeting 33
みかける／見かける happen to see 189
ミス mistake 162
みたい（な） looking like, resembling, a sort of
　132
みつける／見つける find 9
みつもりしょ／みつもり書 (written) estimate,
　quotation 105
みとめる appreciate, recognize 215

みどり green (i.e., trees, forest) 74
みほん／見本 sample 151
みまい gift (to a sick person), expression of sympathy 126

むかう face, confront 132
むかで／百足 centipede 142
むし／虫 insects 142

め／目 (suffix added to numbers and counters to make ordinal numbers) 143
めいし／名詞 noun 189
めいじじだい／明治時代 Meiji period (1868–1912) 214
めいじる order 111
めいわく (your) trouble, inconvenience 162; めいわくを　かける cause (someone) trouble 162
メキシコ Mexico 10
めしあがる eat/drink (respect lang.) 151
めったに～ない almost never, rarely 86
メモ memorandum 177; メモる take a note, make a memo 190
めを　とおす／目を　通す look over 119
めんせつ／面接 interview 3
めんどう（な） troublesome, annoying 162; めんどうを　かける cause (a person) trouble 162

も (particle for emphasis) 16
もう the other, another 42
もうす／申す say (humble) 151
もくよう／木曜 Thursday 33
もったいない waste(ful) 73
もっとも the most... 189
もとおりのりなが／本居宣長 a famous Japanese classical (1730–1801) scholar during the Edo period 227
もとめる look for, want, seek 3
もどる come/go/be back 21
もの／者＝人 person (humble) 115
もり／森 forest 218

やあ hi 208
やきゅう／野球 baseball 21
やくしょ public/government office 126
やくだつ be of use, serve a purpose 111

やくわり／役割 role, part 227
やさしい gentle, kind 47
やすく／安く　する make (it) cheaper 42
やとう hire 80
やはり also 227
やりがいの　ある worthwhile (doing) 3
やわらかい soft 21

ゆうしょく／夕食 supper 138
ゆしゅつ exportation 93; ゆしゅつする export 93
ゆっくり slowly, by easy stages 105
ゆにゅう importation 92; ゆにゅうする import 92
ゆびわ ring 93
ゆめ dream 169

よう（な／です）　like, seem 3
ようい／用意 preparation 68; よういする／用意する prepare 68
ようしつ／洋室 Western-style room 54
ようするに／要するに in other words, in short 219
～ようと　したとき just when... 157
～ように　する ty to 132
～ように　なる become 110
ようび／曜日 day of the week 10
ようふく／洋服 (Western) clothes 47
よかったら if it's convenient for you 54
よく carefully, attentively 38; 来客中 (busy) with a guest 33
よくしつ／よく室 bathroom 54
よこ width, horizontal 94
よっぱらい drunk 93

らいきゃく／来客 guest 33; 来客中 (busy) with a guest 33
らく／楽（な）　easy, comfortable 47
～らしい seems to be... 42

りっぱ(な) imposing, magnificent 86
りゅうがく studying overseas 9; りゅうがくする study overseas 9
りょうしゅうしょ／りょうしゅう書 receipt 33
～りょく／～力 power, strength 227

りょこうさき／旅行先destination 196
りれきしょ／りれき書 resume, personal history 94

ルート route 74

れい／礼　gratitude, courtesy, reward 126
れいきん／礼金 key money 54
れいぞうこ refrigerator 126
〜れつ row, line 80
れんきゅう (consecutive) holidays 219

ロシアご／語 Russian 47
ろっぽんぎ／六本木 Roppongi (place name) 132
わあ (exclamation of surprise) 202
わけ reason, cause 214
わけです (Lit.) "it is for this reason (that)" 214
わける divide 224
わしつ／和室 Japanese-style room 54
ワシントン Washington 80
わたくし／私　I (polite, formal) 74
わたしども／私ども we (humble lang.) 146
わたる／渡る cross 184
わらじ straw sandals 142
わる break 58
われわれ we 4

ENGLISH-JAPANESE GLOSSARY

abacus そろばん 227
ability のうりょく 4
abroad かいがい／海外 16
absolutely ぜったいに 161
according to 〜に　よると 10
account こうざ 27
accurately きちんと 218
advance すすむ／進む 38, 157
advertise せんでんする 80
advertisement こうこく／広告 189
after/for a long time ひさしぶりに 111
afterwards そのご／その後 111
age ねんれい 10
agreement さんせい 203
air conditioner エアコン 33
all すべて 215
allergy アレルギー 189
all together ぜんぶで／全部で 42
alone たんしん 111
also やはり 227
ambulance きゅうきゅうしゃ／救急車 21
among 〜のうち 227
animal どうぶつ／動物 223
answer こたえる／答える 137, 142
anyway とにかく 27
apartment building マンション 132
appearance かっこう 202
apply あてはめる 223
appreciate みとめる 215
appropriate てきとうな／適当（な）39
arrange ならべる／並べる 63
arrangement せいり 183
arrangements てはい／手配 119
art びじゅつ／美術 214
article きじ 184
articles しな／品 42
art museum びじゅつかん／美術館 214
as ... as possible できるだけ 132
as ... as possible なるべく 16
ask といあわせる／問い合わせる 33

atmosphere ふんいき 3
attendee しゅっせきしゃ／出席者 64
attention ちゅうい／注意 193
attractive しゃれた 34
automobile じどうしゃ／自動車 93

background じじょう 101
bag かばん 47
balance バランス 74
balcony バルコニー 54
baseball やきゅう／野球 21
bath ふろ 208
bathroom よくしつ／よく室 54
be different ちがう 10
be impressed かんしんする／感心する 215
be out of order こしょうする 58
be sorry こうかいする 74
be treated ごちそうになる 152
beauty うつくしさ／美しさ 215
bell ベル 162
between かん／〜間 110
big おおきな／大きな 132
bill せいきゅうしょ／せいきゅう書 68
bonsai ぼんさい 126
bother じゃまする 178
branch manager してんちょう／支店長 126
Brazil ブラジル 93
break わる 58; こわす 89
breakdown こしょう 58
bridge はし 58
build たてる／建てる 86
but けれど 42

calculate けいさんする 208
calculation けいさん 208
calisthenics たいそう 193
call a doctor いしゃを　よぶ／医者を　呼ぶ
　142
camp キャンプ 171
campaign うんどう／運動 73

cancel とりけす 16

cancellation ちゅうし／中止 48; とりけし 16

cancellation charge キャンセルチャージ 16

care ちゅうい／注意 193

(be) careful き／気を　つける 177

carelessly うっかり 59

carry out じっこうする／実行する 184

castle しろ 138

cat ねこ 58

catch つかまえる 185

cause わけ 214

celebration いわい 126

center ちゅうしん／中心 228

center センター 132

centipede むかで／百足 142

century せいき／世紀 86

chairman かいちょう／会長 126

chance チャンス 4

character じんぶつ／人物 3

charge だい／代 47

chatter (colloquial) しゃべる 59

chic かっこ（う）　　いい 208

chopstick はし 42

chopstick rest はしおき 42

class かいきゅう／階級 227

closet おしいれ 54

clothes ようふく／洋服 47

clumsy (slang) へっぽこ 97

coffee shop コーヒーショップ 64

college student だいがくせい／大学生 3

come/go back もどる 21

come together あつまる／集まる 33

comfortable らくな／楽な 47

commemoration きねん／記念 118

commodity ぶっぴん／物品 189

commute かよう／通う 227

complain うったえる 74

composition さくひん／作品 42

concentration しゅうちゅう／集中 171

concert コンサート 27

condition ちょうし／調子 33; じょうたい 215

confirm かくにんを　する 118

confirmation かくにん 118

confront むかう 132

Confucianism じゅがく／儒学 227

congratulations おめでとう 172

considerably かなり 111; だいぶ 111; おおいに 111

considerate ていねいに 146

contents ないよう 105

continue つづける／続ける 38, 192; つづく／続く 21

contract けいやくしょ／契約書 68

conversation かいわ／会話 38

copywriter コピーライター 93

correctly ちゃんと 138

course こうざ 171

criterion きじゅん 3

cross わたる／渡る 184

culture ぶんか／文化 215

curry カレー 208

custom しゅうかん／習慣 223

cut out きりとる／切りとる 184

daimyō (feudal lord) だいみょう／大名 86

damage ひがい 10

dark blue こん 3

day of the week ようび／曜日 10

deal with あいてを　する 184

decide きまる／決まる 119

decrease へる 74, 80

deduct おひきする／お引きする 16

deeply ふかく／深く 189

delicious うまい 202

demonstrate デモる 190

demonstration デモ 157

dentist はいしゃ／歯医者 81

depending on ～によって 3

deposit しききん／しき金 54

design デザイン 168

destination りょこうさき／旅行先 196

develop はったつする／発達する 228; かいはつする／開発する 74

development はったつ／発達 228; かいはつ／開発 74

diary てちょう 196

diet ダイエットする 190

difference ちがい 97

direction ほうがく／方角 223; ほうめん／方面 111

directly ちょくせつ／直接 132

disciple でし／弟子 227

disco ディスコ 203
dish さら／皿 42
dispatch はけん 171
district ほうめん／方面 111
divide わける／分ける 224
do (humble) いたす 16, 146
drawer ひきだし／引出し 68
dream ゆめ 169
drunk よっぱらい 93
duplicate だぶる 189
duty きんむ／勤務 168

each かく／各 227
early そうそう／早々 119
easy らく／楽（な） 47
eat/drink (respect lang.) めしあがる 151
economic strength けいざいりょく／経済力 227
economy けいざい／経済 227
education きょういく／教育 226
effect こうか 192
effort どりょく 138
election せんきょ 21
elevator エレベーター 21
eminent すぐれた 228
engineer エンジニア 126
entrance fee にゅうかいきん／入会金 80
entrance hall げんかん 54
environment かんきょう 113
equally びょうどうに 4
errand つかい 142
especially とくに／特に 39
establish かくりつする／確立する 226
establishment かくりつ／確立 226; そうりつ／創立 118
estimate みつもりしょ／みつもり書 105
every year ねんねん／年々 113
execute じっこうする／実行する 184
executive vice president ふくしゃちょう／ふく社長 33
exhibition てんらんかい 215
expand はってんする 111
expansion はってん 111
expect きたいする 220
expectation きたい 220
expenses ひよう 33

experience けいけん 10
export ゆしゅつする 93
exportation ゆしゅつ 93
express あらわす／表す 38

face かお／顔 39
face むかう 132
facial expression ひょうじょう／表情 39
fall さがる／下がる 161
farmer のうみん 86
(get) fat ふとる 193
fee だいきん／代金 27
feel き／気が　する 208
feeling きもち／気持ち 38
feudal lord だいみょう／大名 86
fief はん／藩 227
final さいご／最後 119
finally さいごに／最後に 119
find みつける／見つける 9
fine こまかい 137
fire かじ／火事 21
fire ひ／火 47
foot あし／足 142
foreign capital affiliation がいしけい／外資系 3
foreign capital がいし／外資 3
foreigner がいじん／外人 4
forest もり／森 218
fresh しんせん（な） 214
future さき／先 16
future generations こうせいの／後世の　人 215

gain weight ふとる 193
game しあい／試合 21
gas ガス 184
gas station ガソリンスタンド 132
gather あつまる／集まる 33
general いっぱんてき／いっぱん的（な） 3
gentle やさしい 47
geography ちりがく／地理学 228
get a job しゅうしょくする 3
get ready そろえる 177
get/be fired くびに　なる 172
give (polite) さしあげる 119
give back かえす／返す 137
gloves てぶくろ／手ぶくろ 208

go down さがる／下がる 161
go forward すすむ／進む 38, 157
go/come (humble) まいる 151
going out がいしゅつ／外出 27
goods しな／品 42
government office やくしょ 126
gradually だんだん 80
grammar ぶんぽう／文法 208
gratitude れい／礼 126
greatly おおいに 111; だいぶ 111
green (i.e., trees, forest) みどり 74
green グリーン 10
guard ガードマン 126
guest らいきゃく／来客 33
guide ガイド 86
gymnastics たいそう 193

half year はんとし／半年 21
hall かいかん／会館 151
handbag ハンドバッグ 137
happy しあわせ（な）21
hat ぼうし 10
hear (humble) うかがう 193
heart こころ 33
hearth いろり 86
height たかさ／高さ 58
help たすける 185
heritage いさん 215
high tech(nology) せんたんぎじゅつ 196
hindrance じゃま 178
hire やとう 80
hit たたく 98
holiday きゅうじつ／休日 111
holidays れんきゅう 219
hope for きたいする 220
(go into) hospital にゅういんする／入院する 21
hospitalization にゅういん／入院 21
however しかし 226
hot からい 68
hundred million おく 93
(be/become) hungry おなかが　すく 80

I (informal women's speech) あたし 202
I (polite, formal) わたくし／私 74
implementation じっこう／実行 184

import ゆにゅうする 92
important だいじ／大事（な）177; たいせつ／大切（な）39, 68
importation ゆにゅう 92
imposing りっぱ(な) 86
impossible ふかのう 189
incident じけん／事件 208
inconvenience ごめいわく 162
indicate あらわす／表す 223
individual こせいてき／個性的(な) 3
individuality こせい／個性 3
indoor しつない／室内 21
information じょうほう 126
in order じゅんに 224
(in order) to, for ～（の）ために 192
inquiry といあわせ／問い合わせ 101
insects むし／虫 142
in short ようするに／要するに 219
inspect けんさする 172
inspection けんさ 172
intensive course しゅうちゅうこうざ／集中こうざ 171
interview めんせつ／面接 3
introduce つたえる／伝える 93
investigate しらべる／調べる 33
invite さそう 203; まねく／招く 146
Iran イラン 93
irregular ふきそく（な）219

jumping rope なわとび 193
just ちょうど 202

keep (animals, birds, etc.) かう 54
key money れいきん／礼金 54
kilo(meter) キロ（メートル）58
kilogram キログラム 58
knee ひざ 98
knife ナイフ 58
knowledge ちしき／知識 89

landlord おおやさん／大家さん 54
late おそく／遅く 21
later のちほど／後ほど 106
late riser ねぼう 80
latter half こうはん／後半 227
learn まなぶ／学ぶ 196

learning がくもん／学問 227

leave しつれいする／失礼する 69

leave (a company) たいしょくする 169

leave (office, school) early そうたいする 105

lecture こうざ 171

line れつ 80

line up ならぶ／並ぶ 126

listener ききて／聞き手 38

load つむ 68

loaf さぼる 178

loanword がいらいご／外来語 189

locality じもと／地元 74

lock かぎを　かける 126

lodging しゅくはく／宿泊 111

lonely さびしい 68

look for もとめる 3

look over めを　とおす／目を　通す 119

lord とのさま 142

lose なくす 126

lower back こし 68

magnificent りっぱ（な） 86

mainly おもに／主に 227

make (coffee, tea, etc.) いれる 69

make a mistake まちがえる 196

make arrangements うちあわせを　する 119

manuscript げんこう 119

martial arts ぶじゅつ／武術 227

match しあい／試合 21

matter けん／件 101

meaning いみ／意味 97

medicine いがく／医学 228

meet (humble) おめ／目に　かかる 168

meet with あう／会う 157

meeting ミーティング 33

membership fee かいひ 208

memento きねんひん／記念品 119

memorandum メモ 177

message でんごん／伝言 27

Mexico メキシコ 10

mind こころ／心 33

mission おつかい 142

mistake まちがい 100; ミス 162

more あと／後 69

most だいぶぶん／大部分 86

move いてん／移転する 53

moving いてん／移転 53

name な／名 227

nap ひるね 98

national isolation さこく 214

natural science しぜんかがく／自然科学 228

navy こん 3

neatly きちんと 218

neck くび 172

negotiate こうしょうする 42

negotiation こうしょう 42

New Year's card ねんがはがき 69

nod うなずく 39

noon しょうご／正午 224

not at all ちっとも…ない 3

not so ... as ほど…ない 215

notebook ノート 185

notice き／気が　つく 162

noun めいし／名詞 189

now げんざい 119

number かず／数 80

number (of people) にんずう／人数 64

occasionally たまに 193

occupation しょくぎょう 93

office オフィス 171

oil せきゆ 93

old people としより 162

older うえ／上の 127

on the way とちゅう 157

one after the other どんどん 214

one-day trip ひがえり／日帰り 111

only ただ 101

open ひらく／開く 93

(go into) operation かいつうする／開通する 110

operation (surgical) しゅじゅつ 21

opinion いけん／意見 162

or それとも 138

order めいじる 111

order ちゅうもん／注文 64; ちゅうもんする／注文する 64

origin おこり／起こり 227

outstanding すぐれた 228

over あまり 227

overseas かいがい／海外 16

oversleep ねぼうする 80

painful くるしい／苦しい 142
pair (shoes, socks, etc.) 〜そく／足 142
pamphlet パンフレット 219
parent(s) おや／親 68
participate さんかする 171
participation さんか 171
partner あいて／相手 39, 184
pass すぎる 9
pass とおす／通す 119
pay attention ちゅういする／注意する 193
pay attention き／気を　つける 184
pearl しんじゅ 93
penetrate はいりこんでいる 189
percent パーセント 16
people ひとたち／人たち 74
people concerned かんけいしゃ／関係者 74
person (polite) かた／方 33
personal history りれきしょ／りれき書 94
personnel department じんじぶ／人事部 33
photographer しゃしんや／写真屋 94
pick a pocket する 93
pickpocket すり 93
picture postcard えはがき 126
pitiable きのどく（な）162
place ばしょ／場所 132
plan けいかく／計画 74
plan きかく 64
plate さら／皿 42
police officer おまわりさん 47
polite ていねい（な）10
poor かわいそう（な）162
popularity にんき／人気 4
population じんこう／人口 77
position ポスト 47
postpone のばす 16
power ちから／力 169
power failure ていでん 21
practical じつようてき／実用的(な) 227
praise ほめる 89
preparation ようい／用意 68
prepare よういする／用意する 68
presentation プレゼンテーション 197
preserve ほぞんする 215
President プレジデント 33

previous day ぜんじつ／前日 16
previously いぜん／以前（は）111
price ねだん 45
prices ぶっか 80
private school/college しじゅく／私塾 228
program プログラム 202
progress はったつする／発達する 228
promote しょうれいする／奨励する 227
promotion しょうれい／奨励 227
proposal ていあん 48
propose, suggest ていあんする 48
protect ほごする 74
protection ほご 74
public/government office やくしょ 126
publicity せんでん 80
punch なぐる 93
put an end to しまう 54
put away しまう 68
put in order せいりする 183
put out だす／出す 68

raise (animals, not children) かう 54
raise あげる／上げる 126
reaction はんどう／反動 214
really ほんと 39; まことに 16
realty dealer ふどうさんや／ふどうさん屋 54
reason わけ 214
receipt りょうしゅうしょ／りょうしゅう書 33
recently このごろ 10
reception hall かいじょう／会場 119
recognize みとめる 215
redo しなおす／し直す 16
reference さんこう 197
refrigerator れいぞうこ 126
regret こうかい 74
relationship かんけい／関係 74
relative しんせき 115
remain のこる 138
rent へやだい／部屋代 47
repair しゅうり 132
repeat くりかえす 93
reputation じんぼう 219; ひょうばん 4
request （お）ねがい／願い 73
rest ひとやすみ／一休み 69
resign たいしょくする 169

resume りれきしょ／りれき書 94
retirement age ていねん／定年 10
rewrite かきなおす／書き直す 21
rice (uncooked) こめ／米 86
right away すぐに 138
ring ゆびわ 93
rise あがる／上がる 80, 126
river かわ／河 97; かわ／川 97
road どうろ 73
rob とる 93
role やくわり／役割 227
rot くさる 184
route どうろ 73
route ルート 74
row 〜れつ 80
rule きまり／決まり 16
run away にげる 184
Russian ロシア語 47

sad かなしい 219
sale バーゲン 48
sales えいぎょう／営業 168
sales department えいぎょうぶ／営業部 168
salty からい 68
sample みほん／見本 151
samurai ぶし／武士 227
save (money) ちょきん 196
save ためる 196
savings, deposit ちょきん 196
say (humble) もうす／申す 151
say (respect) おっしゃる 146
scary こわい 48
scene ばしょ／場所 132
scholar がくしゃ／学者 227
school education system がっこうきょういく
　せいど／学校教育制度 226
science かがく／科学 189, 228
scold しかる 92
seat せき／席 66
send (a person) はけんする 172
sentence ぶん／文 189
separation べっきょ 172
serve だす／出す 64
serve きんむする／勤務する 168
severe ひどい 208
shape かたち／形 63, 190

she かのじょ 9
Shinto priest しんかん／神官 228
ship ふね 132
(for a) short while しばらく 97
shoulder かた 68
sightseeing かんこう 73
sign しょめいする 74
signature しょめい 73
signboard かんばん／看板 189
singer かしゅ／歌手 202
single どくしん 9
situation じじょう 101
size サイズ 94
skillful うまい 202
sleep ねむる／眠る 193
slip すべる 196
slowly ゆっくり 105
small こまかい 137
smart すてき（な） 208
smell におい 208
sofa ソファー 185
soft やわらかい 21
somehow どうも 106
sometime こんど／今度 152
sorry (informal) ごめん 202
(make a) sound おと／音が　する 203
space ひろさ／広さ 54
speaker はなして／話手 38
specialist せんもんか／せんもん家 9
speed スピード 184
speed per hour じそく 58
sports car スポーツカー 47
spread ひろげる／広げる 177
stairs かいだん／階段 202
standard きじゅん 3
stay (overnight) しゅくはくする／宿泊する
　111
steadily どんどん 214
steal とる　93
steps かいだん／階段 202
stereo ステレオ 58
still まだ 161
stomach い 219
straw sandals わらじ 142
street どうろ 73
student でし／弟子 227

studies がくもん／学問 227

studio スタジオ 27

study overseas りゅうがくする 9

studying overseas りゅうがく 9

style of dress ふくそう 3

subtract ひく／引く 16

succeed せいこうする 33

success せいこう 33

successor (to a post) こうにん 173

suit にあう 47

suit (man's) せびろ 3

sunglasses サングラス 10

sunlight ひざし 197

supper ゆうしょく／夕食 138

surgical operation しゅじゅつ 21

surprise おどろき 214

sushi すし 9

sweet あまい 68

Switzerland スイス 126

Sydney シドニー 171

synthesizer シンセサイザー 202

system せいど／制度 226

tableware しょっき 34

take a bath ふろにはいる／入る 208

take a nap ひるねする 98

taste あじ／味 9

temple じいん／寺院 227

terminus しゅうてん 59

terrible こわい 47

test けんさ 172

test ためす／試す 64

textbook きょうかしょ／教科書 126

therefore ですから 38

thereupon そこで 142

these days このごろ 10

thief どろぼう 93

Thursday もくよう／木曜 33

ticket チケット 27

(it's) time to そろそろ 63

tire タイヤ 137

together with と　ともに 177

townspeople ちょうにん／町人 227

tradition でんとう 214

transfer のりかえる 58; てんきん／転勤 111

translate ほんやくする 119

translation ほんやく 119

traveler's check トラベラーズチェック 68

trend けいこう 3

trouble めいわく 162

troublesome めんどう（な）162

truck トラック 184

typhoon たいふう／台風 16

ukiyo-e うきよえ／浮世絵 214

undergo a surgical operation しゅじゅつする 21

unfortunately あいにく 146

unification とういつ／統一 226

uniform せいふく／せい服 3

unpopular じんぼうが　ない 219

upper (part) じょう／〜上 74

urgent business きゅうよう／急用 35

(be of) use やくだつ 111

usual ふつう 111

utter こえを　だす／声を　出す 39

valuable きちょう（な）151

verb どうし／動詞 189

vertical (direction) たて 94

very (colloquial) すごく 47

vice- ふく 33

virgin forest げんせいりん 73

visit (humble) うかがう 151; ほうもん／訪問 3

vitamin ビタミン 80

voice こえ／声 39

volunteer ボランティア 171

waist こし 68

waiting まちあわせ／待ち合わせ 157

want もとめる 3

warm up あたためる 184

warrior ぶし／武士 227

washroom せんめんじょ／洗面所 54

waste(ful) もったいない 73

we (humble) わたしども／私ども 146; われわれ 4

wear (headgear) かぶる 10

Wednesday すいよう／水曜 33

weird ふしぎ／不思議（な）202

while あいだに／間に 177

whole ぜん／全〜 227

width よこ 94

willpower こんじょう 3
wither かれる 184
word ことば 189
worry しんぱい／心配 33, 38, 158; しんぱいす
　　る／心配する 33

year after year 年々 113
yesterday さくじつ／昨日 16
younger したの／下の 127

INDEX

abbreviation, see contraction

according to によると 6

adjective, into noun さ 55

agreement さんせい 204

all right, satisfactory たら／（れ）ば いい 55

alternatives かどうか 29; noun とか noun とか 6

apology もうしわけありません 159

appearance そうです 42

"appreciation" money, key money れいきん／礼金 55

be decided and decide きまる／きめる 120

causative せる／させる 101; てもらう 75

cause and effect と 44

change of situation ことに なる 169; てい く／くる 174; ように なる 111

"closed country" さこく 216

comparison …ほど…ない 216

completion てしまう 54

compound verbs, following ます stem: なおす, は じめる, おわる 18; すぎる 65; たがる 5

compound verbs, て form: てある vs. ている 122; てほしい 75; ていく／くる 74; ていただ く／てさしあげる／てくださる 119; てみ る 55; てもらう／てあげる／てくれる 75, 119; ておく 65; てしまう 54

conclusion 76

condition, see state

conditional form ば／れば, たら 54

connectives, for contradictions のに 158; ても／ noun でも 76

connectives, negative なくて／ないで／ずに 132

contraction/abbreviation ちゃった／じゃった 54; いってた／そろえといて／いわれて る／まってる 179; のんじゃって 203; して て 203; って 43, 179

counters ぶ 64; じょう 54; かしょ 100; こう 227; れつ 80; そく 142; しゅう 118

defining というのは 89

depending on によって 6

description using passive 89

emergency numbers 184

emphasis ほんとうに 158; こそ 148; も 76; なあ 203

expected/supposed to be はず 17

familiar speech, omission of さん 29

formal expressions でございます 147

greetings: ごしんぱいなく 162; どうぞよろし くおしゃってください 146; ごしんぱい／ おてすう／ごめんどうかけてもうしわけ ありません 159; こちらこそ 148; こんごと もよろしくおねがいいたします 172; おか げさまで 114; おせわになりました 167; お そくなってもうしわけありません 159; （せんじつは）ごちそうになりましてあり がとうございました 146; それはごしゅう しょうさまです 114; そろそろしつれいし ます 72; とても／たいへんべんきょうに なりました 198

guessing, probability, supposition はず 17; らしい 43; そう 42

honorifics お 43; see also けいご, お／ご

humble expressions お ＋ ます stem ＋ する 18; お／ご ＋ ます stem／になる／お ＋ ます stem ＋ する／いたす 147; おる／まいる 147; させていただきます 101; special verbs to show humility 147; ていただく 119; see also けいご

if it's OK/convenient (for you) よかったら, よけ れば 55

imperatives 178; な for negative 178; なさい 179

informal speech 204; いかない 204; かしら／か なあ 44

intent, purpose く／に　する 43; ことに　なる／する 169; に 89; ために 193; ように／ないように 194; ように　する 133

inverted word order 203

job recruitment 6
just happened たところ 203
let/make, see causative
looks (as if)/seems: みたいな 134; らしい 43; そうです, そうな 42; ようです, ような, ように 4

manner (in this way/condition) たまま 179; とおり／どおりに 179
messages 27

negative connectives 133
negative sentence pattern …ほど…ない 216
New Year's card 69

omission of particles 43, 203

particles: に 89, 179; のに 157; を 169; omission of 43, 203; と 43
passive forms 89, 193
plain style: literary/reportorial style 228
polite expression: causative て form ＋ いただく 101, 119; でいらっしゃいます／ございます 147; お adverb する 42; お ＋ ますstem+する 18; お ＋ ますstem+する／になる 147; よろしい 179
potential form 88, 89, 132, 134
prefixes ぜん 227
purpose, see intent

questions, indirect 28
quoted speech: ですって／だって 43; indirect 28; か／か　どうか 28; quotation marks 46; そうです 4; と　なっている 228; って 178

reason, nounで 17; （の）ために 193; それで 76; （という）わけです 216
regarding, with respect to （の）けんで 102
regret わるいです 158
remember おもいだす, おぼえる 169
reported information, see quoted speech

requests: たら／えば 55; てください 28; てくれませんか 28; てもらえませんか 133; ように 23
respect language, see けいご
rough speech 178

seems, see looks (as if)
speech levels 119, 146, 193
state, condition たまま 179; てある 64
suffixes: ちゅう／中 29; じょう／上 76; さ 55; せい 126
suggestion, warning どうですか／たらいかがですか／たらいいですよ 65
time expressions: あいだに 179; とちゅう 159; ところ 203; ようとしたとき 158
transitive/intransitive verbs 120
try ようにする 133

uncertainty らしい 43

verbs: causative 101; into noun 216; passive 87; see also compound verbs
volitional form 158

want たがる 5; てほしい 75
warning, see suggestion
women's speech 203

いただく, さしあげる, くださる 119
えどじだい／江戸時代 89
お／ご honorific prefixes: ＋ verb ＋ に　なる／に　する／いただく 146; see also けいご
おぼえる, おもいだす 169

きめる／きまる 120
けいご／敬語 119, 147, 193

すぎる 65
する　ことに　する 169; お＋ますstem＋する 147; ように　する133
せる／させる 101
そうです 4
そうです 42
それで 76

た form: as a modifier 5; たまま 179

て form: させていただく 101; てあげる 75,
199; てある 65, 122; てほしい 75; ていく／く
る 74; ている 5, 122; ていただく 119; てくれ
る 75, 119; てみる 55; ても 75; てもらう／あ
げる／くれる 75, 119; ておく 64; てしまう
54

では／じゃない 204

でも 75

というのは defining 89

ところに　いく 179

なる：ことに　なる 169; く／に　なる 43; に
なる 134; お＋ますstem＋に　なる 147; と
なっている 228; ように　なる 111

なんcounterも 76

に　なる／する 111, 147, 169

によって 6

はず 17

ますstem: as clause ending 111; as noun 216; see
also compound verbs following ますstem

みたいな＝のような 134

もう, もっと 44

ようです 4, 216

ようと　したとき 158

ように 28, 194

ように　する 133

ように　なる 111

わけ 215

ん／のです：たら…ですが 18

二十課　江戸時代の教育

　江戸時代にはまだ統一的な学校教育制度は確立していなかった。しかし、各藩では藩の学校を作って、武術ばかりでなくいろいろな学問を奨励した。十七世紀後半には全国で二百四十校あまりの藩校があったと言われる。

　この藩校では主に武士階級の子どもたちに儒学や国学などを教えた。一方、町人の子どもたちは寺子屋に通って勉強していた。それまでは主に学校の役割を寺院などがしていた。そして、その場所を寺子屋と呼んだのが、その名の起こりである。江戸時代の中ごろになると、町人がだんだん経済力を持ち始め、寺院ばかりでなく普通の家を使って「読み書きそろばん」など、実用的なことを教えるようになったが、これもやはり寺子屋と呼ばれた。十八世紀の中ごろには江戸の町だけでも八百くらいの寺子屋があったと言われている。

　江戸時代の有名な学者の本居宣長には弟子が大勢いた。現在わかっている四百八十人の弟子のうち、町人は百六十六人、農民は百四十四人、神官六十七人、武士五十八人、医者二十七人などとなっている。女性も二十二人いた。

　このようにすぐれた学者を中心とする私塾が発達して、医学や地理学など自然科学の教育も行われていた

のである。

ジョンソン　けい子さんの好きな歌手はどの人。

けい子　ほら、シンセサイザーの前で歌ってるあの人よ。よく聞いて。

ジョンソン　歌はうまいね。でも、まるで女みたいなかっこうをしてていやだなあ。

中村　あら、あそこにいるの大介君じゃない。

けい子　シンセサイザーって不思議な音がするわね。

チャン　そうだ、大介君だ。隣にいるのはガールフレンドのまり子さんだ。

けい子　ねえ、コンサートが終わったら、みんなでどっかに行かない。

ジョンソン　うん、大介君たちも誘って、みんなでディスコに行こうよ。

みんな　賛成。

十九課　浮世絵の里帰り

田中夫人　きのう上野の美術館へ行って浮世絵の里帰り展を見てきました。

ブラウン　アメリカやヨーロッパの美術館からいいものがたくさん運ばれてきたようですね。

田中夫人　ええ、浮世絵は日本より外国のほうに有名なものがあるそうです。明治時代の日本人がどんどん売ってしまったらしいです。

ブラウン　そのころの日本人には外国のものはみんなよく見えて、日本のものはつまらなく見えたんでしょうか。

田中夫人　そうですね。江戸時代の鎖国の反動かもしれません。でも、外国人の目には浮世絵は新鮮な驚きだったようです。それでたくさんの浮世絵が日本から出ていったわけです。

ブラウン　日本のすばらしい伝統美術が外国へ行ってしまって、日本人は残念に思っていませんか。

田中夫人　そう思っている人は多いかもしれませんが、私はそうは思いません。きのうの展覧会を見て感心しました。みんなとてもよく保存されているんです。

ブラウン　浮世絵の美しさを認めて、関係者が大事にしてきたんでしょうね。

田中夫人　そうですね。あのころは日本は今ほどお金も技術もありませんでしたから、よい状態で保存できたかどうかわかりませんしね。

ブラウン　美しいものはすべて大切に保存してほしいですね。

田中夫人　ええ、後世の人のためにもね。

ブラウン　伝統美術はみんなの文化遺産というわけですね。

鈴木　いぶん忙しそうだね。

鈴木　課長から今日中に資料をそろえろって言われてるので、やってしまわなければならないんだ。

佐藤　それじゃ、邪魔しないほうがいいね。

鈴木　仕事をさぼるなって、さっき言われたし。仕事が終わったら、君のところに行くよ。

佐藤　じゃ、待ってるよ。

スミス　このごろは太らないように日本料理を食べています。林さんは健康のために何か運動を始められたと伺いましたが。

林　たいしたことではないんです。毎朝十五分位なわとびや体操をするようにしています。

スミス　今でも山に登られるんですか。

林　ええ、たまに登ります。運動を始めてから、よく眠れるようになりました。

十七課　やせるため

林　スミスさん、ずっとジョギングを続けておられますか。

スミス　毎朝続けるのはなかなか難しいですね。夜は遅くまで仕事がありますし、日曜日の朝はゴルフに行きますし・・・。

林　妻もやせるためにジョギングを始めたんですけど、全然効果が上がりません。

スミス　私もこのごろかなり太ってきましたから、食べ過ぎないように注意しています。

林　妻は甘いものが好きでよく食べますから、ちっともやせません。

スミス　そういえば、先日奥さんが作られたケーキをいただきましたが、とてもおいしかったですよ。

林　スミスさんの奥さんの日本料理もすばらしいですね。

十八課　コンサート

チャン　プログラム買ってきますから、ちょっと待ってててください。

中村　コンサートはもう始まっているの。

けい子　ちょうど始まるところです。

ジョンソン　待たせちゃって、ごめん。

けい子　あたしもたった今来たところよ。

ジョンソン　わあ、すごい人だなあ。けい子さん、ここ階段があるから気をつけて。

チャン　わあ、久しぶりだなあ、こんなすごいコンサート。

中村　よく切符がとれたわね。

けい子　本当にチャンさんのおかげだわ。

ジョンソン　ご心配かけて申し訳ありません。

中村　さあ、急ぎましょう。

十五課　（1）転勤

林部長　ジョンソンさん、こちらは今度東京本社に勤務することになった佐藤さんです。

佐藤　佐藤です。四月からこちらの営業部で働くことになりました。

ジョンソン　京都に出張に行った時、ちょっとお目にかかりましたね。

佐藤　ええ、覚えています。どうぞよろしくお願いします。

ジョンソン　こちらこそ、どうぞよろしく。

（2）辞職

鈴木　山田さんが会社を辞めるんだって。

渡辺　ええ、前から辞めたがっていましたから。三月で辞めることにしたそうです。

鈴木　それで、これからどうするつもりだろう。

渡辺　勤めを辞めて、好きなデザイン関係の仕事を友達と始めるそうです。

山田　いろいろお世話になりました。三月で退職することになりました。

林部長　ご苦労様でした。デザイン関係の仕事を始めるそうですね。若い時にいろいろやってみるのはいいことですね。

山田　ありがとうございます。自分の店を持つのが夢でした。

林部長　そうですか。うちの会社も何か力になれると思いますよ。何でも遠慮なく言ってください。

山田　ぜひ、お願いします。長い間、ありがとうございました。

十六課　仕事をさぼるな

加藤　鈴木君、大事な書類を広げたままどこに行ってたんだ。君のいない間に、大阪支社から何度も電話があったよ。

鈴木　すみません。

加藤　もう一度書類に目を通して、メモに書いてある通りに必要な資料をそろえといてくれないか。

鈴木　いつまでにすればよろしいでしょうか。

加藤　あしたの会議で使うから、今日中に頼むよ。

鈴木　はい、わかりました。

佐藤　鈴木君、ちょっと話があるんだけど・・・。今日はず

十三課　お礼の電話

田中夫人　もしもし、スミスさんのお宅でいらっしゃいますか。

スミスの息子　はい。

田中夫人　田中でございますが、お母様はいらっしゃいますか。

スミスの息子　はい、おります。ちょっとお待ちください。

田中夫人　どうもお待たせいたしました。

スミス夫人　田中でございますが、昨日はお招きいただきまして、ありがとうございました。

田中夫人　こちらこそ、皆様においでいただいて、とても楽しかったです。お送りするつもりでしたが、あいにく車の調子が悪くて、失礼いたしました。お疲れになりませんでしたか。

スミス夫人　いいえ。主人も子供たちもとても喜んでおりました。本当にありがとうございました。

田中夫人　こちらこそお土産をいただいて、ありがとうございました。

スミス夫人　いいえ。今度は私どものうちにもぜひおいでください。

田中夫人　ありがとうございます。

スミス夫人　では、どうぞ皆様によろしくおっしゃってください。

田中夫人　はい。どうもご丁寧にお電話をありがとうございました。

十四課　約束の時間に遅れる

中村　ジョンソンさん、遅いですね。待ち合わせの時間は六時十分でしょう。

チャン　ええ。もう六時半です。約束の時間を二十分も過ぎているのに来ませんね。もう会場に行かないと、間に合いませんよ。

中村　そうですね。本当にどうしたんでしょう。先に行きましょうか。けい子さんを待たせると悪いですから。

チャン　そうですね。一緒に行かなくてもジョンソンさんは場所をよく知っていますし、切符も渡してありますから、大丈夫でしょう。

ジョンソン　どうも遅くなって申し訳ありません。出かけようとした時、電話がかかってきて・・・。それに来る途中、デモにあってタクシーがなかなか進まなくて困りました。

チャン　いったいどうしたんだろうって、心配していたんですよ。

新幹線はその後、九州方面、東北方面、そして新潟方面にも延び、各地の発展に大いに役立っています。

加藤　二十日の創立十周年記念パーティーについて確認をしたいと思います。まず招待状の件ですが、もう全部送ってくれましたか。

鈴木　はい。渡辺さんに出してもらいました。現在出席の返事が二百十名届いています。

加藤　それから、招待したお客様に差し上げる記念品はどうなっていますか。

鈴木　来週早々届くはずです。

加藤　社長のあいさつの原稿はできているでしょうね。

鈴木　はい。林部長にまず日本語で書いていただいて、それをジョンソンさんに翻訳してもらいました。最後に社長が目を通してくださいました。これがその原稿です。

加藤　会場の手配は問題ありませんか。

鈴木　出席の人数が決まったら、ホテルの人ともう一度会って、最後の打ち合わせをします。

加藤　料理のメニューは決まりましたか。

鈴木　担当の人を呼んで、林部長が決めてくださいました。これがメニューです。

加藤　わかりました。

十二課　テレビの修理を頼む

鈴木夫人　もしもし、あのう、こちら鈴木と言いますが、きのうからうちのテレビがよく映らなくて困っているんです。ちょっと見に来てもらえませんか。

サービスセンター　場所はどの辺でしょうか。

鈴木夫人　六本木の交差点を渋谷に向かって二百メートルぐらい行くと、右側に大きなスーパーマーケットがあります。そのスーパーの先を右に曲がると、すぐ左側に六階建ての白い建物があります。

サービスセンター　ああ、あの船みたいなビルですね。

鈴木夫人　ええ、その隣のマンションの四〇三号室です。今から来れますか。

サービスセンター　午前中はちょっと難しいですね。もう一つ修理の約束がありますから。

鈴木夫人　無理ですか。三時から出かけたいんですが。

サービスセンター　そうですか。じゃ、昼にセンターに戻らないで、直接伺うようにします。

鈴木夫人　大体何時ごろになりますか。

サービスセンター　一時すぎになると思います。

鈴木夫人　じゃ、外出せずに待っていますから、できるだけ早くお願いします。

ガイド　ここは居間です。いろりの周りで、御飯を食べたり話をしたり仕事をしたりしていた部屋です。

スミス　冬は寒かったでしょうね。

ガイド　ええ、冬雪に降られると、本当に大変だっただろうと思います。

スミス　今のような便利な時代に生まれてよかったですね。

横浜支社　った時の事情が複雑なので、わかりにくいかもしれませんね。

加藤　そうですね。じゃ、だれか説明に来てくれませんか。

横浜支社　じゃ、これから鈴木を行かせますが、いかがでしょうか。

加藤　ぜひお願いします。

九課　横浜支社からの問い合わせ

横浜支社　先週もらったN社との契約書に間違いが一か所あると思うんですが。

加藤　そうですか。そんなはずはないと思いますが。あれはうちの鈴木に作らせたものです。さっそく本人に調べさせましょう。

鈴木　はい、わかりました。

加藤　先週送った契約書の件で、横浜支社から問い合わせがあったんだけど、確かめてくれませんか。

鈴木　はい、何でしょうか。

加藤　鈴木くん、ちょっと来てください。

鈴木　はい、わかりました。

加藤　もしもし、先ほどの契約書の件ですが、鈴木に調べさせましたが、間違いはないと言っています。ただ、作

十課　新幹線とサラリーマン

　一九六四年に東京でオリンピックが開かれ、その年に東海道新幹線が開通しました。それまでは東京から大阪まで特急でも七時間以上かかりましたが、新幹線ができてから、東京、大阪間を三時間ほどで行けるようになりました。

　新幹線の開通に伴って、サラリーマンの出張の様子もだいぶ変わりました。以前は東京から関西方面に出張する時は宿泊するのが普通でしたが、今は日帰りで出張することができるようになりました。

　サラリーマンの中には、転勤を命じられ、事情によって家族と離れて生活している人がかなりいます。週末や休日になると、新幹線を利用して、赴任先から家へ帰る単身赴任の人が大勢乗っています。久しぶりに家族に会えるのを楽しみにしているようです。

中村　スライドを見終わったころコーヒーを出しますから、下のコーヒーショップに注文しておいてください。

鈴木　三時半ごろ持って来るように言いましょうか。

中村　三時半は早すぎます。四時ごろでいいでしょう。

鈴木　わかりました。

リンダ　そうですか。私も木を切らないでほしいと思います。あしたうちでパーティーをしますから、友達に話して、署名してもらいましょう。

林夫人　ええ、ぜひお願いします。

七課　緑の署名運動

林夫人　あのう、お願いがあるんですが。

リンダ　何でしょう。あ、署名運動ですか。

林夫人　ええ、北海道の山に観光道路を作るので、原生林の木をたくさん切るらしいんです。何千本も切るらしいですよ。

リンダ　それはもったいないですねえ。

林夫人　ええ、それでその計画をやめてほしいと思って、署名運動を始めたんです。

リンダ　そうですか。地球上から緑が減っていくのは困りますね。自然保護と開発のバランスは難しいですねえ。

林夫人　ええ、でもルートを変えれば、たくさん木を切らなくても道路は作れるそうです。木を切ってしまったら、後で後悔しても遅すぎます。

リンダ　私もそう思います。

林夫人　来週グループの人たちと地元へ行って、関係者に訴えてくるつもりです。

八課　江戸村見物

ガイド　ここには江戸時代の建物が集められています。

スミス　江戸時代というのは何世紀ごろですか。

ガイド　十七世紀の初めから十九世紀の中ごろまでです。

スミス　この家はずいぶん古そうですが、いつごろ建てられたんですか。

ガイド　二百年ぐらい前に作られました。

スミス　中に入ってみてもいいですか。

ガイド　どうぞ。ここは侍が住んでいた家です。

スミス　広くて立派ですね。

ガイド　あちらは農民の家です。

スミス　侍の家よりずっと小さいですね。

ガイド　ええ、大部分の農民は貧乏でした。作った米をほとんど大名に取り上げられて、農民はめったに米の御飯が食べられなかったと言われています。

スミス　この部屋は何に使われていたんですか。

スミス夫人　一枚千五百円ぐらいのはないんでしょうか。

田中夫人　これは千七百円ですが、交渉すれば安くなりそうですよ。

スミス夫人　安くなるなら買おうかしら。

スミス夫人　すみません、これはいくらですか。

店の人　一枚千七百円です。いい品ですよ。この皿を使うと料理がおいしそうに見えますよ。

スミス夫人　六枚欲しいんですが、もう少し安くしてくださいませんか。

店の人　そうですねえ。じゃあ、お安くしましょう。一枚千六百円にしましょう。

スミス夫人　どうもありがとう。それから、このはし置きもお願いします。

店の人　じゃ、全部で一万二千六百円になります。

五課　不動産屋

中村　この辺でうちを探しているんですが・・・。事務所が移転して、今のうちから遠くなってしまったんです。

不動産屋　広さは、どのくらいのものがよろしいでしょうか。

中村　居間のほかに部屋が一つあればいいんです。

不動産屋　これなんかいかがですか。ダイニングキッチンとほかに部屋が二つ、一つは和室です。

中村　犬を飼ってもいいでしょうか。

不動産屋　大家さんに電話して、犬を飼ってもいいかどうか聞いてみましょう。よかったらこれから行ってみませんか。

中村　あの、家賃は？

不動産屋　一か月十一万円ですが、初めの月は家賃のほかに敷金、礼金として四か月分必要です。

中村　そうですか。では、見てから借りるかどうか決めたいと思います。

六課　会議の準備

中村　会議は三時からですから、そろそろ机やいすを並べておいてください。

鈴木　どんな形に並べますか。

中村　まずスライドを見てから、新しい企画の説明をしますから、コの字型に並べてください。

鈴木　出席者は十八人ですね。

中村　はい。いすが足りない時は隣の部屋のを使ったらどうですか。書類は人数分コピーしてありますか。

鈴木　ええ、二十部コピーしてあります。

中村　ところで、スライドの準備はしてありますか。

鈴木　はい、さっき機械を試して、セットしておきました。

スミス　日本にいたら行くんですが、来週から海外出張で、無理なんです。また、電話して予約し直します。

予約係　お願いいたします。今シーズン中で込んでいますので、なるべく早くご連絡ください。

スミス　わかりました。それから内金の一万八千円は届きましたか。四、五日前に送りましたから、もう届いているはずですが・・・。

予約係　はい、昨日確かにいただきました。内金はお泊まりの時の料金からお引きします。では、お電話をお待ちしています。

三課　伝言

スタジオQ　チケット予約のスタジオQでございます。

チャン　あのう、チャンと言いますが、中野さんをお願いします。

スタジオQ　中野は外出中です。

チャン　何時ごろ帰るかわかりますか。

スタジオQ　一時すぎに戻るはずです。

チャン　じゃ、伝言をお願いします。

六月二十八日のコンサートの切符三枚の代金をきのうそちらの銀行口座に振り込んだと伝えてください。それから、もう一枚切符が欲しいんですが、あるかどう

か聞いてください。

スタジオQ　はい、わかりました。

チャン　それから・・・とにかく店に戻ったら、こちらに電話するように伝えてくれませんか。

スタジオQ　はい。そちらのお電話番号をどうぞ。

チャン　三二九二一三三六五にお願いします。これは直通電話です。

スタジオQ　はい。三二九二一三三六五ですね。中野が戻りましたら、すぐお電話するように伝えます。

スタジオQ　さっき、チャンというお客さんから電話がありました。切符の代金は振込んだそうですが、もう一枚切符があるかどうか聞いていました。あなたからの電話を待っていると言っていました。これが電話番号です。

四課　焼きものを買う

スミス夫人　あのお皿、いいですね。欲しいけれど高そうですね。

田中夫人　ちょっと待ってください。店の人に聞きますから。

田中夫人　三十万円ですって。有名な人の作品らしいです。

スミス夫人　そうですか。やっぱりいい物は高いんですね。

田中夫人　もう一枚のお皿はもっと高いそうです。

一課　会社訪問

ジョンソン　ビルの前に紺の背広を着た人がたくさん並んでいますが、あれは何をしているんですか。

加藤　ああ、あれですか。今日から学生の会社訪問が始まったんです。

ジョンソン　みんな若くて大学生のような雰囲気ですが、服装はサラリーマンのようですね。

加藤　あの人たちは来年の春卒業する大学生なんですよ。就職したい会社へ面接を受けに来たんですよ。

ジョンソン　今、一般的な傾向として、会社はどんな人物を求めているのですか。

加藤　前は「根性のある人」と言っていましたが、今は「個性的な人」を求めているそうですよ。

ジョンソン　そうですか。でも服装は制服のようで、ちっとも個性的じゃありませんね。ところで、学生のほうは、どんな会社に入りたがっているんですか。

加藤　給料とか、やりがいのある仕事とか、人によって選ぶ基準はいろいろだと思いますよ。

ジョンソン　外資系の会社の評判はどうですか。

加藤　外資系の会社は女性の間で人気があるようです。

ジョンソン　なぜでしょう。我々外人男性がハンサムだからですか。

加藤　あはは・・・。

ジョンソン　あはは・・・。

加藤　あはは・・・・。外資系の会社では能力があれば男性と平等に仕事のチャンスがあると言っている人もいますよ。

二課　旅館のキャンセル

スミス　もしもし、東京のスミスですが、あしたの予約を取り消したいんですが。

予約係　あしたでございますか。

スミス　ええ、台風で飛行機が飛ばないかもしれないんです。

予約係　はあ。申し訳ありませんが、前日のお取り消しの場合はキャンセルチャージが五十パーセントかかりますが・・・。

スミス　五十パーセントも！　私の都合ではないんですよ。台風で行けないんです。

予約係　はあ。誠に申し訳ありませんが、そういう決まりなので・・・。

スミス　そうですか。

予約係　お客様、後日こちらにお泊まりのご予定はありませんか。

スミス　先に延ばす場合はキャンセルチャージは払わなくてもいいんですか。

予約係　はい、結構でございます。来週ならお部屋がございます。

281

コミュニケーションのための日本語 III
かな版
JAPANESE FOR BUSY PEOPLE III
KANA VERSION

1997年5月8日　第1刷発行

著　者　社団法人　国際日本語普及協会

発行者　野間佐和子

発行所　講談社インターナショナル株式会社
　　　　〒112 東京都文京区音羽 1-17-14
　　　　電話：03-3944-6493

印刷所　大日本印刷株式会社

製本所　株式会社　堅省堂

KANJI ORDER OF INTRODUCTIO[N]

	1	2	3	4	5	6
Lesson 1	卒	業	訪	接	給	個
13 野	**Lesson 3**	14 伝	15 直	16 切	17 符	18 港
25 服	**Lesson 5**	26 遠	27 和	28 室	29 移	30 務
37 親	38 形	**Lesson 7**	39 運	40 計	41 関	42 道
49 便	50 弟	51 界	**Lesson 9**	52 調	53 件	54 訪
61 勤	62 夏	**Lesson 11**	63 返	64 最	65 目	66 客
73 飯	74 答	**Lesson 13**	75 宅	76 失	77 礼	78 昨
85 悪	86 海	**Lesson 15**	87 働	88 力	89 覚	90 若
97 忙	98 転	**Lesson 17**	99 続	100 注	101 登	102 眠
109 不	110 兄	**Lesson 19**	111 反	112 文	113 化	114 美